大道
书系·教育

孙杰远　主编

邓文勇　著

契机与愿景
新型城镇化进程中『职成教』协同发展

广西师范大学出版社
·桂林·

"大道书系"编委会

总序：时代转型中的教育应对

张诗亚

"大道之行也,天下为公。"广西师范大学教育学部与广西师范大学出版社合作推出"大道书系"。很显然,其所追求的无疑是"天下为公"。

在该书系中,其"大道"的核心内容主要围绕教育和心理两大领域展开。我们现在面临的是一个前所未有的大变局时代,社会、教育,还有我们的心理都面临着巨大的挑战。如今的人工智能技术突飞猛进,ChatGPT、Gemini、Sora等不断涌现。这让我们不禁开始思考,学生学习与教师教学是不是还能安之若素,只注重知识的传授与接收;老师和学生的心理有哪些新变化,心理学应该注意哪些新问题,又该怎样去应对这些新问题。

教育学与心理学均需要重新审视其存在的意义,思考其是否还具有继续存在的合理性,以及在不断变化的时代背景下,是否能够继续推动教育的发展,并深入探讨如何应对新时代变化的教育和心理问题。这个课题不仅关乎广西师范大学教育学部和广西师范大学出版社,更是所有从事教育学和心理学研究的人必须面对的问题。在这个关键时刻,我们需要重新审视传统,从中寻找进一步发展的资源。

于是,我们回顾并梳理传统。"大道书系"便有探索中国少数民族儿童与国际儿童价值观形成的比较的作品。在新形势下,儿童大量接触网络、多媒体及人工智能,他们的价值观发生了哪些新变化？这个课题不仅关乎中国的儿童,也关乎世界各国的儿童。从这一角度出发,探讨儿童价值观在新形势下的形成,具有更为重要的价值。

广西是一个多元文化交融的地区,孕育了丰富的民歌传统。在这片土地上,民歌作为传统文化的重要组成部分,既面临时代的挑战,也迎来新的发展机遇。面对这些挑战与机遇,我们不仅要深入研究民歌的历史和传统价值,更要审视其在新形势下的育人功能。

学校和课堂在新形势下都发生了很多变化,这些变化涉及学校与社会、教师与学生、书本知识与生活实践,核心在于共生教育。面对共生教育,怎样去构筑师生关系,探寻互动双赢的局面,而不是一味地灌输教育？这个问题在新媒体、人工智能涌入教育之中时尤为突出。所以以共生教育的视角来看待这个新问题,去思索解决这个新问题的途径是十分重要的。

教育是一个多维度体系,涉及学校的实践、社会的实践,以及多个学科的理论层面。因此,需要从教育基本理论、教学论、教育技术、比较教育等方面出发,探寻这些新变化和新挑战。广西师范大学把整个教科院的老师都动员起来,认真思考这些新问题、新挑战,力图寻求新路径去解决这些问题,以推进教育学以及心理学的发展。

教育学、心理学也从不同的层面探索这些问题。例如,微观层面的学习心理、教学心理对学生、老师会产生很多新影响,带来很多新挑战；宏观层面的教育社会学则从相对广阔的视野研究社会变化对人的心理以及社会心理产生的影响,并寻求必要的应对措施；等等。

在人工智能等新技术大量涌现之际,我们需要思考如何应对变化,以促进教育的良性发展。这既是广西师范大学老师的事情,也是全国老师学生共同的责任,也是世界上相关研究者责无旁贷的使命。

　　这个努力不可能一蹴而就，毕竟新时代带来的是新问题，需要我们在较长时期内认真思考、应对挑战、解决问题。我相信广西师范大学能够坚持下去，立足实际，关注新技术对教育体系的影响，并结合实际情况探索新的发展路径。我相信，无论是在实践上还是理论上，他们都将有所建树。

序　言

刘文勇

　　城镇化是现代化的必由之路。推进新型城镇化建设对于解决我国"三农"问题、推动区域协调发展、扩大内需和促进产业升级等具有重大意义。党的十八大以来，以习近平同志为核心的党中央部署实施新型城镇化战略，推动我国城镇化建设取得了历史性成就。党的二十大报告明确提出，要深入实施新型城镇化战略，推进以人为核心的新型城镇化，加快农业转移人口市民化。贯彻落实好新型城镇化建设这一战略部署，将为以中国式现代化全面推进中华民族伟大复兴提供坚实支撑。在我国这样一个人口众多的发展中大国实现城镇化，人类史上没有先例。城镇是现代化建设的"火车头"，是高质量发展的重要载体，以促进人的城镇化为核心、以提高质量为导向的新型城镇化战略，不仅是我国经济社会高质量发展的不竭动力，也是中国特色社会主义发展的重要实践。

　　"城，所以盛民也；民，乃城之本也。"推进以人为核心的新型城镇化，重点是推进农业转移人口市民化，这也是新型城镇化的首要战略任务。近3亿之巨的农村转移劳动力是农业转移人口的核心主体，是关涉新型城镇化建设与发展的核心主体。提升农村转移劳动力的素质，使其有能力在城镇稳定就业、融入城镇发展，是以促进人的城镇化为核心的新型城镇化高质量发展的重要体现。职业教育、成人教育作为有助于农村转移劳动力素质与能力提升的两种重要教育类型，在农村转移劳动力城镇化发展中协同共力，不仅迎合了新型城镇化建设与高质量发展的战略诉求，也为"职成教"合作共赢、共同发展提供了良好的条件和契机。

本书立足"新型城镇化核心主体农村转移劳动力的城镇化发展"这一目标与要求，主要从协同的视角，对关涉这一目标与要求的职业教育与成人教育为何要进行协同、协同实践中会面临什么问题、如何推进协同并实现协同发展等进行探索研究。研究遵循"问题提出—文献述评—理论解析—现实审视—策略建构—总结展望"的基本逻辑与程序，采用文献研究法和访谈研究法，在对前置（基础）理论问题、主体理论问题进行充分分析的基础上，深入探究并分析新型城镇化进程中"职成教"协同发展所面临的问题与障碍，进而探究"职成教"协同发展的路径与措施。本书的研究内容共分为三大模块、六个章目。

第一大模块为前置理论问题的扫描与审析，即第一章"绪论"。通过廓清研究背景、核心概念、理论基础等前置理论问题，明确本书的研究重点与价值所在。第二大模块为主体理论问题的厘定与澄明，包含第二章"协同发展的基础：'职成教'的逻辑分殊与耦连"、第三章"新型城镇化：'职成教'共同聚焦的作用目标"。通过分析"职成教"的本质内涵及逻辑分殊与耦连，识别可推进新型城镇化建设的协同能力及协同发展关系，同时对新型城镇化的内涵、目标任务与发展现状及其与"职成教"之间的关系进行深入分析，从而为"职成教"协同辨明方向。第三大模块为问题、对策及总结与展望，分为第四章"新型城镇化进程中'职成教'协同发展的问题"、第五章"新型城镇化进程中'职成教'协同发展的推进"和第六章"总结与展望"。以文献分析为基础，以调查研究为支撑，依据协同共生理论的三维分析框架，对新型城镇化进程中"职成教"协同发展的问题进行探析。在实然推进"职成教"协同发展的过程中，还面临协同单元异化、协同关系失范、协同环境困扰等生态之殇。因此，培育合格的协同单元、建构适切的协同关系、创建良好的协同环境，是"职成教"在协同服务新型城镇化发展的过程中实现互利共赢并走向深层次协同发展的有效路径与措施。

　　本书是笔者在博士学位论文基础上所做的完善与发展，适用于对（新型）城镇化、职业教育、成人教育及"职成教"协同等问题感兴趣的研究者、管理者和学习者。为使读者更好地把握或理解每一章的内容，除第一章"绪论"和第六章"总结与展望"之外，笔者在每一章开篇设计了一段序言，并且在每一章末尾设置了"本章小结"。笔者在写作本书时参考了国内外众多学者的研究成果，也得到了诸多师友的鼓励和指导，在调研过程中还得到许多领导和农民工朋友的热忱帮助，若没有他们"牵线搭桥"或接受访谈，调研工作就很难进行，很多问题便得不到答案，在此一并表示诚挚感谢。

　　由于笔者水平和能力有限，本书难免会有不足之处，敬请广大读者、同行和专家批评指正。

目　录

第一章 绪 论

第一节 问题提出

一、时代境遇：新型城镇化对"职成教"协同的实然诉求

城镇化(Urbanization)指非农产业在城镇集聚、农村人口向城镇集中的历史过程。[①] 当前,我国所秉持和践行的城镇化是一种新型的城镇化,是以人为核心的城镇化,是对西方城市化和我国传统城镇化的超越,也是对自身城镇化实践的逐步完善。习近平总书记对深入推进新型城镇化建设作出重要指示时曾强调,城镇化是现代化的必由之路。[②] 推进并实现新型城镇化也是关乎从全面建成小康社会向基本实现社会主义现代化迈进的重大战略部署,是"十四五"时期国家重要任务之一,并且对推动我国经济社会平稳健康发展、构建新发展格局、促进共同富裕具有重要意义。

2014 年 3 月,中共中央、国务院颁布了《国家新型城镇化规划(2014—2020 年)》(以下简称《规划》),将新型城镇化上升为一项国家战略。2015 年 12 月召开了中央城市工作会议,这是时隔 37 年之后,国家再次在中央层面对

① 褚宏启：《城镇化进程中的教育变革——新型城镇化需要什么样的教育改革》,《教育研究》2015 年第 11 期。
② 习近平：《促进中国特色新型城镇化持续健康发展》,http://politics.people.com.cn/n1/2016/0223/c1024-28144273.html。

城市工作进行专门研究部署,并指出推进新型城镇化的首要任务是促进农业转移人口(以农村转移劳动力为核心主体)有序实现市民化。[①] 2016 年 2 月国务院颁布了《关于深入推进新型城镇化建设的若干意见》,提出要坚持中国特色新型城镇化道路,以人的城镇化为核心,以提高质量为关键,紧紧围绕新型城镇化目标任务,全面部署深入推进新型城镇化建设。当前,我国进入并正处在城镇化的快速发展阶段(30%—70%属于快速发展区间,我国 2022 年年末常住人口城镇化率为 65.2%)。根据城镇化发展的一般规律并基于中国国情及发展要求,到 2030 年,我国常住人口城镇化率有望接近 70%,户籍人口城镇化率也要相应降低。[②] 有研究推测,在 2038 年前后我国的城市化水平至少要达到约 85%,也就是说,未来 20 年左右,我国将全面处于从传统城乡二元结构向城市社会结构转型的社会变迁期,新型城镇化战略是适应这一变迁的重大举措,也是我国的重要国策。[③]

然而,若只有劳动力的空间转移和非农业化(主要指职业转移),却不能让其在城镇实现稳定就业,就不是真正意义上的城镇化;仅有人口的集聚和产业的优化,而进城农民没有生活质量的提升,难以适应和融入城市生活,也称不上高质量的城镇化。[④] 在我国当前城镇化快速发展的过程中,转移人口尤其是其核心主体农村转移劳动力的能力与素质整体较低,难以在城镇实现稳定就业与融入城镇发展[⑤],这无疑会迟滞新型城镇化的进程。因此,提高转

---

① 接栋正:《以人口有序流动促进城镇化健康发展——"新型城镇化与人口有序流动"论坛综述》,《人口与经济》2017 年第 1 期。
② 青连斌:《2030 年新型城镇化建设的目标实现了吗》,《人民论坛》2017 年第 14 期。
③ 张鸿雁:《中国新型城镇化理论与实践创新》,《社会学研究》2013 年第 3 期。
④ 曹海军:《国外城市治理理论研究》,天津人民出版社,2017 年,第 119 页。
⑤ 朱德全、吴虑、朱成晨:《职业教育精准扶贫的逻辑框架——基于农民工城镇化的视角》,《西南大学学报》(社会科学版)2018 年第 1 期。

移人口的素质,使其有能力在城镇稳定就业、融入城镇发展,是城镇产业结构升级的基本要求,更是加快推进新型城镇化进程和维护社会稳定的根本诉求。实质上,在新型城镇化的发展理念引领下,人是城镇的主体,是新型城镇化的出发点和归宿。推进新型城镇化,核心是实现人的城镇化。有研究指出,人的城镇化关键是人的现代化,这就要求我们,不但要加快农业转移人口进城,在制度上为农业转移人口转变为城镇居民清除障碍,更为重要的是要通过教育培训使其在城镇就业,加强城镇社区文化建设,加强思想道德教育、科学文化教育和法治教育,提高转移人口的综合素质,使传统意义上的农民真正转变为现代意义上的市民,从而影响城市的文明程度,为推进城镇化助力。① 文化擦亮城市面孔,教育提升城市水平。在城市发展模式中,既应该有道路、通信、能源等基础设施的标准和规范,也应当有城市文脉和城市教育对市民素养的提升。否则,城市发展就会缺乏动力,成为千篇一律的"水泥森林"。② 而这也是推进新型城镇化进程中需要着力解决的核心问题。简言之,推进新型城镇化的关键是提升新型城镇化的核心主体农村转移劳动力的素质,要让其有能力在城镇稳定就业、融入城镇发展,而这些目标的实现与职业教育、成人教育具有紧密的联系,更需要"职成教"协同共力。

职业教育与成人教育是两种不同的教育类型③,目标任务有所差别,如职业教育偏重(或更多关注)的应是"立足职业"④,注重职前的、职业技能的培

① 李涛、邹志辉:《中国城镇化与教育发展》,《教育发展研究》2019 年第 21 期。
② 郑金洲:《城市化进程中的教育病理现象》,《教育发展研究》2006 年第 4 期。
③ 任平、孙文云主编:《现代教育学概论》(第 3 版),暨南大学出版社,2018 年,第 196 页。
④ 具体是指职业教育以适应和促进职业生活的发展并以提升或培养学习者的职业知识、职业技能、职业道德等为主要宗旨,其基本的使命是技术技能的继承、发展与创新,是与现实职业工作、劳动生产等紧密相关的一类教育活动,其内容实用性、实践性较强,具有更为突出的职业或工作针对性。

养(尽管职后的职业培训也是职业教育的重要内容,但现状是仍以职前为主);成人教育偏重的应是"面向成人",注重职后的,尤其是非功利性质的教育与培训,如市民素养的教育与培训。但"职成教"又是最接近、交叉最多的教育类型。同时,"职成教"作为与经济社会发展关系最为密切、直接的两种教育类型,也是提升农村转移劳动力素质与能力的最合适、有效的途径。因为对于农村转移劳动力而言,要想实现在城镇的稳定就业,职业技能是关键,以就业与职业技能教育培训为重要职责的"职成教"理应担此重任。另外,"人的城镇化"中的"人"是新型城镇化建设当中的劳动者,其核心主体是农村转移劳动力中的成人,那么成人教育必不可旁观;而且要使其具备在城镇生活所需的素养,融入城镇发展,过上高质量的生活,更需要成人教育的关照。可见,新型城镇化需要"职成教",两者协同也切合新型城镇化的战略需求。放眼全球,城镇化是各国实现现代化的必经之路,中国若要实现现代化,城镇化水平的持续提高将是一个必然的趋势。对于中国这样的大国来说,除了形成有效率的城市体系和城市空间布局之外,更需要有强大的、持续的人力资本支撑。[1] 那么,对近 3 亿数量级的农村转移劳动力进行人力资源开发(教育培训),助力城镇经济社会建设与发展,也是挖掘我国丰富的人力资源潜力,将"人口负担"转化为高素质的人力资源的必然要求和重要体现。无疑,在新型城镇化背景下,"职成教"合作共力,积极协同,通过提供适配的人力资本助力新型城镇化建设与发展,有利于实现经济的集聚发展和地区经济的有效分工,特别是有助于促进生产生活质量上的平衡发展。[2] 因此,新型城

---

[1] 陆铭:《教育、城市与大国发展——中国跨越中等收入陷阱的区域战略》,《学术月刊》2016 年第 1 期。

[2] 胡永泰等主编:《跨越"中等收入陷阱"——展望中国经济增长的持续性》,上海人民出版社,2012 年,第 206 页。

镇化建设与发展需要"职成教",更需要"职成教"协同服务。在新型城镇化这一共同的目标面前,"职成教"大有可为,二者的协同发展具有良好的条件与契机。

二、协同发展：关乎"职成教"学科持续发展的重要命题

实现协同发展是推进职业教育、成人教育学科发展的内在要求和应然选择。在学科发展视野下进一步审视与分析职业教育与成人教育,可以发现,教育学学科体系中的两门二级学科——职业技术教育学与成人教育学,相比其他教育学子学科,有很多联系交叉之处,最为相近,因而无论是在理论研究还是在实践操作中,这两大学科时常被归在一起。有专家指出,既然职业教育与成人教育被归在一起,就应该积极地促进这两大学科的协同发展。[1]

两大学科关注的问题确实具有很多共通或相同的东西。如在发展理念选择上,无论是现代职业教育体系的设计还是现代成人教育体系的设计都基于终身教育的理念,且都已明确将终身教育理念作为其发展的核心理念;而职业教育不再只注重帮助个体实现就业,而是注重助力个体的生涯发展,这已成为现代职业教育发展的一大国际趋势。职业教育,特别是职业培训的对象很大一部分是成人,在开展成人职业培训时,为了更好地、高效地达成目标,就应同时结合或应用成人教育的原理,即职业教育学科的发展离不开成人教育的援手与支持。[2] 这一点在《现代职业教育体系建设规划(2014—2020 年)》的任务分析中也得到了一定程度的印证——为完成现代职业教育

---

[1]　见石伟平教授在由徐国庆、高志敏主编的"职业教育与成人教育论丛"中作的"丛书总序"。
[2]　徐国庆：《职业教育课程、教学与教师》,上海教育出版社,2016 年,"序"。

体系构建的目标，将继续教育（成人教育范畴）①建设与发展作为重大任务之一，如积极发展多种形式的继续教育，建立有利于全体劳动者接受职教和培训的灵活学习制度；推动一批县（市、区）在农村职教和成人教育的改革发展方面起示范作用；等等。

同样，于成人教育而言，其学科的发展也需要职业教育的助力，如成人教育范畴下的城镇社区教育中便含有职业技术、技能培训的内容，对劳动者的技能培训更是如此，若不结合职业教育的原理，也难以达到理想的效果。再从两类学科的交叉范畴维度进一步审视，二者最为重要的交叉范畴应属职业情景或场域下的人力资源开发，亦即职后教育部分——就其受众对象判断，应属成人教育范畴，但从实际教育教学内容和方式方法分析，又应属职业教育范畴。② 总之，在对职业教育、成人教育这两种学科进行深入研究分析之时确实会看到它们既各自富有特性，又相辅相成。因此，在新型城镇化建设与发展进程中，"职成教"都不能也不应置身事外，应努力推进"二教"协同，通过优势互补、协同共力，互相促进与启发，对职业教育学科和成人教育学科的发展，都将是极为有益的。

然而，在推进新型城镇化建设与发展的过程中，"职成教"协同仍然难以形成合力。"职成教"表面看似一家，交融交织，实则在具体的操作应用中由

---

① 当前很多学者在提及成人教育问题时，往往会用"继续教育"替代"成人教育"，但按照实际种属关系，继续教育是成人终身学习的主要形式，应属于成人教育。因为继续教育特指个体完成系统的正规教育之后再度接受的旨在提高自身职业水平与专业能力的专业教育。在我国，继续教育一般指高中后或大学后面向成人的教育系统，主要体现为一种在职教育或职后教育，尤其指大学或专业组织所提供的教育活动系统，"是学历教育系统的延伸和发展"（已成为高等教育的重要组成部分）。继续教育是在成人教育的基础上产生和发展的，是成人教育的组成部分。成人教育包括继续教育但又不限于继续教育。

② 高志敏：《成人教育学科体系论》，上海教育出版社，2017 年，"序"。

于"二教"的身份模糊不清,职责、定位不明,相互之间缺乏整合共力,加上外部保障条件欠缺,难以发挥并实现"1+1>2"的倍增效益。与此同时,对外,"职成教"的发展还跟不上新型城镇化建设的需求,表现为人才规模、专业层次、结构等不够协调,自身的质量和彼此协同的广度、深度等都有待提高,这些都将制约新型城镇化建设与发展。另外,我国当前"职成教"发展面临不同程度的问题与困境,而以新型城镇化这一重大、长远的战略为依托,在新型城镇化进程中选择密切地协同与合作,推进"二教"协同发展,不仅能为新型城镇化建设与发展提供重要动力,也能为"职成教"走出发展困境带来契机。结合前述分析可以看出,借助新型城镇化战略的机遇,"职成教"实现协同发展既能助力职业教育发展,也能为改变成人教育的生存际遇并重振成人教育带来希望,有利于推进"职成教"实现共同、持续发展。因此,"职成教"协同发展是一种重要的选择和取向,在以农村转移劳动力为核心主体的新型城镇化建设与发展的大背景下,如何推进"职成教"协同发展是关乎"职成教"持续发展的一个重要命题。

三、研究现状:丰富"职成教"发展相关理论的现实需要

理论研究来源于实践又高于实践,它是实践工作的先导与基础,丰富、深厚的理论研究基础也是推动学科发展的必要保证。若想在新型城镇化进程中推进"职成教"协同发展,并通过"职成教"协同发展更好地服务新型城镇化建设实践,就应先在理论上做好相应的准备,用理论创新引领与指导实践。毋庸置疑,关于教育发展的研究久远而恒长,而作为教育的两大子系统,职业教育与成人教育从产生至今,相关研究不断涌现,并逐渐发展形成较为丰富的理论研究基础,这对推动"职成教"发展实践具有重要意义。利用多学科的视角进行研究,也有助于学科自身的丰富和发展。

从当前总体的研究现状来看，尽管关于职业教育发展或成人教育发展的相关研究逐渐增多，但关于两类教育协同或协同发展的专门研究并不多见，尤其是在我国新型城镇化背景下系统探讨"职成教"协同发展的研究还较少。首先，在研究的表现形式或范畴上，目前关于新型城镇化与职业教育发展的相关研究占据绝对优势，而在论及"职成教"协同或者协同发展的问题时，多半是将其中的一个学科作为另一个学科的附庸或所属部分，不加区分地研究分析，如将成人教育作为职业教育的一个所属部分进行探讨或者是将"职成教"模糊地看作一个整体进行分析。其次，从研究的主题分布或具体研究对象上看，目前关于新型城镇化与"职成教"发展的研究主要是在单一教育层面，围绕农业转移人口的教育培训①进行探讨，尤其是关于通过教育培训促进农业转移人口市民化的论述较多，较少从"职成教"协同发展的视角探讨如何根据二者的能力、特征进行协同，通过优势互补、协同共力，推进农业转移人口的城镇化。再次，在研究内容的侧重上，无论是新型城镇化与职业教育，还是新型城镇化与成人教育，主要研究内容都是农业转移人口的就业或职业技能素质的培养，而在如何融入城镇及其迁移至城镇后所需的现代性素养②的教育与培训上，也就是在其全面发展、人本关怀上还缺乏较为系统、深入地研究，研究领域还较为单一。因此，通过上述分析可看出，"职成教"协同发展是"职成教"发展问题的一个重要研究分支，以新型城镇化这一重大国家战略为背景，对其进行深入研究，有利于丰富"职成教"发展的理论，理应得

---

① 本书所指的"教育培训"，包含育人与培训一体化的"育训结合"模式，它强调"职成教"在协同服务农村转移劳动力城镇化发展的过程中，不仅要使农村转移劳动力获得在城镇稳定就业所需的技能，也要使农村转移劳动力获得融入城镇发展所需的素养。

② 现代性素养（这里与市民素养等同）主要指在生产生活方式、人格特征等方面表现为城镇品格，即具备与现代城镇生产生活相适应的综合素质，也就是具有"现代性"特质。

到重视。

总之,在以农村转移劳动力的城镇化发展为目标导向的新型城镇化进程中,充分发挥"职成教"的协同作用,实现二者协同发展,是推进新型城镇化建设与发展的重要保障。但"职成教"协同发展及其相关理论研究滞后于新型城镇化的发展要求,也滞后于"职成教"实践的迫切需要,这在为"职成教"发展带来机遇的同时,也使其面临较大的挑战。我在就读职业技术教育学博士研究生之前,一直从事成人教育管理与研究工作,通过对此研究主题的持续关注与思考,有了一定的实践与理论体会。2016 年 8 月,我就读职业技术教育学博士研究生之后,便开始专门学习和研究职业教育,尤其是从职业教育视角对有关问题进行了专门研究。经过近些年的职业教育理论学习与调研,我更加意识到,在新型城镇化进程中,"职成教"协同发展具有重要的意义。但是,作为一个研究者,我也更加清醒地明白,就此主题,无论实践推进还是理论研究都需要进一步深入,且要论证、明确以下几个主要问题:"职成教"的区别与联系到底体现在哪里,二者协同的能力与关系又是怎样的,新型城镇化的内涵及其当前建设与发展的核心点、重点目标任务到底是什么,它与"职成教"之间的关系又是怎样的?新型城镇化进程中"职成教"协同发展面临什么问题,"职成教"又如何在这一战略进程中实现深层次的协同发展?本书将围绕这些问题展开研究。

第二节 研究意义

本书在理论探讨与调查分析的基础上研究新型城镇化进程中"职成教"协同发展的相关问题,具有重要的理论与实践意义。

一、理论意义

（一）深化"职成教"及其相互关系的理论认识

当前,关于职业教育、成人教育及二者之间关系的理解出现了许多不同的看法。本书在此基础上尝试从范畴论的视角,对职业教育、成人教育的本质内涵予以辨正或廓清,并从内涵特质、外延边界与实践运行等层面对"二教"之间的逻辑分殊进行审视,再从"历史发展之职业性内容""实践范畴之职后教育域""本真价值之教育性使命"等维度对"二教"之间的逻辑耦连予以解析,这有利于进一步认识和明确"职成教"的本质特征、协同能力,并处理好"职成教"在服务新型城镇化建设与发展过程中的协同关系,从而为研究奠定重要的理论基础。

（二）丰富新型城镇化的理论内涵

作为国家的一项重大发展战略,新型城镇化的问题自提出以来便受到学界的广泛关注,众多学者从不同的视角对其进行了较为深入的研究,取得了丰富的研究成果。但目前关于新型城镇化的研究主要还集中在经济学、社会学、人口学等层面,较少从教育学层面进行审视。虽然在国家和政府层面已经明确了新型城镇化要以人为本,推进以人为核心的城镇化,提高城镇人口素质和居民生活质量,但没有具体明确"人"作为新型城镇化的核心主体所拥有的内在规定性,特别是尚未清晰指出"人"作为新型城镇化的目标任务所应包含的具体内容。本书从"人的城镇化"这一核心出发,综合学者在经济学、社会学、人口学等层面对新型城镇化内涵的理解,尝试从教育学层面解读新型城镇化的深刻内涵,并进一步对核心主体"人"进行对象确指与分析;同时,根据新型城镇化高质量发展的诉求,对新型城镇化的目标任务及发展现状进行深入解读与分析,尝试从多维视角对新型城镇化系统与"职成教"整体系统之间的关系（逻辑）进行深入解析。这些都是对现有新型城镇化、人的城镇化理论内涵的进一步拓展与丰富。

（三）充实"职成教"协同发展的内容结构和体系框架

本书以我国当前新型城镇化建设与发展为背景，围绕根植于我国"职成教"发展的适宜"土壤"和"气候"，即围绕新型城镇化的核心主体农村转移劳动力的城镇化建设与发展的目标要求，尝试从协同的视角对关乎这一目标任务建设的"职成教"为何要进行协同、协同实践中面临什么问题、如何推进协同并实现协同发展等进行探索与研究。特别是依循所建构的协同共生理论的三维分析框架，对所涉的协同单元、协同关系、协同环境等方面的现状或状况进行相应调查和学理性分析，揭示和明确"职成教"在这一战略进程中的协同发展所面临的问题。建构"职成教"协同发展的路径与措施，有助于丰富我国"职成教"协同发展的内容结构和体系框架，进一步拓展职业教育、成人教育的理论体系。

二、实践意义

（一）为我国新型城镇化建设与发展注入新动力

我国当前的城镇化建设已进入以人为核心，以提高质量为导向的"提质发展"新阶段，即进入了以农村转移劳动力为核心主体的新型城镇化建设与发展的推进时期。但当前城镇化发展面临着大量农村转移劳动力难以在城镇实现稳定就业、难以融入城市社会和市民化进程滞后等问题，探究如何让农村转移劳动力有能力实现在城镇稳定就业和融入城镇发展，为新型城镇化的核心主体农村转移劳动力的城镇化发展注入新的动力，无疑具有重要的现实意义。本书的研究探索表明，"职成教"协同共力对推进农村转移劳动力的城镇化发展具有明显的促进作用，可成为推进新型城镇化进程的有力支撑，为以农村转移劳动力城镇化为重要目标导向的新型城镇化建设与发展提供强劲动力。

（二）为我国新型城镇化进程中"职成教"协同发展提供现实指导

本书在理论探讨的基础上，以调查分析为重要支撑，立足新型城镇化建设的战略需求与发展背景，围绕人的城镇化这一战略核心及其建设与发展的目标任务，即围绕让新型城镇化的核心主体农村转移劳动力有能力在城镇稳定就业、融入城镇发展的目标任务，进一步在新型城镇化发展与"职成教"发展的相互关联性中探索"职成教"协同发展的必要性和规律。本书依循协同共生理论的三维分析框架，以问题为导向，在新型城镇化进程中探索"职成教"协同发展的方向、目标任务和可行性途径，探索"职成教"协同发展的运行机制或操作模式，这对"职成教"社会功能的实现、"职成教"协同发展，具有重要的现实指导意义。

（三）为我国由人力资源大国向人力资源强国转变奠定基础

中国是一个拥有丰富人力资源的大国，这主要体现在规模数量上——目前不到 9 亿劳动力中，作为新型城镇化建设与发展的核心主体、现代化建设生力军的农村转移劳动力有将近 3 亿（占我国劳动力总量的近 1/3）。也就是说，农村转移劳动力的整体素质很大程度上决定着我国人力资源的整体质量。但我国目前还不是一个人力资源强国，农村转移劳动力的整体素质亟待提升。在以农村转移劳动力为核心主体的新型城镇化进程中，"职成教"协同服务，集聚教育资源，为近 3 亿的农村转移劳动力提供更多、更好的培养培训服务，开发、挖掘其丰富的人力资源潜能，提升其职业技能和现代性素养，增强其竞争力，使其有能力（条件）在城镇实现稳定就业和融入城镇发展，有助于推进新型城镇化进程、实现"职成教"协同发展，驱动我国由人力资源大国向人力资源强国转变,进一步推动我国经济社会发展,对加快我国现代化进程具有重要的促进作用。

第三节　文献综述

对国内外相关文献的研究是本书的重要基石,有助于从总体上了解和认识研究主题的概况、发展趋势和创新空间。随着新型城镇化进程的不断推进,相关的理论与实践问题日益呈现出来,引发了研究者和行动者的深刻思考。从对相关文献的梳理与总结分析来看,关于"新型城镇化进程中'职成教'协同发展"的研究成果主要围绕"城镇化及新型城镇化的相关研究""职业教育与成人教育关系的研究""新型城镇化与'职成教'发展的研究"等主题进行陈述评论。

一、城镇化及新型城镇化的相关研究

新型城镇化现已上升为我国的重大发展战略,自新型城镇化理念提出以来,研究者们逐渐从不同视角或不同领域对其进行了探索与研究,从已有研究成果来看,可将其归为四类,即"新型城镇化的内涵研究""国内外城镇化建设模式分析""我国当前新型城镇化面临的问题剖析""政府高层及相关文件对新型城镇化的阐述"。[①]

（一）新型城镇化的内涵研究[②]

目前,新型城镇化的内涵研究可分为以下三种:一是从"新"这一字义上

---

① 该节部分内容是在下述博士学位论文对应主题的文献基础上做的进一步补充与完善,见张宇《新型城镇化进程中失地农民的教育补偿研究》,博士学位论文,天津大学,2015年。
② 新型城镇化是符合中国国情的称谓,新型城镇化的内涵研究以国内文献分析为主。

对新型城镇化的内涵进行解析。魏饴认为新型城镇化的"新"主要体现为主题新、起点新、目标新、形式新和生活新。[①] 方辉振、黄科认为新型城镇化之"新"在于强调人本、公正与和谐。[②] 孙立行表示，新型城镇化的"新"，主要是指在城镇化的观念、质量及推进战略上有了重大的转变。[③] 伍茜溪在孙立行的基础上认为，新型城镇化的"新"体现为着力于发展质量，更加关注民生。[④] 张继久指出，新型城镇化之"新"体现为"道路的特色性、动力的新型性、过程的渐进性和区域的差异性"。[⑤] 杨佩卿则从"理念新"的视角进一步指出，新型城镇化是体现"新"发展理念，以共享发展、开放发展、创新发展、绿色发展、协调发展为核心内涵的城镇化，以人的全面发展为终极目标，是对"化地不化人"的城镇化的系统性变革与根本性超越。[⑥] 而朱鹏华、刘学侠则基于"新阶段"发展要求，指出在迈向 2035 年发展目标的征程上，要将新型城镇化与国家治理现代化有机统一起来，以系统思维激活新型城镇化高质量发展的新动力。[⑦]

二是对比"新型城镇化"与"传统城镇化"，对新型城镇化的内涵进行解读。石伟平认为新型城镇化与传统城镇化的最大不同在于新型城镇化是以人为核心的城镇化，其核心是将农民变成产业工人。[⑧] 陈祥健指出，与过去的

---

① 魏饴：《城头山遗址对我国新型城镇化的启示》，《城市发展研究》2010 年第 2 期。
② 方辉振、黄科：《新型城镇化的核心要求是实现人的城镇化》，《中共天津市委党校学报》2013 年第 4 期。
③ 孙立行：《中国特色的"新型城镇化"道路辨析》，《区域经济评论》2014 年第 1 期。
④ 伍茜溪：《公共产品有效供给的经济学探索——基于新型城镇化背景下利益关系的视角》，《北方经贸》2017 年第 3 期。
⑤ 张继久：《新型城镇化的内涵与特征再认识》，《社会科学动态》2018 年第 2 期。
⑥ 杨佩卿：《新发展理念下新型城镇化发展水平评价——以西部地区为例》，《当代经济科学》2019 年第 3 期。
⑦ 朱鹏华、刘学侠：《以人为核心的新型城镇化：2035 年发展目标与实践方略》，《改革》2023 年第 2 期。
⑧ 石伟平：《经济转型期中国职业教育的历史使命》，《中国职业技术教育》2014 年第 21 期。

城镇化相比,新型城镇化强调空间格局上的"城乡一体"和推进方式上的"城乡统筹"。① 聂伟、风笑天指出,相对我国的传统城镇化而言,新型城镇化强调依照城镇化的运行规律,在人口、经济集聚与空间扩展的基础上愈加强调以人为本、可持续发展的城镇质量内涵,从注重物的城镇化向本质的人口城镇化转变。② 宋连胜、金月华则指出,新型城镇化是在传统城镇化基础上发展起来的一个具有中国特色的概念,它是对小城镇、我国传统城镇化以及西方城市化概念的发展,并进一步指出,新型城镇化的内涵主要体现为"生活方式城镇化、就业方式城镇化、公共服务城镇化、居住区域城镇化、社会治理城镇化、人居环境优美化"。③ 也就是说,新型城镇化与传统城镇化相比,在发展理念上更加注重城镇化质量,发展目标也转向以人为本。④ 而对于高质量推进新型城镇化建设与发展,方创琳指出要遵循城镇化发展的四阶段性规律和渐进式规律,实现新型城镇化由数量型向质量型、由一步到位向分步到位、由激进式向渐进式、由诱发负效应向释放正能量、由被动向主动、由地为本向人为本的战略转型。⑤ 文丰安则进一步指出,推进新型城镇化建设既是巩固脱贫攻坚成果的必由之路,也是实现共同富裕的必然选择。⑥

三是在对国内外城镇化经验教训进行总结与反思的基础上,结合中国的国情,对新型城镇化的本质特征进行阐述。如景普秋认为中国特色新型城镇

① 陈祥健:《新型城镇化:三个范畴的哲学思辨》,《福建论坛》(人文社会科学版)2014 年第 2 期。
② 聂伟、风笑天:《城镇化:概念、目标、挑战与路径》,《学术界》2014 年第 9 期。
③ 宋连胜、金月华:《论新型城镇化的本质内涵》,《山东社会科学》2016 年第 4 期。
④ 陈明星、叶超、陆大道等:《中国特色新型城镇化理论内涵的认知与建构》,《地理学报》2019 年第 4 期。
⑤ 方创琳:《中国新型城镇化高质量发展的规律性与重点方向》,《地理研究》2019 年第 1 期。
⑥ 文丰安:《基于共同富裕的新型城镇化之路:重要性、障碍及实现路径》,《山东大学学报》(哲学社会科学版)2022 年第 6 期。

化是"以人为本、城乡互动、效率提升、低碳绿色"的城镇化。[1] 任远指出,新型城镇化要求实现人的城镇化,这其中包含推进流动人口和农村转移劳动力的市民化与社会融合,以及让城市发展更加关注、关心改善人的福祉和幸福感(发展性诉求)。[2] 辜胜阻、刘磊、李睿认为新型城镇化最大的特点是"四化同步"和以人为本。[3] 褚宏启、赵茜等则认为新型城镇化是向城镇化本质的回归,是对传统城镇化偏差的纠正,新型城镇化注重人的发展,注重基本公共服务的提供,关注人的生活质量。[4] 张继久指出,中国特色的新型城镇化是统筹城乡发展,以人为本,走资源节约、环境友好、经济高效、社会和谐、"四化同步"、布局优化、城乡一体、文化传承的城镇化道路,其中,以人为本是核心。[5] 彭青指出,新发展阶段后,我国新型城镇化建设的任务要求和内外部条件发生了诸多变化,仅依靠大城市和城市群难以继续推进新型城镇化全面提质增效,需要适时对建设方案做出调整,激发县城在城镇体系中承上启下的作用。[6]

(二)国内外城镇化的模式研究

欧美等发达地区很早之前便推进了城镇化,城镇化水平相对较高,所以在 2000—2023 年,SCI、SSCI 中关于欧美等发达地区的城镇化特征的文献很少。而从国际城镇化建设的情况来看,不同国家和地区在发展历史、物质条件、社会制度和价值文化等方面存在差别,城镇化的模式也就不尽相同。但

---

① 景普秋:《城镇化概念解析与实践误区》,《学海》2014 年第 5 期。
② 任远:《人的城镇化:新型城镇化的本质研究》,《复旦学报》(社会科学版)2014 年第 4 期。
③ 辜胜阻、刘磊、李睿:《新型城镇化下的职业教育转型思考》,《中国人口科学》2015 年第 5 期。
④ 褚宏启、赵茜等:《城镇化进程中的教育变革》,教育科学出版社,2016 年,第 10 页。
⑤ 张继久:《新型城镇化的内涵与特征再认识》,《社会科学动态》2018 年第 2 期。
⑥ 彭青:《推进以县城为重要载体新型城镇化的对策探讨》,《理论探讨》2023 年第 2 期。

有学者做了总结,认为全球的城镇化模式大体可归为以下四种:一是美国模式的扩散性城镇化,即城市区域的人口、经济活动、生产要素与基本功能等不断向外辐射和传导,从而将其周围的非城市区域,包括次级城市与城镇转化为城市区域;二是西欧模式的集中型城镇化,其中以英国为典型代表,是农村人口以及非农经济活动不断向城镇聚集,从而使城镇不断发展的城镇化模式;三是拉美模式的过度城镇化,由于经济社会发展的二元结构,城镇化大大超过工业化,从而造成城镇化与经济社会发展阶段脱节,其中最为典型的表现是缺少统筹规划造成的城市贫困、高失业率等问题;四是印度模式的滞后城镇化,即城镇化落后于经济发展和工业化水平,造成极大的社会贫富差距,典型的国家包括印度、巴基斯坦、埃及等。[①] 诚然,由于部分西方国家没有镇的建制,其规模较小的城市相当于中国的镇,有学者认为根据城市演变过程与发展规律,不管采用哪一种城镇化模式,城镇发展最终都将逐步经历初级阶段的城镇化(城镇化率 30% 以下)、中间阶段的城市化(城镇化率 30%—70%)、高级阶段的都市化(城镇化率 70% 以上)三个阶段。[②]

中国是一个大国,幅员辽阔,不同地区(区域)经济、文化存在差异,因此在城镇化的发展进程中形成了多类不同的城镇化发展模式,大致可以将其归结为以下几类:一是成都模式,主要是通过大城市带动大郊区的城镇化发展模式,形成以市场为导向的产业集群。二是广东模式,主要是指依托乡镇企业和民营企业集中的中心镇,通过产业集聚拉动人口向城镇聚集的模式。三是天津模式,主要是以宅基地换房实现集中居住的模式,包括都市扩散型、整

---

① 周景彤:《世界城市化的启示》,《中国金融》2011 年第 5 期。
② Northam R M, *Urban Geography*, John Wiley & Sons, 1979, p. 59.

体推进型、开发拓展型和"三集中"型。① 四是温州模式，它在村级组织"政经分开"的基础上，实现村民社会成员与经济成员身份上的分离，减少了农村人口向城镇居民转化时的障碍，同时通过推进"人口城镇化""工业化""农业现代化"保障城镇化过程中的"三化同步"。② 从时间发展的角度划分，中华人民共和国成立以来我国城镇化发展经历了以重工业为推动力的中小城市发展，以农村工业为推动力、以人民公社为载体的就地城镇化发展，乡镇工业带动的农民就地城镇化发展以及城市大工业带动的农民进城城镇化发展等四种城镇化发展主要模式。③ 不同于西方国家，我国的城镇化具有典型的政府主导特征，也就是政府通过行政手段、政策诱导等方式调控城市发展，继而推动城镇化进程。④

国内外城镇化模式各具特色，但也有很多共通的成功经验，学者们也对其进行了深入总结，主要有以下几个方面：一是工业化与城镇化同步推进是核心动力。⑤ 二是经济发展与科技进步是根本保障。⑥ 三是公众参与和人口自由流动是人力基础。⑦ 四是政府调控与积极作为是有效辅助。⑧ 作为世界人口最多的发展中国家，中国要谨防"拉美陷阱"的消极后果——消除贫困问

① 李圣军：《城镇化模式的国际比较及其对应发展阶段》，《改革》2013 年第 3 期。
② 倪鹏飞：《新型城镇化的基本模式、具体路径与推进对策》，《江海学刊》2013 年第 1 期。
③ 李小静：《新中国成立 70 年来我国城镇化发展的模式变迁：问题分析与出路探索》，《重庆社会科学》2019 年第 8 期。
④ 王婷、缪小林、赵一心：《中国城镇化：数量是否推动质量?》，《宏观质量研究》2018 年第 1 期。
⑤ 王春艳：《美国城市化的历史、特征及启示》，《城市问题》2007 年第 6 期。
⑥ 叶晓东、杜金岷：《新型城镇化与经济增长——基于技术进步角度的分析》，《科技管理研究》2015 年第 5 期。
⑦ 李军国：《美国城镇化发展的经验与启示》，《中国发展观察》2015 年第 12 期。
⑧ 刘景华：《欧洲农村城镇化经验对我国的启示》，《经济社会史评论》2019 年第 2 期。

题的制约作用。① 还要理顺政府和市场所涉的成本及收益,降低城乡之间的突出矛盾。② 因为,发展中国家为了加快工业化进程,一般会采取"城市偏向"③的政策,这就容易引起城乡收入差距扩大、城市贫困和乡村撂荒。④ 比照西方国家所普遍使用的城市化概念,我国的县城、建制镇(乡)等并不属于西方城市级别的概念范畴或内容,但它们是我国吸收农村人口的重要阵地,因而城镇化是我国常用的概念。⑤

(三)我国当前新型城镇化面临的问题研究

建设与推进新型城镇化是一项艰巨、长期的重大战略任务,其进程也并非一帆风顺。在现行制度和机制下,新型城镇化的进程也会面临一些问题与障碍。很多学者对此进行了探讨,总体而言可归结为以下几点:首先是土地制度和户籍制度问题。这两项制度已经变成影响我国城镇化建设向前推进的"高坎",倘若不采取积极的措施,尽快改革这两项制度,我国新型城镇化的美好愿景将难以达成。⑥ 其次是环境、土地以及所谓的农民工问题(这已引起了广泛的争论)。"资金、产业支撑、制度障碍和行政区划"是新型城镇化发展面临的四个主要障碍和核心问题,总而言之是"人、地、钱"的问题。⑦ 再次是我国的城镇化发展极为不均衡,城镇化过于依赖超级城市和超大城市,并

---

① 国家发展和改革委员会产业发展研究所美国、巴西城镇化考察团:《美国、巴西城市化和小城镇发展的经验及启示》,《中国农村经济》2004 年第 1 期。
② 吴江:《重庆新型城镇化推进路径研究》,博士学位论文,西南大学,2010 年,第 56 页。
③ Lipton M," Why Poor People Stay Poor: Urban Bias in World Development," in *American Anthropologist*, No. 3(2010).
④ Poelhekke S," Urban Growth and Uninsured Rural Risk: Booming Towns in Bust Times," in *Journal of Development Economics*, No. 2(2011).
⑤ 李强、陈宇琳、刘精明:《中国城镇化"推进模式"研究》,《中国社会科学》2012 年第 7 期。
⑥ 李长安:《新型城镇化要摆脱土地制度掣肘》,《经济研究信息》2013 年第 4 期。
⑦ 马庆斌:《推进城镇化健康发展的几点建议》,《中国经贸导刊》2013 年第 16 期。

未形成大都市圈，虽然小城市与中心镇的规模有所扩大，却留不住人。此外，出现以房地产为基础的城市化问题，这不但会制约城市建设与发展走向可持续，而且很容易在政府和开发商之间形成利益联盟，从而引发一系列涉及征地和拆迁的集体事件。① 文丰安则指出，当前我国城镇化建设处于加速推进期，但半城镇化现象严重，土地改革制度和城市公共服务供给机制还不太完善。②

《规划》则根据整体的城镇化建设与发展现状总结指出，在我国城镇化快速发展过程中还存在一些必须高度重视并要着力解决的突出矛盾和问题：第一，大量农业转移人口难以融入城市社会，市民化进程滞后；第二，土地城镇化快于人口城镇化，建设用地粗放低效；第三，城镇空间分布和规模结构不合理，与资源环境承载能力不匹配；第四，城市管理服务水平不高，"城市病"问题日益突出；第五，自然历史文化遗产保护不力，城乡建设缺乏特色；第六，城镇化建设与发展的过程中体制机制不健全，阻碍了城镇化健康发展。③ 而朱鹏华、刘学侠进一步指出，总体上我国当前的新型城镇化面临以下几个问题：一是城镇化的驱动力减弱；二是"半城镇化"问题突出；三是土地利用效率低；四是不平等、社会矛盾加剧；五是城镇空间分布和规模结构不合理，"城市病"问题突出；六是生态环境问题日益严重。④

新型城镇化的核心主体农村转移劳动力的城镇化也面临着许多问题，主

① 冯广京、蒋仁开、张冰松等：《新型城镇化建设需要进一步完善土地调控政策——"我国城镇化中土地宏观调控方向研讨会"综述》，《中国土地科学》2013年第7期。
② 文丰安：《新型城镇化建设中的问题与实现路径》，《北京社会科学》2022年第6期。
③ 《国家新型城镇化规划（2014—2020年）》，http://www.gov.cn/gongbao/content/2014/content_2644805.htm。
④ 朱鹏华、刘学侠：《新型城镇化：基础、问题与路径》，《中共中央党校学报》2017年第1期。

要体现在以下几个方面：一是在城镇化进程中农村转移劳动力还未能成为城镇居民，只实现了"半城镇化"，这就造成城镇化率虚高，从而影响相应政策的制定和形势预测。① 农村转移劳动力"半城镇化"是农村转移劳动力没有完全融入城镇、只成为城乡"中间人"的一种不彻底的城镇化状态，农村转移劳动力实现了从农村到城镇的空间转移以及从农民到非农民的职业转换，但没有实现从农民到市民的身份转换。② 二是农村转移劳动力的"伪城镇化"。"伪城镇化"主要是指以经济为导向的生产要素的城镇化而非以人为本的城镇化③，农村转移劳动力的"伪城镇化"主要体现为"农民工现如今依然游离在城镇与乡村之间，尽管他们的身份有的发生了变化，但其生活方式、思想观念与行为举止等依然与市民存在较大的社会距离"④。另外，在具体的城镇化推进实践中，地方政府更加青睐高技能劳动者的市民化，对推进农村转移劳动力的市民化仍积极性不足，市民化进程还有较大加速空间。⑤

（四）政府高层及相关文件对新型城镇化的阐述研究

政府高层的讲话及政策文件是推动新型城镇化建设与发展实践的重要导向。从相关重要论述或相应的阐述分析来看，当前及未来城镇化建设与发展的关注点或推进重点主要体现在以下三个层面。

第一，注重协同助力城镇化建设。"我们现在搞城镇化，不能单兵突进，

---

① 冯广京、蒋仁开、张冰松等：《新型城镇化建设需要进一步完善土地调控政策——"我国城镇化中土地宏观调控方向研讨会"综述》，《中国土地科学》2013 年第 7 期。
② 郭芹、高兴民：《农民工半城镇化问题的多维审视》，《西北农林科技大学学报》(社会科学版)2018 年第 3 期。
③ 张秀利、祝志勇：《城镇化推进与居民消费关系的实证：伪城镇化及其破解》，《财经理论与实践》2015 年第 6 期。
④ 宫敏燕：《文化视角下农民工市民化问题探析》，《继续教育研究》2017 年第 7 期。
⑤ 李青、魏义方、何彦仪：《农业转移人口市民化对迁入地财政的影响——基于江苏省"十三五"新型城镇化背景的评估》，《宏观经济研究》2020 年第 1 期。

而是要协同作战，做到工业化和城镇化良性互动、城镇化和农业现代化相互协调。在推进城镇化的过程中，要尊重经济社会发展规律，过快过慢都不行。"①国家发改委在《关于实施 2018 年推进新型城镇化建设重点任务的通知》中指出，要多部门、多种力量协同推进以人为核心的新型城镇化高质量发展，凝聚合力，努力实现在新起点上取得新突破。

第二，注重提高城镇化质量。2012 年，中央经济工作会议指出："要积极稳妥推进城镇化，着力提高城镇化质量。……因势利导、趋利避害，积极引导城镇化健康发展。"②《中华人民共和国国民经济和社会发展第十四个五年规划和 2035 年远景目标纲要》提出"十四五"时期"常住人口城镇化率提高到 65%"的目标，并对"提升城镇化发展质量"作出重要部署。新时代新征程，我们要充分认识推进新型城镇化的重要意义，以人的城镇化为核心，以高质量发展为导向，努力破解突出问题和矛盾，着力提升新型城镇化建设质量。

第三，注重人的城镇化。城镇化不仅是物的城镇化，更是人的城镇化，城镇的发展终究要依靠人、为了人，以人为核心才是城市建设与发展的本质。《规划》提出，"以人的城镇化为核心，合理引导人口流动，有序推进农业转移人口市民化……不断提高人口素质，促进人的全面发展和社会公平正义，使全体居民共享现代化建设成果"。2016 年，《"十三五"规划》也明确提出"要积极推进以人为核心的新型城镇化"。时任国务院总理李克强表示，要按照国家新型城镇化规划要求，抓住农民工融入城镇这一关键，通过深化改革加

---

① 钱伯华：《江苏城镇化的今昔辉煌与未来再创》，《唯实》2019 年第 5 期。
② 《中央经济工作会议首提"积极稳妥推进城镇化"》，http://www.xinhuanet.com/politics/2012-12/17/c_124104403.htm。

快推进新型城镇化。① 2017 年,党的十九大报告再一次强调要"加快农业转移人口市民化","不断满足人民日益增长的美好生活需要","使人民获得感、幸福感、安全感更加充实、更有保障、更可持续"。因此有学者指出,中国的新型城镇化建设与发展取得了显著成绩,新型城镇化、人的城镇化等受到广泛关注,并逐渐成为各级政府的工作重点,新型城镇化试点工作也取得了一些较为成功的经验和地方化模式。②

从目前的研究情况来看,学者们从所涉范围、覆盖内容、价值追求及推进路径等维度探究新型城镇化,并对其组成要素、存在问题、推进重点等进行了一定程度的回答或总结;更加明确了我国必须坚持走以人为本,"以人的城镇化为核心、以提高质量为导向"的新型城镇化道路,其中的首要任务是加快推进农业转移人口的市民化。也有研究提及农村转移劳动力是农业转移人口的主体,这为进一步探讨和深入理解新型城镇化这一目标的背景打下了坚实的基础。尽管政府层面和学界明确了人是新型城镇化的核心主体,并将推进人的城镇化作为核心目标,但对于人的城镇化这一推进与发展核心中"人"的探讨还较为笼统,尤其是核心主体农村转移劳动力的城镇化方面的研究还较少。这一核心主体的城镇化的目标任务具体包含哪些内容、发展现状到底如何? 有待进一步研究与深化。

二、关于职业教育与成人教育的关系的研究

职业教育与成人教育同属教育的两大类别,却又是最为相近,边界与内

---

① 张树军主编:《十八大以来全面深化改革纪事(2012—2017)》,河北人民出版社,2017 年,第 577 页。
② Chen M X, Liu W D, Lu D D, et al., "Progress of China's New-type Urbanization Construction Since 2014: A Preliminary Assessment," in *Cities*, No. 78(2018).

容有很大交叉的两种教育类型。自两类教育产生后，关于两者的关系学界有多种不同的认识与理解，积累了较为丰富的研究成果。从已有研究成果来看，主要可以概括为以下三种学说："替代转型说""交叉重叠说""和谐共进说"。

（一）关于"职成教"关系"替代转型说"的研究

早在 20 世纪 80 年代中后期，江彦就认为须以职业教育为方向，办成人高等职业技术教育。① 还有学者认为成人教育向职业化发展不是一项新创造，而只是成人教育的本性，因而成人教育发展也要变轨转型。② 进入 21 世纪，面对经济和教育体制改革的日益发展，成人教育职业化的呼声更加普遍，独立设置的成人高等院校数量快速减少，不断被高等职业院校替代，一些学者对这一现象的形成也提出了自己的合理性解释。和温认为成人教育的发展方向是努力建立符合我国国情的职业教育体系，可以说职业化特色是成人教育改革的目标。③ 叶芸则认为，经济发展要求成人教育向职业教育发展。众所周知，教育的发展取决于经济发展，为经济发展服务。经济越发展，就越需要教育为经济发展提供更多、更好、更广泛和更深入的知识服务和支持。教育要贴合生产、社会和市场经济，成人教育亦不例外。④ 所以，有学者指出，职业化应是占统治地位的教育目的。⑤

围绕"替代转型说"，一些学者也进行了反思或反驳。有学者指出，上述观点虽然有一定程度的合理性，但存在着严重的思想偏颇，成人教育职业化

---

① 江彦：《成人高等教育必须向职业技术教育发展》，《高等教育研究》1986 年第 4 期。
② 李继延、刘政：《双证书制——成人教育与职业教育的完美体现》，《北京成人教育》1995 年第 8 期。
③ 和温：《成人教育的职业化特色》，《辽宁商务职业学院学报》2001 年第 2 期。
④ 叶芸：《成人教育应向职业教育和社区教育发展》，《南方论刊》2010 年第 10 期。
⑤ Gillette J M, *Vocational Education*, BiblioBazaar, 2008, p. 9.

发展或转变受制于当时的发展情景。成人教育的现状与经济社会发展之间的差距与矛盾也说明要对成人教育进行调整与转变,从而更为直接地彰显成人教育的社会价值和利益。但是,成人教育在职业化的转变与发展过程中仍然要保持自己本真的特质,也就是成人化,而非上面一些学者所言的职业化。他们倡导成人教育职业化,仅是发现了市场发展的短期需求,却抹平了"职成教"作为两种不同教育类属的本质差异,忽视了成人教育的成人化,仅执着于职业化的价值及作用,混淆了"职成教"的社会功能。在新的历史发展时期,为满足和适应经济社会的发展,成人教育无疑需要做出调整与转变,但要明确,这一职业化的价值及作用仅是其本身功能的其中一个维度,成人教育还应更多地关注其非功利性与人文性。① 现如今,在我国注重发展社会生产力和建立社会主义市场经济体制的大背景下,职前和职后教育要一体化,还要注重成人教育发展的重要性,以岗位培训为其重点方向。如此,便让人容易看到"职成教"间的交集,忽略二者之间内在的本质差异,甚至有人将其混淆,认为职业教育可代替成人教育。② 在经济体制转轨和教育政策导向的影响下,有些理论和实践工作者盲目崇拜职业教育,指出成人教育应转变为职业教育,走成人职业教育之路,甚至指出职业教育可取代成人教育。③

(二)关于"职成教"关系"交叉重叠说"的研究

叶忠海认为,职业教育与成人教育是两种具有不同本质属性的教育,二者之间存在着内在联系,具有不同程度的特点,职业教育中的职后部分与成

① 陈鹏:《成人教育与职业教育关系及未来走向评析》,《教育学术月刊》2010 年第 5 期。
② 叶忠海:《成人教育和职业教育关系研究》,《教育研究》1996 年第 2 期。
③ 陈鹏:《成人教育与职业教育关系及未来走向评析》,《教育学术月刊》2010 年第 5 期。

人教育中的职业教育重叠、交叉，是二者的连接点。① 赵喜文等人认为，成人教育中的在职教育和职业教育中的职后教育是二者的结合点，而成人教育中的在职教育属于职业教育中的职后教育，职业教育中的职后教育属于成人教育的范围。② 郭蔷、周后红则认为职业教育的成人化和成人教育的职业化是二者融合发展的交叉点。③ 对于两者所具备的共同点，叶忠海还指出，这不但体现为职后职业教育是两者的结合部，还体现为相对基础教育而言，"职成教"之间又有不少程度不同的共同特征。④ 为此，唐爱民明确指出，与基础教育教学内容的基础性、普及性和预备性相比，"职成教"兼具针对性和实用性。具体来说，"职成教"强调根据岗位与职业技能和成人的需求进行教育教学，以及学习与应用相结合，在逻辑上是相交相融的。职教当中的职后教育，尤其是在职培训、转职培训、再就业培训等，属于成人教育的范围；成人教育当中的各类职业培训和教育却属于职业教育的范围。从历史发展的视角来说，自成人教育问世以来，职业培训和职业技能教育一直是最重要的内容。⑤ 早期成人教育的意义和范围相对狭窄，只是职业培训的代名词，随着时间的推移，成人教育已从初期被经济利益驱动，专注功利价值及作用发挥，逐步发展到与各类社会活动融合，成人教育由此驶入了一个新的发展时期。⑥ 周蕴石曾指出，当今世界上各个国家的成人教育都将职业教育作为常规内容，强化成人学习者的职业意识、能力、发展，逐渐提高职业培训的职业教育内容比

---

① 叶忠海：《成人教育学通论》，上海科技教育出版社，1997年，第308页。
② 赵喜文、李娟、王丽等：《论成人教育与职业教育的异同及重要启示——兼谈成人教育姓"职"还是姓"成"》，《继续教育》2006年第2期。
③ 郭蔷、周后红：《职业教育与成人教育的关系及发展趋势》，《教育与职业》2017年第3期。
④ 叶忠海：《成人教育和职业教育关系研究》，《教育研究》1996年第2期。
⑤ 唐爱民：《成人教育及其邻近范畴的逻辑关系摭论》，《教育研究》2007年第10期。
⑥ 单中惠主编：《西方教育思想史》，山西人民出版社，1996年，第921页。

重。例如在美国,成人教育根据其职能主要分为三种类型：成人基础教育、成人职业教育和成人继续教育。其中,成人职业教育旨在培养成人职业能力,着重于失业者和半失业者的职业培训,其所占比例最大,并且成为美国成人教育的主体。① 这种关联性也在国际教育界的共识中得以体现。目前,国际教育界使用的职业教育范畴主要包括三类：职前职业教育,即以在校生为主要对象的职业准备教育；职后职业教育,即以在职人员为主要对象的职业培训；职业补充教育,即以失业人员为主要对象的再就业培训。其中,后两类职业教育均以在职人员或失业人员即成人为主要教育对象,因而成为成人教育的组成部分——成人职业教育。②

而有的学者指出,职业教育与成人教育重叠的根本原因主要是划分两种教育类别的标准不一致。职业教育以"性质或职责"进行划分,成人教育则以教育对象进行划分。③ 显而易见,职教的类别划分是一种功能性导向,它对应的是各类非职业教育,比如基础教育、普通中等教育和高等教育等；成教的划分则是通过对象进行识别的,它对应的是各类非成人教育,比如学前教育、基础教育等。若依据功能对成人教育予以划分,其又可分为成人职业教育、成人非职业教育两种类型。这也是两类教育互相交叉、重叠的基本缘由。④ 但是在教学内容上,"职成教"的差别较为显著。职业教育的教学内容注重职业的规定性、要求的规范性,要求围绕职业需求设计教学内容。一般来说,由上至下每一种职业都应有规定的职业道德要求和职业技术标准,职业教育的课

---

① 周蕴石：《终生教育》,黑龙江教育出版社,1989 年,第 157 页。
② 周明星等：《职业教育学通论》,天津人民出版社,2002 年,第 49 页。
③ 叶忠海：《成人教育和职业教育关系研究》,《教育研究》1996 年第 2 期。
④ 唐爱民：《成人教育及其邻近范畴的逻辑关系摭论》,《教育研究》2007 年第 10 期。

程内容充分反映出集约性特征。而成人教育教学内容的设计，除了其中覆盖的职业教育部分也具有上述特征，其非职业教育部分主要根据成人的需求设计教学内容，具有开放、民主等特征。成人教育受众来源广泛，势必导致成人教育教学内容的复杂性，其课程覆盖基础阅读、写作、算术课程，也包含博雅的文学课程，各类职业、娱乐课程，与自我发展、政治法律、文化陶冶、生活调整与适应有关的课程，以及针对老年人、妇女、残疾者的课程等，几乎涵盖了人类生活的各个方面。[1] 当然，在未来的发展过程中，两者将长期处于交叉发展状态。换言之，两者虽不同，但是有一定的交叉与重叠，这是科学掌握"职成教"关系的结果。两者具有一定程度的内部统一性，并且存在某些重叠的成分。另一方面，尽管"职成教"的性质不同，但是相互间又存在着不可忽视的内在联系。[2]

（三）关于"职成教"关系"和谐共进说"的研究

有学者指出，"职成教"是两种本质特征不同的教育类型：职业教育本质上是生计教育，是个人谋生的手段，使人们和职业劳动间得以维持动态平衡；成人教育的实质是终身发展教育，是个人实现自由全面发展的桥梁，从而使人与自然、社会可以保持和谐协调发展。此外，教育对象的社会属性和心理成熟程度在两种教育中是不同的。因此，"职成教"各具体系，各有侧重，从而导致质的差异。[3] 在新时期，成人教育的改革和发展仍然是一个棘手的问题，职业教育的功利性使其质量停滞不前，这就要求"职成教"在相互学习中弥补

① 唐爱民：《成人教育及其邻近范畴的逻辑关系摭论》，《教育研究》2007 年第 10 期。
② 李金：《成人教育与职业教育关系研究的回顾与展望》，《成人教育》2015 年第 12 期。
③ 叶忠海：《成人教育和职业教育关系研究》，《教育研究》1996 年第 2 期。

自身的弱点和不足,达到共同进步的目的。① 张守勤、夏菲指出,"职成教"相
互融合、共同发展是时代进步的要求,是教育体系发展的必然趋势,只有将二
者合理地、科学地结合在一起,才能够发挥其优势互补的特性,提高受教育者
的竞争力。"职成教"的融合可以填补市场上专业型、职业型人才的缺口,同
时加强人才自身的综合素质,满足当今社会对于人才的高标准、严要求,培养
真正可以学以致用的高素质人才。② 崔铭香认为,这种彼此促进的和谐发展
关系可以使职业教育在成人教育的滋养下得到不断发展,如职业教育可以共
享成人教育的经验和资源,吸收成人教育的人文养分;成人教育也可通过职
业教育促进开拓创新,如可借鉴职教的职业性、实用性、实践性等特征开展教
育培训、人才培养。由此,"职成教"便可在和谐发展的基础上共同进步,为构
建终身教育体系做出贡献。③

郭蔷、周后红指出,"职成教"都是社会发展的产物,尤其是在终身学习
的大环境下,"职成教"得到了更多人的关注和支持。二者既有联系也有区
别,于内于外相互依存、不可分割。只有发挥政府的引导作用和市场的协
调作用,使二者和谐发展,才能共同为构建全社会的终身教育体系做出贡
献。④ 但有学者提醒,在处理二者的关系时,应尤其注意这不应成为让一方
替代另一方的理由。"职成教"在本质上属于两种教育类别。两者在教育
对象、目标、内容、形式、时限、过程以及教与学的关系层面都存在显著差
异,不可相互取代。⑤

---

① 陈鹏:《成人教育与职业教育关系及未来走向评析》,《教育学术月刊》2010 年第 5 期。
② 张守勤、夏菲:《成人教育与职业教育一体化研究》,《中国成人教育》2015 年第 14 期。
③ 崔铭香:《论成人教育与职业教育的和谐发展》,《河北大学成人教育学院学报》2007 年第 4 期。
④ 郭蔷、周后红:《职业教育与成人教育的关系及发展趋势》,《教育与职业》2017 年第 3 期。
⑤ 王瑾:《成人教育与职业教育辨析》,《成人教育》2009 年第 7 期。

学者们现有的研究过程、研究成果也证明：对于"职成教"两种教育而言，任何一方替代另一方都不利于双方发展；在教育实践中，让任何一方属于甚至附庸于另一方，都将使"职成教"自身定位不清、发展空间受限。亦即说，"职成教"各有各的使命，不应相互替代，融合共生应是二者走向良性发展的理想之选。因为只有当"职成教"在自己的职责功能范畴内各尽其职，并且发展势头迅猛之时，它们才可实现互相学习、借鉴、融合和促进。事实上，在国外也有学者指出，职业教育的设计与发展的初衷，并非取代非职业教育，而是对其进行补充。职业教育不限于特定的专业或活动，也不限于只让工艺技术臻于完善。职教除了彰显并发挥其实践价值作用之外，还兼具文化价值，并包含对个体发展诉求的满足，传授有利于个体走向社会的知识、技术与态度等。[①] 所以，两种范畴合逻辑、合理性的关系可理解为二者既各有旨趣、并行不悖，又互为促进、共生共荣。[②]

总体而言，目前关于"职成教"的关系的探讨很多，并且一直存在着纷争，这就更需要从理论上予以辨正。从上述对文献的梳理来看，现有关于二者关系的研究主要集中于"替代转型说""交叉重叠说""和谐共进说"，这为进一步认识与理解"职成教"及其关系提供了重要参考。尽管各种学说都有自己的立论依据，但综合国内外职业教育与成人教育发展的历史及现状，可知普遍性的发展形态是"职成教"作为两种教育子学科而存在，笔者也认为"职成教"的相互关系应是和谐共进的，这也为在新型城镇化进程中寻求协同及实现协同发展提供了重要理论依据。从上述对三种学说的文献概述来看，对于"职成教"的本质内涵、逻辑分殊与耦连的整体形态的

---

① Rashtriya T, *Vocational Education*, APH Publishing, 2008, p. 22.
② 唐爱民：《成人教育及其邻近范畴的逻辑关系摭论》，《教育研究》2007 年第 10 期。

认识与理解,其广度与深度都有待提升与拓展。

三、关于新型城镇化与"职成教"发展的研究

教育在推进新型城镇化建设与发展中具有举足轻重的作用,这已在学术界达成共识。有学者认为教育对推进城镇化有带动作用、聚集作用、支撑作用、塑造作用和示范作用。① 对于城镇化与教育的关系,有学者将其概括为:"城镇化的主要特点是要素的集中,尤其是人的集聚,这必将带动教育的投入和人口受教育水平的提高。反过来,教育水平的提高也必将提高生产效率,促进城镇化的进程。"②那么,从对目前已有的研究成果的综合分析情况来看,新型城镇化与"职成教"发展的相关研究主要涉及新型城镇化与职业教育发展、新型城镇化与成人教育发展、新型城镇化与"职成教"的关系等。

(一)关于新型城镇化与职业教育发展的研究

关于新型城镇化与职业教育发展的研究主要可分为以下两种。一是关于职业教育及其发展对推进新型城镇化的作用的研究。张祺午、荣国丞指出,职业教育通过提高农村转移劳动力的生产生活技能,提升和改善农村转移劳动力的整体素质,为城镇经济社会发展提供优质的人力资源支撑,驱动新型城镇化的建设与发展。③ 王小艳认为,职业教育在助力新型城镇化进程中发挥着重要作用,能提升农村人口的素质,推动其向城镇转移;能提升劳动力的技能水平,为新型城镇化建设提供人才支撑;还能提高农村转移劳动力的综合素质,提升新型城镇化建设的质量。因此要大力发展职业教育,以便

---

① 雷培梁:《城镇化与教育发展的辩证关系探讨》,《广西社会科学》2017 年第 2 期。
② 张春铭:《教育:城镇化发展的绿色引擎》,《中国教育报》2013 年 3 月 10 日第 3 版。
③ 张祺午、荣国丞:《职业教育服务新型城镇化发展的策略分析——以吉林省为样本》,《职业技术教育》2013 年第 34 期。

更好地服务新型城镇化建设。[①] 梁柱研究指出，职业教育以其独有的职业性、面向人人的特征，在推进新型城镇化建设中发挥着不可或缺的作用，既能有效提升农村转移劳动力的市民化水平，也能推进城镇产业升级，强化城镇内生发展活力。[②] 李刚、赵茜指出，农村转移劳动力通过职业教育提升自身的职业素养与技能，能有效拓展在城镇就业的空间，继而为在城镇获得更为稳定、更加有质量的生活提供有力保障。[③] 杨海华、俞冰认为，职业教育能为新型城镇化培养高素质技能型人才，从而全面提升新老市民的城镇化质量与水平。[④] 郑爱翔则从农村转移劳动力市民化的角度强调指出，职业教育对推进农村转移劳动力市民化具有重要作用，要采取整体策略促进农村转移劳动力市民化。[⑤] 魏燕进一步强调，职业教育作为国民经济结构调整的重要抓手，能促进新型城镇化建设，助力新型工农城乡关系的构建，对社会主义现代化国家优化资源配置、统筹全局具有重大现实意义。[⑥]

二是关于新型城镇化对职业教育及其发展的影响与要求的研究。郑金洲指出，面对城镇化建设与发展这一大势，城市人口快速增长对教育的多样化发展提出了要求，特别是要大力发展职业教育，并要推进各类教育协调发展。[⑦] 2012 年，教育部原部长袁贵仁在第三届国际职业教育大会上指出，积

---

① 王小艳：《基于新型城镇化的职业教育发展研究》，《教育与职业》2014 年第 21 期。
② 梁柱：《新型城镇化视野下职业教育发展研究》，《教育与职业》2015 年第 6 期。
③ 李刚、赵茜：《城镇化进程中教育发展方式的转变——让教育成为人的城镇化的不竭动力》，《中国人民大学教育学刊》2015 年第 3 期。
④ 杨海华、俞冰：《新型城镇化进程中的职业教育需求与供给侧改革路径探讨——基于苏州样本》，《职教论坛》2017 年第 21 期。
⑤ 郑爱翔：《新型城镇化进程中农村转移劳动力职业教育研究》，厦门大学出版社，2017 年，第 1—9 页。
⑥ 魏燕：《职业教育服务以县城为重要载体的新型城镇化建设：发展模式及分类治理路径》，《职教论坛》2022 年第 12 期。
⑦ 郑金洲：《城市化进程中的教育病理现象》，《教育发展研究》2006 年第 4 期。

极稳妥推进城镇化进程迫切要求职业教育发挥积极作用,使农村转移劳动力具有技能,成为真正的高素质产业工人和新市民。① 马建富指出,为满足新型城镇化建设与发展要求,必须重新定位职业教育培养目标。② 辜胜阻、刘磊、李睿认为,为满足和顺应新型城镇化建设与发展的要求,职业教育要做出大量的转变。一是要变革教学模式,将职业技能与职业精神培养相结合,不仅要让学习者具有"精确操作的双手、准确度量的眼睛和缜密计算的大脑",而且要让学习者具备"爱岗敬业、精益求精"的工匠精神。二是要完善现代职业教育体系,创建人才培养的"立交桥",也就是通过中高职衔接、校企合作、产教融合、师资互通,让再就业培训与在职教育衔接,努力加强这一"体系"和"立交桥"的建设,尤其要注意加强与成人教育的合作与协调。三是要培养与转型相适应的师资,建设技术过硬、实操能力强、学历水平高、理论与实际密切结合的"双师型"教师队伍。③ 刘志兵、李洪辰研究认为,新型城镇化的快速推进必然会对与经济社会发展具有密切联系的职业教育提出新的更高的要求,职业教育也必须加大对农业转移人口的教育与培训,在人才供给与培养上支撑新型城镇化建设与发展。④ 周桂瑾、王鑫芳、俞林则指出,在新型城镇化进程中,为更好地促进新生代农民工职业转换,职业教育应依据这一群体的特征,在内容定位、教育教学方式、教育效果评价等层面做出积极调整与

① 王雪琴、武毅英:《从"人的城镇化"视域看职业教育路径选择》,《现代教育管理》2015 年第 3 期。
② 马建富:《新型城镇化进程中的农村职业教育发展》,《教育发展研究》2013 年第 11 期。
③ 辜胜阻、刘磊、李睿:《新型城镇化下的职业教育转型思考》,《中国人口科学》2015 年第 5 期。
④ 刘志兵、李洪辰:《新型城镇化背景下农业转移人口的职业教育培训》,《江苏农业科学》2015 年第 12 期。

转变。①

（二）关于新型城镇化与成人教育发展的研究

关于新型城镇化与成人教育发展的研究也可分为以下两类。一是关于成人教育及其发展对推进新型城镇化的作用的研究。刘奉越、孙文杰研究指出，新型城镇化视域下，成人教育具有培养新型市民，促进幸福城镇化建设；开发劳动力资源，推动转型城镇化发展；丰富农村转移人口精神生活，助推健康城镇化形成；增强农村转移人口生态意识，促进绿色城镇化构建等功能。只有形成良好的成人教育发展生态，成人教育才能为新型城镇化建设与发展提供有力支持。② 褚宏启认为，农民向城镇迁移为农村和城镇的发展创造了重要条件，但农村转移劳动力的职业技能素养还远不能满足城镇化建设与发展的需求，迫切需要继续教育发挥提升作用，继续教育在推进农村转移劳动力向城镇转移并推进新型城镇化方面具有重要的作用。③ 欧美和亚洲的一些发达国家也非常注重成人继续教育的发展，并希望通过其发展来推动城镇经济的繁荣，如英国政府认为发展成人继续教育、提升人力资本是实现经济繁荣、提高国家竞争力的关键。④ 黄陈指出，成人教育在促进农村转移劳动力城镇就业，推动其城镇化发展方面具有不可或缺的作用。要转变农村转移劳动力的思想观念，使其充分认识转移（再）就业的意义；提高城镇化环境下的农村转移劳动力的生存能力及就业竞争力；提升农村转移劳动力综合素质及市

---

① 周桂瑾、王鑫芳、俞林：《新型城镇化进程中职业教育服务新生代农民工职业转换路径研究》，《成人教育》2018 年第 2 期。
② 刘奉越、孙文杰：《新型城镇化视域下成人教育的功能及其实现》，《职教论坛》2015 年第 12 期。
③ 褚宏启：《城镇化进程中的教育变革——新型城镇化需要什么样的教育改革》，《教育研究》2015 年第 11 期。
④ Hillier Y, *Reflective Teaching in Further and Adult Education*, Continuum Books, 2005, pp. 67-68.

民化意识,从而促进其素质能力、精神价值与角色的转移转换。① 巨金香、孙文杰进一步指出,促进人的全面发展、关注民生是成人教育的应有之义,促进农村转移劳动力融入城市是成人教育的重要职责。②

二是关于新型城镇化对成人教育及其发展的影响与要求的研究。郑金洲认为,由农民转变为市民并不是简单的身份和户籍的改变,素质、能力、观念、思维方式、生活方式等都需要随之转换和提升,这就必须通过教育来实现。而在就业培训层面,要扩大教育培训规模,发动或利用各类教育资源,为迁移至城镇的庞大的农村转移劳动力群体提供教育培训服务。农村劳动力唯有经由教育培训才可实现人力资源的有效转变、转化,才可为经济社会及其生产服务。这就意味着,这一群体的巨大教育培训需求,使成人教育规模空前扩大,给成人教育带来了巨大的压力与挑战,亟须在相应的教育教学条件、设施、师资、课程等多维层面做出调整与改变,但遗憾的是成人教育在这些方面并没有做好充分准备。③ 关于在推进城镇化进程中农村成人教育改革的方向与内容,宿静茹、韩倩认为,成人教育应首先在观念上做出转变,形成与新型城镇化发展相适应的观念;其次要整合各种教育资源,与其他教育尤其是职业教育形成发展合力;再次要在做好职业教育培训的同时,发挥成人教育的优势特征,积极开展素质教育,提升农村转移劳动力适应城镇社会的能力;另外还要根据新型城镇化建设与发展的要求,不断调整、更新教育培训

---

① 黄陈:《新型城镇化背景下成人教育促进农业转移劳动力再就业》,《成人教育》2017 年第 4 期。
② 巨金香、孙文杰:《青岛市新型城镇化进程中成人教育推动农业转移人口城市融入研究》,《青岛职业技术学院学报》2020 年第 2 期。
③ 郑金洲:《城市化进程中的教育病理现象》,《教育发展研究》2006 年第 4 期。

内容。① 王丽锟指出，大量的农村转移劳动力走进城镇就业与生活，无形中增加了成人教育对象的数量，势必需要一个更大规模的成人教育队伍来提供支撑与服务，因此新型城镇化进程会拓展成人教育发展的广度，扩大成人教育的需求规模。② 伴随着新型城镇化发展由传统型向质量型的趋势性转变，陈岩、王春勇指出，新型城镇化的快速发展对成人教育提出了主动适应的客观要求，如成人教育要在内容上调整服务供给模式，即在农村转移劳动力在城镇就业前，要以引导性教育培训（基本权益保护、法律知识、城市基本生活常识、寻找就业岗位等）和职业技能培训（家政服务、餐饮、酒店、保健、建筑、制造业等）为重点，并且要在机制建设上加大力度，优化成人教育公共服务供给模式。③

（三）关于新型城镇化与"职成教"的关系的研究

探讨新型城镇化进程中"职成教"协同发展时，除了新型城镇化与职业教育、成人教育发展之间的关系的相关研究之外，作为协同整体的"职成教"与新型城镇化之间的关系的研究也是需要了解和把握的重点。笔者通过文献检索和分析发现，也有专家学者对此主题进行了一定程度的探讨。

曾天山认为在新型城镇化进程中，发展方式的调整与转变需要职业教育向更高层次进行，因而对职业教育发展而言，努力打造高水平的职业教育体系，培养新型城镇化建设与发展所需要的高素质技能型人才将成为重点。与

---

① 宿静茹、韩倩：《基于新型城镇化的成人教育发展 SWOT 分析》，《教育与职业》2016 年第 6 期。
② 王丽锟：《我国城镇化进程中成人教育面临的机会与挑战》，《中国成人教育》2018 年第 11 期。
③ 陈岩、王春勇：《新型城镇化视角下区域成人教育公共服务供给模式研究——以北京市房山区为例》，《成人教育》2018 年第 7 期。

此同时,也不可忽略成人教育的发展,尤其是迁入城镇和处于重要领域、岗位的农村转移劳动力的培训以及企业的再培训,要注意在这些层面发挥成人教育的作用。① 而"人的城镇化"与"农业转移人口市民化"同义,从字面上看,是指把农村人"变成城镇人""变成市民",使农村人与城镇人、市民一样。② 但要想使农业转移人口市民化,关键在于与城镇化相匹配的素质与能力,于是有学者提出,城镇中的外来务工人员的职业技能及素养的提升,不但需要不断完善与发展职业教育,更需要持续利用和发展成人教育,使外来务工人员不受地域与经费限制,成就终身教育;并进一步指出,为推进新型城镇化,需要改进职业教育与成人教育的专业设置,使教育成为专业转型的重要支撑。③《国家新型城镇化发展规划(2014—2020年)》也非常重视对广大农村转移劳动力的职业教育与成人教育,指出在新型城镇化进程中要通过职业教育、成人教育,加强对农民工的职业技能培训,提高其就业创业能力和职业素质。褚宏启、赵茜则认为实现人的城镇化的关键是农民工群体的城镇化,而农民工群体城镇化的关键在于职业教育和继续教育。④

然而,在新型城镇化进程中,"职成教"发展还面临一些问题。一项研究指出:第一,我国"职成教"管理体制亟待改革,职业教育还存在着明显的多头管理、职能交叉的特点;成人教育的政府统筹、部门负责、分类指导、规范办学、质量评价等机制尚未形成。第二,政府的主导地位发挥不足,企业作用未能有效发挥,正规的"职成教"尚未向农民工开放。第三,目前我国尚未建立

① 赵婀娜、刘岱:《曾天山:推进城镇化,教育要优先》,《人民日报》2012年12月19日第6版。
② 刘传江:《城乡统筹发展视角下的农民工市民化》,《人口研究》2005年第4期。
③ 李刚、赵茜:《城镇化进程中教育发展方式的转变——让教育成为人的城镇化的不竭动力》,《中国人民大学教育学刊》2015年第3期。
④ 褚宏启、赵茜:《城镇化进程中的教育变革》,第331页。

健全有效的农民工培训机制，"职成教"整体质量不高，课程内容、师资水平不能适应农民工的需求，"职成教"的针对性与实效性不强，不能给农民工培训提供有力支持。第四，城镇化进程中与农民工教育培训相匹配的"双师型"教师严重不足。第五，城镇化进程中农民工教育培训投入的总量不足，配置不均。①

总体而言，新型城镇化与"职成教"之间存在着紧密联系，彼此相互作用，互为保障与支持，这为明确新型城镇化与"职成教"之间的关系奠定了重要基础。通过文献梳理也发现和进一步明确了新型城镇化作为一个宏大的命题，其建设与推进并不是仅从职业教育层面就可以解决的，还需要成人教育的协同共力。但目前还较少有学者将"职成教"作为一个整体来思考，关于"职成教"整体系统与新型城镇化系统的关系的研究非常少，对这一关系的认识还较为模糊，尚属初步的、浅层的认识。而且在这一战略进程中，对"职成教"整体发展（尤其是协同发展）面临的问题的研究较少，分析也较为笼统。

四、对国内外已有相关研究的述评与反思

（一）已有相关研究对本书的主要贡献

根据本书情况，从上述对三大相关主题的文献进行的梳理及简评来看，已有相关研究为本书的进一步探讨提供了重要的文献条件与理论基础。具体而言，可归纳体现为以下三个维度。

一是城镇化及新型城镇化的相关研究，为本书选择和明确新型城镇化的目标背景提供了重要的文献支撑与政策依据，也为进一步了解与把握新型城镇化这一战略背景及其本质特征奠定了良好的基础。二是关于职业教育与成人教育的关系的研究，是本书的重要理论基础，为后续全面深入地分析和

① 褚宏启、赵茜：《城镇化进程中的教育变革》，第306、314、331—332、351、365页。

把握"职成教"的本质内涵、异同,明确二者的协同能力和协同关系提供了重要的理论依据,而且对在新型城镇化进程中构建"职成教"协同发展的理论框架具有基础性作用。三是新型城镇化与"职成教"发展的相关研究,进一步明确了推进新型城镇化建设与发展除了需要从政策、制度、经济等层面进行改革与提供支持外,还需要积极发挥教育的支撑作用,尤其要注意发挥"职成教"的共同作用,加强对新型城镇化建设与发展的支撑,这也进一步凸显和表明了本书的价值与意义,同时为本书进一步明确"职成教"在新型城镇化进程中的协同关系、职责范围提供了重要参考,也为探讨新型城镇化进程中"职成教"协同发展的深层次或核心问题指明了方向。

(二)有待进一步研究的内容

第一,加强对新型城镇化及其核心点、核心主体和目标任务的探讨与研究。关于新型城镇化中的人的城镇化这一核心,现有研究成果对其中"人"的内在规定性的认识还不大明确,多以笼统提及为主,并未对其做出充分的阐述和解析,而且从教育视角进行审视的研究较少。从相应的文献概述来看,目前对于人的城镇化的推进也多从户籍、职业、住房或空间转移、社会保障等社会学、经济学、人口学的层面进行探讨,教育学视角的审视较少;彰显人本关怀的人融入城镇发展的问题虽已引起关注,但缺乏较为深入的探讨,尤其是对新型城镇化建设与发展的核心主体农村转移劳动力的城镇化这一问题关注较少;对其目标任务到底包含哪些维度、现状如何等问题都应予以总结明确,否则将影响新型城镇化的建设实践和高质量发展的推进,也不利于规范新型城镇化的学术探索与研究。新型城镇化是一个宏大的命题,在研究中不可能面面俱到。因此,本书突出新型城镇化的核心主体和重点发展方向,将主要从人的城镇化这一核心出发,围绕新型城镇化的核心主体农村转移劳动力的城镇化这一目标背景进行探讨,重点对新型城镇化的内涵特质(尤其是教育学视角)、人的城镇化中"人"的内在规定性和核心主体农村转移劳动力的城镇化的目标任务进行进一步探讨和论证分析。

第二,明晰和把握"职成教"的关系,为"职成教"在新型城镇化进程中的协同发展打下良好的基础。随着职业教育与成人教育的不断发展,有许多学者意识到职业教育与成人教育虽然有很多共同点,也有很多论争,但总体而言,"二教"在本质上应属于两个不同的教育范畴,彼此不可替代,需要在发展中彼此滋养,相互协作,融合共力,寻求和谐发展(从表现形式上来看,"职成教"的"协调""融合"恰恰也是实现两者协同发展的重要途径或方式)。而在以农村转移劳动力城镇化建设与发展为重要目标导向的新型城镇化进程中,两者的角色和作用更是如此,所以在这一战略境遇中尝试研究"职成教"协同发展,也是对推进新型城镇化发展实践的一种积极回应。同时,为更好地在这一战略进程中推进"职成教"协同发展,一个重要基础或前提是明确"职成教"协同的能力与关系。但从"关于职业教育与成人教育的关系的研究"的文献梳理来看,对于"'职成教'的本质内涵到底体现在哪里""二者的特异性是什么""异同何在"这些问题都需要进一步厘清与总结明确。

第三,深化对新型城镇化与"职成教"发展之间的关系的认识,探索新型城镇化进程中"职成教"协同发展的推进路径与措施。从对新型城镇化与"职成教"发展的相关文献的梳理与分析中可看出,新型城镇化建设与发展离不开"职成教"的作用,尤其需要"二教"的共同支撑、协同作用,同时新型城镇化建设与发展又给"职成教"带来了重要发展机遇,也为"二教"协同发展创造了重要条件,但从协同的视角探讨新型城镇化系统与"职成教"整体系统之间的关系的研究较少。从协同与整体层面思考,新型城镇化与"职成教"之间到底是什么关系？从相应文献的综述来看,尚未发现有研究者基于协同的视角,系统探讨与研究新型城镇化进程中"职成教"协同发展面临的问题及推进策略。那么,在"职成教"协同服务这一战略过程当中,面对新型城镇化的核心诉求,"职成教"协同发展到底会面临什么问题与障碍？又如何去跨越这些樊篱,实现深层次的协同发展？

在进一步思考上述问题的基础上,如何立足新型城镇化的实际需求,紧扣重点或核心点,并以此为突破口,从研究问题入手,创新研究视角,深化研究内容,是本书需要着力解决的重要问题,而对上述相关问题的回应及进一步探究,形成了本书的主体内容与基本框架。

第四节　核心概念界定

一、新型城镇化

新型城镇化一般英译为 New Urbanization,从词源上理解,由新型和城镇化两个核心词语组成。新型城镇化与西方的城市化和我国的传统城镇化相比,是基于我国国情逐渐发展形成的一种城镇化发展新模式。对"新"的理解,相应文献综述已有探讨。城市化是一个涉及政治、经济、文化、社会等多个维度的历史演进过程,内涵十分丰富。例如,社会学强调的是城市社会生活方式的产生、发展和扩散过程,经济学强调的是农村经济向城市经济转化的过程。人口学强调的是农村人口向城市转移和集中的过程。[①] 美国著名社会学家路易斯·沃思(Louis Wirth)认为"城市化意味着乡村生活方式向城市

---

① 张宇:《新型城镇化进程中失地农民教育补偿研究》,博士学位论文,天津大学,2015 年,第 22 页。

生活方式转变、发生质变的全过程"①。城镇化是一个中国特色的概念，在地域覆盖或行政区划上既包含通常意义上的城市（city），也包括镇（town）。但综合相关研究可知，城镇化与城市化的英译皆为Urbanization，两个概念在本质上并无显著差异，主要用于说明乡村向城市转变的过程。有学者将城镇化界定为"非农产业在城镇集聚、农村人口向城镇集中的一个历史过程"②。因而若非特别说明，本书中所提及的城市化与城镇化含义等同。

新型城镇化是对西方城市化和我国传统城镇化的不良后果进行深刻反思后的发展与升华。目前，对于新型城镇化的含义出现了不同的理解。根据《规划》及相关的文献综合分析，可将其界定为一种以实现"人"的城镇化为核心，以推进人口、非农经济要素向城镇集聚并以实现"人"的现代性生成为主要内容或目标的城镇化发展过程③，其中坚持以人为本，将人的城镇化作为核心是其区别于西方城市化和我国传统城镇化发展模式的根本特征和核心要义。本书提及的人的城镇化中的"人"是指新型城镇化的核心主体，即近3亿的农村转移劳动力。新型城镇化作为一种以人为本，将人的城镇化作为核心的城镇化发展新模式、新理念，彰显的是人道主义关怀，重点任务体现为让新型城镇化的核心主体农村转移劳动力在迁移至城镇后，实现"稳定和幸福"的城镇化，即能在城镇实现稳定就业、融入城镇发展。为此，本书在探讨新型城镇化和"职成教"协同发展的相关问题时，重点关注的人是农村转移劳动力。尽管新型城镇化和"职成教"协同发展也关涉城市居民和农村转移劳动

---

① Wirth L, "Urbanism as a Way of Life," in *American Journal of Sociology*, No. 44(1938).
② 褚宏启：《城镇化进程中的教育变革——新型城镇化需要什么样的教育改革》，《教育研究》2015年第11期。
③ 对这一界定的论证，将在第三章第一节"新型城镇化的历史渊源与内涵解读"中展开。

力随迁子女,但无论是在以往的城镇化建设过程中,还是在当前以人为核心的新型城镇化的建设过程中,最为关键、核心的还是农村转移劳动力的城镇化问题。因此,本书主要关注探讨的对象是农村转移劳动力,较少探讨传统意义上的城市居民和农村转移劳动力随迁子女,人的城镇化主要指农村转移劳动力的城镇化。

二、职业教育

职业教育是一种复杂的教育活动,人们对其概念和内涵的认识也复杂多样。从原始的意义上讲,职业教育是为即将到来的工作或职业生涯做准备的、围绕职业或工作所需的技术而进行的教育活动。多年来,各国、各时期对其具体术语的表述不尽相同,如职业教育、技术教育、学徒培训、生涯与技术教育(CTE)、工厂教育(WE)、职工教育(WE)、职业教育与培训(VET)、技术与职业教育(TVE)、技术和职业教育与培训(TVET)等。虽然世界银行和亚洲开发银行 20 世纪 80 年代中期开始正式使用技术和职业教育与培训的概念,随后联合国教科文组织、国际劳工组织等国际性组织也纷纷采用这一概念,似乎目前已统一为技术和职业教育与培训,但其他一些关于职业教育的称谓或术语仍在一部分国家、地区或者特殊的领域使用。诚然,从教育与培训的本质来看,二者是有区别的,也各有优势与不足,但鉴于国际上寄希望于替代那个原来与普通教育,甚至与成人教育对立、与培训相分离的职业教育的概念,选择通用的技术和职业教育与培训这一概念就显得相对合理。我国1996 年以后的法定称谓为职业教育,本书所依托的背景为新型城镇化,且本书强调教育与培训共力合作或同频推进,因此在本书中,若没有特别指出或说明,都把职业教育这一称谓作为技术和职业教育与培训的简称。

对于职业教育而言，其本质是以技能为中心的综合职业能力的教育。[1]而与普通教育相比，职业教育更侧重于实践技能和实际工作能力的培养。职业教育一般有广义和狭义之分，广义的职业教育是指一定范围内的与工作世界，尤其是职业生活相关的学习经历，这也就意味着这种学习经历可在多种学习情境或环境中发生，如工作的场所、教育机构等。这种学习包括为特定或专门的职业技能发展而设计开发的学习，也包括为进入或即将进入一般工作世界或职业生涯而设计开发的学习。它可能直接导向劳动力市场，也可能为进入具体职业或继续教育与学习打下基础。而狭义的职业教育则更为具体和明确，包括青年人在进入劳动力市场前参加的初始职业教育（含学校形态、学历性质的职业教育），也包括正处于在职在岗或下岗状态的成人参加的职业技能培训（主要指非学历性质的职业教育）。换言之，狭义的职业教育包含初始的技术教育，以及各种形式的技术提升培训、转岗和再就业技能培训；范围包括职业学校教育和职业培训，其中职业学校包括各种高等职业技术学院、职业高中、职业中专与技校等。职业培训是学生或下岗待业人员走向工作岗位或在职人员不断适应工作岗位的桥梁，它与传统教育相比，更能密切配合社会经济活动的动向。本书研究的职业教育主要指狭义的职业教育，指受教育者为获得生产劳动所需的职业知识、职业技能和职业道德与精神而进行的教育活动。论及非学历性质的职业教育时，为了与学历性质的职业教育区分，本书则多称之为职业培训。

三、成人教育

成人教育是我国教育体系的重要组成部分，它与基础教育、高等教育、职

---

[1] 黄尧主编：《职业教育学——原理与应用》，高等教育出版社，2009年，第51页。

业教育同等重要。^①追溯成人教育的源起,人们一般认为是英国在第一次工业革命浪潮中应运而生的诺丁汉成人学校翻开了现代意义上成人教育的第一页。^②此后150多年,无论国内国外,人们似乎无法数清与成人教育类似的代名词或"近亲"般的称谓究竟出现了多少。迄今为止,人们提出了多样化的成人教育定义观,如"上层建筑说""双重目的说""社会需要说""个人发展说""综合说"等。1972年,联合国教科文组织在其著名的报告书《学会生存——教育世界的今天和明天》中对成人教育进行了界定,指出:"成人教育可能有许多定义,对今天世界上许许多多成人来说,成人教育是代替他们失去的基础教育;对于那些只受过不完全的教育的人来说,成人教育是补充初等教育或职业教育;对于那些需要应付环境的新的要求的人来说,成人教育是延长他们现有的教育;对于那些已经受过高级训练的人来说,成人教育是给他们提供进一步的教育。成人教育也是发展每一个人的个性的手段。"^③而这一描述并没有对成人教育进行逻辑性定义,只是对其教育形式、阶段和内容等进行了罗列。

那么,成人教育的本质到底是什么?在科技理性价值占据主导地位的今天,成人教育实际更多地重视对成人技能的培养,缺乏对成人生命的关怀。对成人教育而言,不可否认,其中一个重要的职责或任务是对技能的培养(职业性),但这不是也不应是全部,职业性只是它的功能的一个方面,而其本质使命还是对成人生命的关怀,也就是成人教育应更多地着重于它的非功利性与人文性,前述相应的文献中也有一些专家学者持此观点,并进行了深入解

---

① 林崇德、姜璐等主编:《中国成人教育百科全书》(心理·教育),南海出版公司,1994年,第292页。

② 高志敏:《"成人教育"概念辨析》,《陕西师范大学继续教育学报》2000年第1期。

③ 联合国教科文组织国际教育发展委员会:《学会生存——教育世界的今天和明天》,华东师范大学比较教育研究所译,教育科学出版社,1996年,第247页。

读与分析。尽管很多时候人文教育并不关注人的生产能力，但它也会间接地对社会生产产生影响。[①] 有学者指出成人教育从本质上忽视了成人的存在而迷失了自身本来的方向，从而使成人教育由一种基于信念的行为变为简单的技术操作、技术行为，而这一缺失直接造成成人学习者精神的变形、委顿甚至丧失，这也是造成当前成人教育诸多问题的根本原因。[②] 自然，成人教育概念的不同界定体现了不同的成教理念，反映了不同的时代特征，但对成人教育概念的把握不能处于静态，而要与研究的视角或情景对应，更要与时俱进。不过，无论从何种角度而言，成人教育的概念都应当体现成人教育的本质，揭示成人教育与其他教育的根本区别。[③] 笔者在众多研究者不懈探索研究的基础上，结合本书需要，尝试对成人教育进行如下界定：成人教育是指对社会承认的且不以学习为主要任务的成人所进行的旨在满足和促进其学习、生活和发展需要的教育活动。[④]

四、协同发展

所谓协同，是指系统中的各部分或各元素互相协作、相互促进，共同完成某个目标或工作。协同发展是基于协同理论而形成的一种理念。协同发展的基本含义是系统内各相关要素同步、协调、有序地发展，实现共生共荣。[⑤] 自然界和人类社会的各种事物普遍存在有序、无序的现象，一定的条件下，有序和无序之间会相互转化，无序就是混沌，有序就是协同，这是一个普遍规律。实质上，协同表达了"1+1>2"的理念，即整体价值大于各独立组成部分价值的简单总

---

① Snedden D, *The Problem of Vocational Education*, Houghton Mifflin, 1910, p. 5.
② 杜以德、柳士彬等：《成人教育基本理论问题研究》，高等教育出版社，2008 年，第 20 页。
③ 李兴洲、徐德娜、耿响：《成人教育的概念再探》，《河北师范大学学报》（教育科学版）2015 年第 2 期。
④ 对成人教育的本质内涵、外延等的分析，将在第二章展开。
⑤ 康镇麟：《当前我国社会舆论与社会公德协同发展研究》，博士学位论文，湖南师范大学，2015 年，第 152 页。

和。照此理解,在实现途径上,协同发展就是要及时调整和优化子系统或要素之间的结构、关系和保障条件,减少冲突、降低内耗,形成顺畅的协调与合作关系,通过协同实现整体系统功能的最优化,最终实现共生共荣、共同发展。

综上所述,所谓协同发展是指协调两个或两个以上的不同系统、资源或者个体,使其相互协作完成某一目标,达到共生共荣、共同发展的双赢效果。这一概念可应用于对新型城镇化进程中"职成教"协同发展的探讨。"职成教"两类教育在推进新型城镇化这一战略进程中寻求协同,即通过形成"职成教"协同系统(又称协同体),两类教育系统相互配合、协调、融通并优势互补,互相促进、借鉴与启发,发挥各自的功能与最大价值(各尽其分、相得益彰),从而在协同服务新型城镇化核心主体农村转移劳动力的城镇化的过程中实现共生共荣、共同发展(本书主要从"职成教"两类教育系统的整体层面进行探讨)。因此,本书所指的协同发展,更全面的表述应是协同共生发展,但限于研究主旨,简称为协同发展。新型城镇化进程中"职成教"协同发展的核心要义架构简图如下(图1-1)。

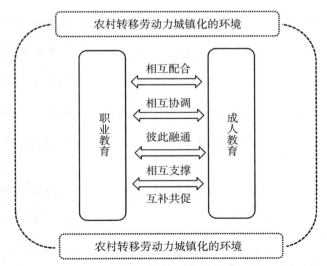

图1-1 新型城镇化进程中"职成教"协同发展的核心要义架构简图

第五节 理论基础阐释

一、协同共生理论

协同共生理论，是协同理论和共生理论的有机融合与发展，也是本书的核心支撑理论。它作为系统协同演进和结构优化的结果，反映着系统结构优化、功能完备和效益改进的状态。[①] 同时结合文献综述中"职成教"和谐共进说的观点，协同共生也是"职成教"和谐共进的基本要求，是实现协同发展的理想选择。

（一）协同理论阐释

协同论（Synergeties）又称协同学或协和学。协同学作为一门真正的独立学科始于 20 世纪 70 年代，其创立者为德国著名物理学家赫尔曼·哈肯（Hermenn Haken）。协同思想源远流长，从词源上追溯，协同（synergy）一词最早源于古希腊，其意为协调合作。[②] 而在中国古代典籍中也有记载，如《汉书·律历志上》有"咸得其实，靡不协同"；《后汉书·孝桓帝纪》中有"内外协同，漏刻之闲，桀逆枭夷"之说。在哈肯看来，协同是指系统各部分之间相互协作，使整个系统形成微观个体层次所不存在的新质的结构和特征。[③] 有学者进一步指出，协同即为达成某一目标，对多个主体进行协调的过程。[④]

---

① 黎元生、胡熠：《流域系统协同共生发展机制构建——以长江流域为例》，《中国特色社会主义研究》2019 年第 5 期。
② 苗素莲、祝春：《政府在校企合作中的作用探析——基于协同论的视角》，《全球教育展望》2013 年第 9 期。
③ ［德］赫尔曼·哈肯：《协同学：大自然构成的奥秘》，凌复华译，上海译文出版社，2005 年，第 7 页。
④ 陈劲：《协同创新》，浙江大学出版社，2012 年，第 33 页。

协同理论的主要内容可归纳为以下两个方面：第一，协同效应，是指在复杂的大系统内，各子系统的协同行为产生的超越各要素自身的单独作用，从而形成整个系统的统一作用和联合作用，"协同导致有序"是这一基本原理与效应的高度概括。第二，自组织原理，它是指系统在没有外部指令的条件下，其内部子系统之间能够按照某种规则自动形成一定的结构或功能，具有内在性和自生性。这一原理指出，在一定的外部能量流或物质流输入的条件下，系统会通过大量子系统之间的协同作用而形成新的时间、空间或时空的有序结构。① 系统演化的这种过程称为自组织。作为一个协同系统，要想实现自组织过程，就须具备以下两个基本条件：一是协同系统须保持或者具备开放性，以使其能与外界进行信息、能量和物质等的交流交换，从而确保其具有生存与发展活力；二是协同系统中的各子系统的相互作用须为非线性的，通过减少内耗，协调合作，充分发挥各子系统的功能效应，共生共荣。这为"职成教"在服务农村转移劳动力城镇化建设与发展过程中选择合作共赢提供了理论支撑——选择协同才能发挥各自的优势，实现共生共荣。

（二）共生理论阐释

共生的概念最早由德国生态学家安东·德贝里（Anton De Bary）于 1879 年提出，意指"不同物种的个体或者种群生活在一起"②，相互作用、相互依存，从而产生一种共同生存、协同进化的具有共生性质的关系③。随着社会的不断发展，共生作为一种思维方式，现已逐渐拓展应用于教育研究领域。④ 形

---

① 蒋俊东：《协同论对现代管理的启示》，《科技管理研究》2004 年第 1 期。
② De Bary A，*Die Erscheinung Der Symbios*，De Gruyter，1879，p.21.
③ Douglas A E，*Symbiotic Interactions*，Oxford University Press，1994，p.10.
④ 吕光洙：《美国教师教育与多元文化的共生关系分析》，《比较教育研究》2018 年第 2 期。

成共生的必要条件是基于共生单元之间具有互补性资源的共生，这种资源可以包括人才、技术、政策、物力、财力等。依据共生理论的观点，任何共生系统（又称共生体）都应由共生单元、共生关系和共生环境三大要素构成。① 共生单元是组成共生体的基本要素；共生关系是共生单元相互作用的形式或相互结合的方式，也是推进共生体发展的关键要素；共生环境是维系共生体平衡的重要外部因素或条件。三大要素之间相互影响、彼此作用，共同致力于推进共生系统的发展。

（三）协同与共生及协同共生的理论框架

1. 协同与共生的关系简析

通过对协同理论、共生理论的分析可见，探讨协同与共生的关系应将其置于一定的系统框架之中，协同共生也是如此。无论是协同还是共生，抑或是二者的有机融合——协同共生，都共存于系统之间，是整体系统中多个子系统或要素关系的体现，而这种整体系统具有多目标性、目标任务的层次性特征，协同与共生的共同基础是系统或子系统资源的获取和有效利用。在表现形式上，协同描述了协同共生中系统间或子系统间的相互关系的维持，共生则侧重于描述系统间或子系统间的相互关系的状态，没有协同便难有共生，共生是协同的结果，协同又是共生的基础，不是基于系统的共生，也就没有存在的必要。② 协同能否产生作用并且这一作用能否达到最优状态，与系统的状态、结构等相关，而且协同共生应是协同的最强状态或最为理想的表现形式，共生也应是共生

① 赵敏、蔺海沣：《校本教研共同体建构：从"共存"走向"共生"》，《教育研究》2016 年第 12 期。
② 卢勇、王岚、张旭翔等：《高职院校与企业大学的共生协同：基于高职二级管理视角》，《江苏高教》2015 年第 4 期。

体中各子系统达成协同发展的重要途径。① 也就是说,协同共生不是简单的协同加共生,而是两种理论的有机融合,是协同和共生的"升级版"。

2. 协同共生的理论框架探析

作为协同理论与共生理论的有机融合、发展,协同共生为新型城镇化进程中推进"职成教"共同发展提供了一种新的理念和重要路径。以中国知网数据库为文献来源,以"协同共生"为篇名进行检索(检索时间截至 2023 年 3 月 22 日),共获得相关文献 97 条。对检索结果进行分析可发现,对协同共生理论的探讨已经有了一定的积累,但处于初始探讨的阶段,有待进一步明确、拓展与深化,如:协同共生到底应是一种怎样的架构,其重点或核心要素又是什么? 综合上述分析可见,协同共生应具有以下特征或内容:首先,协同共生基于一定的系统框架,脱离系统谈协同共生便不能成立,也就是说各个单元要想形成协同共生,就需要组建或生成一个有机体,即组建或生成一个协同共生系统(又称协同共生体)。其次,协同共生系统中的各子系统是基于互补性资源的共生(这种资源覆盖软硬性资源——硬性资源有教育教学设施等,软性资源有功能价值等),否则各子系统就无法构成协同共生关系。再次,协同共生若想形成良性发展样态,还需要有一定的外在条件保障。另外,由于共生是协同的结果,协同又是共生的基础,更是实现协同发展的重要途径,因而可借鉴共生理论的基本架构,形成协同共生的三维分析理论框架:任何协同共生体应由协同共生单元、协同共生关系和协同共生环境三大要素组成,其中协同共生单元是构成协同共生体的基本要素;协同共生关系是协同共生单元之间相互作用的形式或相互结合的方式,也是协同共生体发展的关键要

① 钟家雨:《旅游业与城镇化协同发展研究》,博士学位论文,中南大学,2014 年,第 26 页。

素;协同共生环境是维系协同共生体平衡的重要外部因素或条件(见图1-2)。协同共生单元、协同共生关系、协同共生环境三大要素之间相互影响、彼此作用,共同致力于推进协同共生体的发展。这就为研究协同及协同发展问题提供了一种新思路。鉴于本书的主旨,加上协同是协同共生的关键和核心,且为了与协同共生发展的简称协同发展对应,本书中的协同与协同共生含义等同,并主要以协同简称。

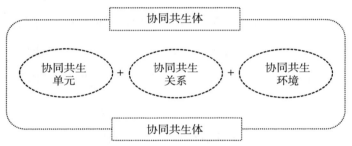

图1-2　协同共生体及其构成要素图

依据协同共生的观点,可将"职成教"看作一个协同体(系统),职业教育系统、成人教育系统则是协同体的子系统,也是核心协同单元。因此,若想在新型城镇化进程中实现"二教"协同发展,培育合格的协同单元是基础,建构适切的协同关系是关键,营建良好的协同环境是重要条件,"三管齐下"是实现"职成教"协同发展的重要策略。在新型城镇化进程中,一方面要根据新型城镇化战略需求,注意发挥"职成教"的协同效益并加强协同,开放合作,形成良好的协同作用力,也只有积极借助"职成教"的协同作用及协同发展产生的效益,才能为新型城镇化建设与发展提供强劲动力;另一方面"职成教"协同及协同发展若还没有达到期待的自组织状态,可加强包含政府在内的各种外部控制参量的作用,尤其要发挥政府的主导作用,如政策推动、资金扶持、激励措施等,以保障新型城镇化进程中"职成教"协同发展自组织的形成。

因此,协同共生理论为研究新型城镇化进程中"职成教"协同发展提供了重要支撑。笔者将在第四章"新型城镇化进程中'职成教'协同发展的问题"、第五章"新型城镇化进程中'职成教'协同发展的推进"中,依循协同共生理论的三维分析框架及观点,对相应问题及策略、建议进行深入探讨与分析。

二、人力资本理论

人力资本理论是本书内容的另一个重要理论基础。在以农村转移劳动力城镇化为目标背景的新型城镇化进程中探讨"职成教"协同与协同发展问题,必然会涉及农村转移劳动力人力资本的开发、提升与发展。因此,还需要在明晰和把握人力资本理论内涵的基础上,积极借鉴和应用人力资本理论进行指导与分析。

西奥多·舒尔茨(Theodore Schultz)认为,人力资本是体现在劳动者身上的一种资本类型,主要以劳动者的知识程度、技术水平、工作能力以及健康状况来表示,是这些方面价值的总和;并且指出,人力资本投资的收益率超过物力资本投资的收益率。[①] 人力资本在各个生产要素之间发挥着相互替代和补充的作用。现代经济社会发展,包括新型城镇化的建设与发展亦是如此,已经不能单纯依靠自然资源和人的体力劳动,必须提高体力劳动者的智力水平,增加脑力劳动的成分,以此代替原有的生产要素。马克思认为:"要改变一般人的本性,使它获得一定劳动部门的技能和技巧,成为发达的和专门的

---

① [美]西奥多·舒尔茨:《人力资本投资——教育和研究的作用》,蒋斌、张蘅译,商务印书馆,1990年,第23页。

劳动力,就要有一定的教育或训练。"① 即教育可以改变劳动力的性质,提高劳动力的质量。由教育形成的人力资本在经济增长中会更多地代替其他生产要素。② 例如,在推进新型城镇化进程中,针对农村转移劳动力的教育和科学技术研究、推广与应用,可以替代部分土地、简单体力劳动的影响与作用,从而更好地促进新型城镇化的建设与发展。

人力资本的积累,即农村转移劳动力的质量的提升是新型城镇化建设与发展的源泉。③ 人力资本投资的增长无疑已经明显地提高了经济发展过程中的工作质量。④ 农村转移劳动力从乡村走向城镇就业与生活,人口向城镇集聚是新型城镇化的一个重要条件。虽然通过制度改革可以实现农业转移人口"身份"的转变,为其成为城镇居民破除障碍,但使其有能力在城镇稳定就业、融入城镇发展,才能彰显新型城镇化以人为本的魅力,更是加快推进新型城镇化进程之关键。重点加强对农村转移劳动力的教育,尤其是加强职业教育与成人教育的辅助支持⑤,即通过"职成教"让农村转移劳动力获得(或发展)在城镇就业、生活所需知识和技能,并加强在教育方面的投资,就可以有效提升农村转移劳动力的整体素质⑥。当前,我国正处在从人力资源大国向人力资源强国迈进的历史性阶段,需要大力发展并积极借助职业教育与成人

---

① ［德］马克思：《资本论》(第1卷),人民出版社,1975年,第195页。
② ［美］加里·贝克尔：《人力资本理论》,郭虹译,中信出版社,2007年,第3页。
③ 刘达、韦吉飞、李晓阳：《人力资本异质性、代际差异与农民工市民化》,《西南大学学报》(社会科学版)2018年第2期。
④ Benhabib J, Spiegel M, "The Role of Human Capital in Economic Development Evidence from Aggregate Cross-country Data," in *Journal of Monetary Economies*, No. 2(1994).
⑤ 马建富：《新型城镇化进程中农民工人力资本提升的职业教育培训路径》,《教育发展研究》2014年第9期。
⑥ 梁文泉、陆铭：《城市人力资本的分化：探索不同技能劳动者的互补和空间集聚》,《经济社会体制比较》2015年第3期。

教育培养更多的高素质人才,为我国社会主义建设服务。同样,推进新型城镇化作为我国社会主义建设中的一个重大战略任务,也需要"职成教"培养大量的高素质人才,加大对新型城镇化的核心主体农村转移劳动力的人力资本投资与开发,从而为新型城镇化建设与发展,以及新型城镇化进程的快速推进提供丰富的人力资本支持和保障。这为"职成教"协同服务农村转移劳动力的城镇化提供了重要现实依据和理论支撑。笔者也将在第三章关于新型城镇化与"职成教"的关系的探讨中,重点运用人力资本理论展开分析。

第六节　研究设计

一、研究思路

本书的探讨主要遵循"问题提出—文献述评—理论解析—现实审视—策略建构—总结展望"的基本逻辑与程序,具体将根据以下思路展开。首先,在明确问题提出、研究意义、文献综述、核心概念、理论基础、研究设计等一些前置性研究的相关问题的前提下(即第一章"绪论"),通过分析职业教育与成人教育的本质内涵及逻辑分殊与耦连,识别并明晰"职成教"的协同能力与协同关系(即第二章"协同发展的基础:'职成教'的逻辑分殊与耦连"),同时在对新型城镇化的内涵、目标任务与发展现状进行充分把握的基础上,分析并论证新型城镇化与"职成教"的密切关联性,明辨"职成教"协同的根据与方向(即第三章"新型城镇化:'职成教'共同聚焦的作用目标")。其次,以文献分析为基础,以调查研究为支撑,依据协同共生理论的三维分析框架,探究并分析我国当前新型城镇化进程中"职成教"协同发展面临的问题(即第四章"新型城镇化进程中'职成教'协同发展的问题")。再次,综合前述探讨,并基于第四章对问题的分析,提出我国新型城镇化进程中"职成教"协同发展的推进路径与措施。最后,对研究的主要结论或发现进行总结,并对未来的研究方向进行展望(见图1-3)。

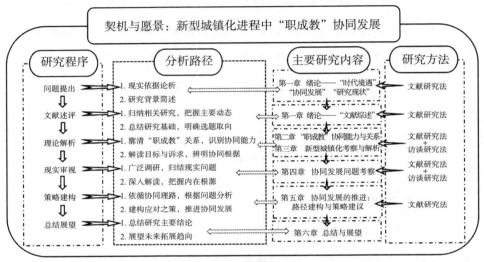

图1-3 研究思路简图

二、内容框架

本书依循上述研究思路,共形成了"三大模块,六个章目"的研究内容。第一大模块为前置(基础)性理论问题的扫描与探析,即第一章"绪论",笔者对"问题提出""研究意义""文献综述""核心概念界定""理论基础阐释""研究设计"等内容进行了分析。第二大模块为主体理论问题的厘定与澄明,包含第二章"协同发展的基础:'职成教'的逻辑分殊与耦连"、第三章"新型城镇化:'职成教'共同聚焦的作用目标"。第三大模块为"问题、对策及总结与展望",分为第四章"新型城镇化进程中'职成教'协同发展的问题"、第五章"新型城镇化进程中'职成教'协同发展的推进"和第六章"总结与展望"。本书的基本框架如下(图1－4)。

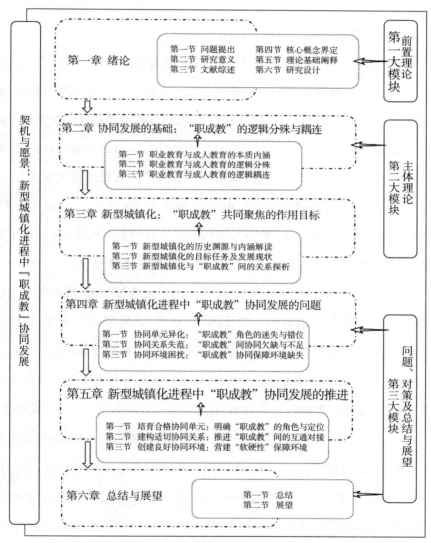

图1－4　研究的基本框架图

三、研究方法

根据研究实际,本书拟采用的主要研究方法有文献研究法、访谈研究法。

以下将重点对文献研究法、访谈研究法及其在本书中的运用与具体体现进行阐述。

（一）文献研究法

文献研究法是根据研究需要，收集相关文献资料，并对其进行归纳、总结与分析，从而获取所需信息的一种研究方法。文献研究法贯穿本书始终，是本书的一种基础性研究方法。通过运用文献研究法，主要拟解决以下几个问题：一是根据研究主题，全面搜集、挖掘国内外关于城镇化及新型城镇化、职业教育与成人教育的关系、新型城镇化与"职成教"的发展等的文献资料，并在对相应文献资料进行系统梳理的基础上，对其进行深入总结、评述与反思，从而确立本书的重点与方向，形成本书的主体内容与基本框架（主要用于第一章"绪论"中的文献综述部分）。二是通过对相应文献的进一步梳理与深入解析，对职业教育、成人教育的本质内涵及"职成教"之间的逻辑关系予以澄清，以识别可用于推进新型城镇化的"职成教"协同能力与水平，从而为"职成教"在新型城镇化进程中建立并处理好协同关系打下良好的理论基础（主要用于第二章中对"职成教"关系的进一步分析）。三是通过一定的文献研究，探讨并审析新型城镇化的内涵、目标任务与发展现状及其与"职成教"之间的关系，从而为"职成教"在这一战略进程中明确协同目标、处理好与新型城镇化的关系提供理论引导（主要用于第三章对新型城镇化内涵、目标任务与发展现状及其与"职成教"之间的关系的分析）。四是搜集与分析有关新型城镇化进程中"职成教"协同发展现状的理论资料，主要对相关的协同单元、协同关系、协同环境等层面的研究资料进行了解与论证分析，从而为全面深入地把握"职成教"在这一战略进程中的现状与问题提供重要的理论支持（主要用于第四章中相应问题的探讨与分析）。五是对相关资料的搜集、整理与分析,将其作为新型城镇化进程中"职成教"协同发展策略和建议的重要佐证材料(主要用于第五章中相应推进策略的建构)。

需要说明的是,本书拟采用的主要研究方法中未包含问卷调查法,并不是未采用,而是以文献的形式进行了体现。本书是在笔者所著博士学位论文基础上的进一步探讨,在撰写博士论文的过程中笔者曾做了大量的问卷调查研究,尽管在时间上显得有点陈旧,但通过进一步了解及查阅相关(尤其是近期)的文献,发现本书的探讨所涉及的一些情况大体与本人博士学位论文中的相关数据或近期一些相关研究的结论一致。因此便以文献引用的形式进行呈现,以支撑相应的部分或观点的论证。

（二）访谈研究法

访谈研究法,顾名思义是通过调查者与被访者之间口头问答的形式,来探究被访者的世界,继而论证调查者的问题意识。[①] 借助访谈研究法可获取有关本主题的大量第一手资料,为后续研究提供实践素材。本书的访谈主要采用半结构化的形式,通过综合运用面对面访问、座(交)谈和在线(通信媒介)访谈等方式,来深入了解和把握以下几个方面的情况:新型城镇化建设与发展现状(包括核心主体农村转移劳动力的城镇化现状)、新型城镇化进程中"职成教"协同及协同发展的相关现状与问题(包括"职成教"的角色定位、协同合作、外在保障等情况),以及受访者对相关问题的看法或建议。

由于本书是在笔者博士论文基础上的进一步探讨,此前的研究已经对相关主题(尤其是农村转移劳动力及其教育培训情况)有一定的了解,因而本书

---

① 何晓星:《教育中的权力—知识分析——深度访谈的中国经验》,《北京大学教育评论》2014年第2期。

将主要遵循非概率抽样中的目的性抽样原则选择受访者。① 受访者主要来自几类人员，基本情况及其描述如下。

一是政府中城镇规划与建设、拆迁与扶贫、督查督导等部门的管理人员（即非教育行政机构管理人员）。笔者主要利用 2017 年夏在广西南部某市政府挂职（区长助理）学习的机会，根据研究需要，对广西南部某市政府中负责相应工作的 7 名负责人或具体管理人员进行了深度访谈，以了解该市新型城镇化建设与发展的基本现状、当前城镇建设与发展的重心及问题和农村转移劳动力城镇化的推进情况（此类受访者统一用 A 标记，如 A1、A2、A3……）。

二是政府中负责"职成教"工作或农村转移劳动力教育培训的管理人员（即教育行政机构管理人员）。笔者主要利用 2017 年夏在广西南部某市政府挂职学习的机会，对该市负责相应工作（如教育、人社等部门）的 9 名负责人或具体管理人员进行了访（座）谈，并深入该辖区的企业、城镇社区进行相关调研，同时利用 2019 年 6 月起担任国家职业教育研究院院长助理、办公室秘书的机会，对来自教育部职成司、教育部职教所、中国教育科学研究院、人社部、国家职业教育研究院等部门的 5 名负责同志进行了访谈，以了解我国"职成教"的整体发展和管理体制机制情况、农村转移劳动力教育培训的组织与实施情况等（此类受访者统一用 B 标记，如 B1、B2、B3……）。

三是"职成教"学校及社会教育培训机构负责人或相关管理人员。笔者主要利用 2017 年夏在广西南部某市政府挂职学习、2019 年 6 月起在国家职业教育研究院工作学习及外出调研的机会，对 19 名相关机构的负责人或管理人员进行了访（座）谈（其中高职院校 3 所、成人高校 2 所、中职学校 3 所、

① 陈向明：《质的研究方法与社会科学研究》，教育科学出版社，2000 年，第 65 页。

成人学校 2 所、社区学校 2 所、社会教育培训机构 3 所),以了解"职成教"机构开展农村转移劳动力教育培训的基本情况、"职成教"机构在农村转移劳动力教育培训中合作的意愿及利益诉求、"职成教"机构在农村转移劳动力教育培训中协同合作时面临的问题与障碍(此类受访者统一用 C 标志,如 C1、C2、C3……)。

四是在广东(广州、深圳、珠海、中山)、江苏(南京、无锡)、浙江(杭州、温州、金华)、北京、湖南(长沙、邵阳)、吉林(长春)、广西(南宁、桂林、钦州)等地工作生活的农村转移劳动力。笔者曾于 2018 年夏到农民工最为集中的区域工作,与农民工一起生活、工作总计 21 天,通过与农民工交谈(或聊天)、观察与体会等形式,深入了解这一群体城镇化的诉求、现状与问题及其参加教育培训的意愿与需求。同时利用 2018 年、2019 年、2021 年、2022 年返乡(农村)过年的时机,通过聊天的形式进一步了解身处不同城镇、从事不同工作的农民工的城镇化需求、教育培训等情况,另外借助通信媒介(如微信、QQ、邮件和电话等)向保持联络的农民工了解相关情况。通过普通交谈(或聊天)方式了解相关信息的农民工数量未计;接受正式访谈的农民工为 21 人,年龄区间在 17—52 岁,大多为中青年,小学及以下文化程度为 4 人,约占 19.0%,初中文化程度为 8 人,约占 38.1%,高中文化程度为 6 人,约占 28.6%,大专及以上为 3 人,约占 14.3%(此类受访者统一用 D 标记,如 D1、D2、D3……)。

笔者提问统一用 Z 标识。对应访谈提纲及内容见本书附录 A、B、C、D。各项访谈的结果一定程度上反映了我国当前新型城镇化建设与发展(包括核心主体农村转移劳动力的城镇化)、农村转移劳动力的教育培训、"职成教"在这一战略进程中的协同等的现状。笔者期望通过上述努力,为进一步把握和明确我国当前新型城镇化建设与发展的现状、"职成教"协同发展面临的问题,提出相应的路径及措施提供实践支撑。

四、研究创新

第一,探索了协同共生理论的三维分析框架,发展了协同共生理论。协同共生理论是协同理论与共生理论的有机融合,本书在对协同理论、共生理论进行深入解读和把握的基础上,探索了协同共生理论的基本架构及三维分析框架,并明确了其组成要素。这不仅是对协同理论、共生理论的进一步发展,也为探讨、分析协同和与协同发展相关问题提供了一种新思路。

第二,通过梳理"职成教"的本质内涵、逻辑分殊与逻辑耦连,探讨并总结了"职成教"的特异性及逻辑分殊所在,即指出职业教育更多关注的应是立足"职业",注重职前的、职业技能的培养;而成人教育偏重的应是面向"成人",注重职后的培训,尤其应承担和做好非功利性质的,如市民或现代性素养的教育与培训。并分析指出了"职成教"的逻辑耦连主要体现在以下三个方面:职业性内容是"职成教"历史发展的逻辑交织,职后教育是"职成教"实践范畴的逻辑交叠,教育性使命是"职成教"追求的本真价值选择。

第三,分析指出了以农村转移劳动力为核心主体的新型城镇化建设与高质量发展的目标任务,并从多维视角明晰了新型城镇化系统与"职成教"系统之间的关系。一方面,通过探究我国当前推进新型城镇化建设和高质量发展的重心所在,分析指出了提升新型城镇化的核心主体农村转移劳动力的素质,使其有能力在城镇实现稳定就业、融入城镇发展,是推进新型城镇化的两大重点目标,更是推进新型城镇化高质量发展的重要体现和必要保证,并且对这两大目标的关系进行了解析与明确。另一方面,从多维视角,对新型城镇化系统与"职成教"系统之间的关系进行探讨和明确,发现在总体上二者之间存在一种互动共生的关系逻辑;进一步审视这两类系统,发现其又呈现出主体交互和层次耦合两种关系。

第四,从协同的视角,依据并运用协同共生理论的三维分析框架,采用理论与实证相结合的方法,审析新型城镇化进程中"职成教"协同发展所面临的问题,总结发现了在实然推进"职成教"协同发展的过程中,还面临着"协同单元异化——'职成教'角色的迷失与错位""协同关系失范——'职成教'间协同的欠缺与不足""协同环境困扰——'职成教'协同保障环境缺失"等生态之殇;并依据对相应问题的分析,建构了具体的路径框架,提出培育合格的协同单元、建构适切的协同关系、营建良好的协同环境的路径及具体措施,这为在新型城镇化进程中研究和推进"职成教"合作共赢、共同发展提供了一种新理念和重要路径。

第二章　协同发展的基础："职成教"的逻辑分殊与耦连

　　要研究"职成教"协同发展的问题，首先要明晰"职成教"之间产生协同和实现协同发展的可能性。而能否实现协同取决于二者的能力水平，所以需要对二者的优势、不足及共通点进行分析。各自的能力代表着在各个职能领域里所具备的资源、优势等。若"职成教"能发挥各自的优势，实现协同的可能性就比较大。厘清"职成教"的内涵外延，明晰二者的异同，有助于把握并处理好二者的协同关系和识别可用于推进新型城镇化的协同能力。在新型城镇化进程中，若不能厘清"职成教"之间的相互关系，明晰二者之间的逻辑分殊与耦连，避免各自为战或同质化竞争的发生，就易造成教育资源的重复建设和浪费，也不利于"职成教"运用新型城镇化这一重大战略机遇去实现协同发展。"职成教"是教育系统下的两种最为相近却又拥有不同本质内涵的教育子系统，二者在内涵外延及实践特性方面不仅具有彼此牵涉、相互依存的逻辑耦连，也存有彼此区别、不可等同的逻辑分殊。立足范畴论的视角对"职成教"分别进行审视与梳理，既有利于廓清"职成教"复杂的关系，也对与"职成教"领域紧密相关的新型城镇化建设实践及运行发展具有重要的现实意义。

第一节　职业教育与成人教育的本质内涵

职业教育、成人教育是具有不同本质内涵的两种教育类型，其不可混同及不可取代性是由两种教育形态自身的特异性决定的。而且，任何事物及其实践活动都有其特异或独特的本质内涵，"职成教"亦不例外。面对当前理论与实践中对"职成教"存有的一些不同看法或说法，须先从理论上予以辨正或廓清，这也是在协同推进新型城镇化进程中让"职成教"理论与实践之间开展对话，并助力"职成教"协同发展前所须优先进行关照与明晰的一个事实。

一、职业教育本质内涵的特异性解析

职业教育的理念与特质并不是简单地或部分地与其他教育形式相异，更不是作为其他教育形式的附庸而存在，而是通过长期、不断的发展，在内涵与外延上呈现出较为明显的特异性，并发展形成了个性鲜明的特征。

（一）职业教育中的职业

职业教育与职业有着密切的关系，认识并明晰职业的含义是深入理解并把握职业教育本质内涵的重要前提。[①] 尤其是在我国加快推进新型城镇化建设与发展的进程中，现代化大生产快速发展，生产的专业化程度日渐增强，对劳动者的知识、技能的要求也不断提高，职业教育的重要性和地位将会更加凸显，而职业教育的实施与发展应以厘清职业的意义为重要条件与基础。

1. 职业之缘起与发展

职业产生于社会分工并随社会分工的发展而发展。职业的产生是人类

---

① 俞启定、和震：《职业教育本质论》，《中国职业技术教育》2009 年第 27 期。

文明的标志，职业的发展是社会发展与进步的必然结果。尽管在早期人类社会发展时期，原始人为了自身的生存逐渐有了捕捞、狩猎、缝衣等劳动活动，但这类劳动活动与人类自然生存活动没有明显的区别，不是相对独立或专门化的劳动，更没有演变成相对固定或稳定的工作，并不属于职业活动，所以在这一发展时期还未形成职业。当人类社会的生产力发展到一定程度，农业与畜牧业、手工业等发生分离之时（大约在原始社会末期至奴隶社会初期），为了适应这一发展，更好地通过专门化的劳动获取生存或物质资料，不断推动人类社会向前发展，部分劳动者就相对固定地或稳定地从事某种或某一类工作，职业就此出现并不断发展。可见，人类生产的社会分工是职业出现或形成的基础，而生产力发展水平是影响职业发展的根本因素。[1]

职业是与人类社会生产活动紧密关联的一种历史性概念。在西方，人们对职业的认识可追溯到古罗马、古希腊时期——在此发展阶段，人们对职业的认识有着浓厚的宗教色彩，如普遍将自己的生产劳动看作"天罚"或是"忧苦"，认为这是自己赎还"原罪"而应付出的代价；同时认为，农业生产及与其相关的劳动属于高尚的工作。除此之外，从事其他劳动的工作者，如手工艺者、匠人、城市商贩等被视作低贱者。这种看法在中世纪之后发生了改变，专门从事手工艺、商业贸易等非农业生产劳动的工作者不再被视为低贱者，与此相关的各种劳动或工作被正式认定为正当的职业，并且被称为上帝设计的"天职"。在中国古代（主要指奴隶社会、封建社会时期），"职"与"业"并非放在一起使用，而是各自独立地被赋予意义，即"职"为官事，主要指的是朝廷官员；"业"指农牧工商，相当于今天所说的"行业"。[2] 较早将二者合称为职

---

① 刘春生、徐长发主编：《职业教育学》，教育科学出版社，2002 年，第 305 页。
② 李强主编：《职业教育学》，北京师范大学出版社，2010 年，第 22 页。

业者,始见于《荀子·富国》:"事业所恶也,功利所好也,职业无分,如是则有树事之患而有争功之祸矣。"无论是古时西方还是古代中国社会,都很重视农业生产,尤其是手工业生产活动,所以这时的农业、手工业相当发达,形成了相对稳定的职业活动,由此逐渐形成了各类相关的职业,并产生了有职业性质的教育活动——在此时期,人类的生产生活往往围绕传统的人力手工作业模式展开,由于这一时期手工技术发达、手工业繁荣,又称之为古代手工业发展时期;而该阶段技术发展主要依靠经验的积累,人类为了实现自身的生存与发展,需要让在生产生活中形成的各种手工技艺得以继承和延续,于是便催生了以手工技艺的父子相传、师徒传授为主要特征的学徒制形态的职业教育。① 近现代以工业革命为主要标志,蒸汽机的发明与改良使人类的生存方式发生了根本性的转变,机器生产逐步取代手工业生产,人类的生活品质也得到极大提高。进入 20 世纪以来,随着科学技术的飞速发展与广泛应用,社会分工日渐复杂并更为细化,人们对职业的认知不再只是谋生,而是更多地将个人的职业及其发展视作服务社会乃至实现自我价值的主要途径。根据《中华人民共和国职业分类大典》(2022 年版),目前我国的职业分类体系包含大类 8 个、中类 79 个、小类 449 个、细类(职业)1 636 个,与 2015 年版相比,增加了法律事务及辅助人员等 4 个中类,数字技术工程技术人员等 15 个小类,碳汇计量评估师等 155 个职业,并首次标注了数字职业。②

通过审视职业的缘起与发展,能看到职业始终与人类的生产、生活相伴

① 邓文勇:《职业教育制度模式的历史嬗变及启示——基于技术生存的视角》,《职教通讯》2018 年第 9 期。

② 来源于 http:∥www.mohrss.gov.cn/SYrlzyhshbzb/dongtaixinwen/buneiyaowen/rsxw/202207/t20220714_457800.html。

相行,不论是社会的整体发展还是个人的生存生活,都与职业紧密相关,更无法脱离职业活动而存在。一方面,对作为职业客体的社会而言,复杂的社会分工反映了复杂的社会结构,而职业的层级、类别则彰显出社会生产力、社会分工的水平。职业活动是社会活动的一个重要类型与体现,新型城镇化的建设与发展同样离不开职业活动。另一方面,对作为职业的主体的个人而言,职业既是个体走向社会、实现生存生活要求的必要载体,也是个体为社会发展服务、促成其个性发展与价值实现的重要途径。① 当一个独立的个体在完成一定的学习(学业)或达到一定的年龄之后,就要实现经济独立、参与社会实践而成为真正的"社会人",选择就业(包括创业)就成为必然要求,而从事职业是一个"社会人"的重要标志,也是其进入社会实践最为核心或关键的途径。另外,职业缘起于社会分工,对于劳动者个体而言,就业必然会在社会分工中通过占据一定的工作职位来达成。这也表明,就业状况与职业状况存在紧密的关联——社会分工越发展,职业结构越驳杂,人们能从中获得的就业机会也就越多。总之,职业反映了人类相互之间的关系,更是连接个体与世界(社会)的桥梁与纽带。

2. 职业教育学视角下职业的蕴意

在职业的历史发展进程中,人们对职业内涵的认识与理解并不一致。一般而言,职业是指人们参与社会分工,利用所习得的知识、技能为社会创造物质或精神财富,获取个人合理报酬作为物质生活来源,并满足其精神需求的工作。② 简言之,职业是指从业人员为获取主要生活来源而从事的社会工作的类别。从中可以看出,职业主要包含以下三方面内容与含义:一是职业是

① 刘春生、徐长发主编:《职业教育学》,第 309 页。
② 魏卫主编:《职业规划与素质培养教程》,清华大学出版社,2008 年,第 4 页。

社会分工的结果,是社会化的个体在社会生活(主要指职业活动)中所占有的拥有专门职能的工作;二是职业是建立在一定知识、技能基础之上的独特性存在,自职业产生以来,就不存在没有知识、技能的职业,同时知识、技能也不能脱离职业而存在;三是职业是使社会化的个体取得主要生活(物质与精神)来源的工作,个体唯有经由或依托职业活动才能从社会中获取自身生存与发展所需要的物质或精神财富。目前,关于职业内涵的研究主要从社会学、心理学和经济学维度进行探讨,鲜有从职业教育学的视角进行深入分析的。[①]为此,笔者将着重从职业与教育的关系的维度来进一步探究职业的内涵。

首先,职业蕴含丰富的教育性元素,这些元素共同作用,体现职业教育的规律与本质。职业并不能单一存在,而是关涉职业活动的各个方面,并且富含多种教育性元素,如职业的人力、知识、技能、精神、道德以及工作的过程、目标等。每个人通过从事某一工作开启职业生活,在专门的职业活动或实践中不仅可以使自身的知识、技能得到深化与提升,也可以使自身的职业精神与道德,乃至个人的人格得到历练和升华。一项成功的职业活动往往由各种教育元素综合交织与作用而成,若职业脱离职业主体"人"的参与,离开职业实践所需的专业知识、技能等,其专门性就难以成立,职业主体所涉的人力也就只是单纯的体力。同时若职业脱离职业主体的人格、精神、道德等,技术技能将无所依存(如工匠精神的培育),职业便会失去社会分工的合理性,那么职业主体所涉的人力就容易成为危险的力量。所以,在现代科技飞速发展的新时代,尤其在新型城镇化进程中,职业也需要包含更多的知识、技能、道德以及理智性因素。

---

① 欧阳河等:《职业教育基本问题研究》,教育科学出版社,2006年,第60页。

其次，职业是使个人发展与社会需要之间取得平衡的独特性机制。在现代社会中，若以一种理想的职业实践情境进行审视，每个社会个体所从事的职业都应与其才能、志趣相吻合，如此便能激发个人最大的潜能，让个人的才能找到合适的地方并发挥更大价值，从而更好地为个人与社会发展服务。一般而言，职业是相对稳定的，人们在进入职业生活后便会借助并利用这种稳定的劳动形式达成人力与物力的统一和结合，获取报酬，实现生存与发展；这也为人们参与的社会生活创造了现实的条件并拓展了范围，并为劳动者的个性、能力等打下了深深的职业印记。而且，职业作为一种独特性存在，能使个体才能和社会服务实现平衡。因此，在理解职业的含义时，我们不能简单地或狭隘地将其当作与身体（体力）有关的、为了获取劳动报酬或仅为输出产品而进行的一项实践活动，不然，在职业活动中就易造成身体与精神的对立、劳动与闲暇的对立，继而会使职业教育活动，尤其是职业教育理论与实践活动走向操作训练与心智培育的对立、就业导向与以人为本的对立、简单重复与创新创造的对立。

再次，职业活动是开展职业教育的一种有效路径。一方面，职业本身是最富生命力和主动性的知识信息的组织原则，也是人的能力发展的最佳组织原则。[1] 职业是社会个体参与社会生活的一个十分重要的途径，正因如此，一个人即将或已经步入职场生活时，会围绕所从事的职业，将自己的身心交付其中，专注于一切与之有关的信息或事物，并根据自己内心的需求自觉或不自觉地去搜集、选择、保存与自己职业相关的信息，然后对其进行加工整理，让其服务于自己的职业实践与发展，这也彰显了职业主体强烈的主体性。另

---

① 黄尧主编：《职业教育学——原理与应用》，第45页。

一方面,在职业教育的路径或方式选择中,基于职业情景而进行的职业教育活动应是有助于学习者的职业准备的一类最为合适或最具价值的教育活动。学习者置身于自己所希望的职业情境中进行工作实践和学习,这能极大地激发其兴趣和积极性,从而使其通过主动的职业实践提升其综合素质,高效地完成职业教育的教学任务与目标。

（二）职业教育的形态分类

目前,我国的职业教育体系为职业学校教育和职业培训并重。[①]

1. 职业学校教育

职业学校教育主要指学历性职业教育形态,从纵向（层次）可分为初等、中等、高等职业学校教育。在我国,主要由以下三类机构承担学历性职业教育任务的具体组织实施。

初等职业学校——一般指在完成小学教育基础上实行职业学校教育的机构,多以初等职业中学的形式出现。目前,在我国的少数贫穷地区,九年义务教育实施有一定困难,但为了完成九年义务教育的任务目标,会根据当地实际,以举办初等职业中学的形式开展职业学校教育。然而,就当前的发展形势而言,相比中等、高等职业学校教育规模与数量,初等职业学校教育在我国微乎其微,因此本书所涉职业学校教育主要指中等、高等职业学校教育形态。

中等职业学校——实施中等职业学校教育的机构主要有三类:一是中等专业学校（简称"中专"）,主要招生对象为初中毕业生,学制以 3 年为主,其目标是为经济社会发展培养具备中级水平的各类技能型人才（如中级技术人

———————————

① 来源于《中华人民共和国职业教育法》。

员、管理人员等）；二是技工学校（简称"技校"），主要招生对象为初中毕业生，学制一般为 3 年，其培养目标是初级、中级技术工人；三是职业高中（全称"职业高级中学"，简称"职高"），招生对象一般为初中毕业生，学制以 3 年为主，其培养目标与"中专""技校"相似，以适应生产服务一线的技术技能型操作人员为主，它是在改革与完善我国的教育结构的基础上逐步发展起来的一类中等职业学校教育形态，大部分职高由传统的普通中学改建而来。目前，我国的中等职业学校招生总数占高中阶段教育招生总数的 35.08%，其发展情况见表 2 - 1。

表 2 - 1   2021 年我国中等职业教育学校及其学生情况

中职学校类别	学校数（所）	招生数（万）	在校生数（万）	毕业生数（万）
中等专业学校	7 294	488.99	1 311.81	375.37

数据来源：《2021 年全国教育事业发展统计公报》①

高等职业学校或普通高等学校是指在高中阶段教育基础上实行职业学校教育的机构，主要由高等职业学校和普通高等学校两种承担学历性职业教育任务的机构组织实施。一是高等职业学校（简称"高职"），属于实施高等职业教育的普通高校，招生对象一般是具有高中及以上文化水平的人员，学制以 3 年为主，目前我国高等职业学校主要以"××职业技术学院"命名，学历层次等同于高等专科学校。一般而言，"××职业技术学院"作为地方性的高等院校而存在，当某地没有地方性的本科院校时，其多作为地方性本科院校的一种补充，或作为筹建地方性本科院校的一种重要机构。二是普通高等学

① 见《2021 年全国教育事业发展统计公报》，http：//www.moe.gov.cn/jyb_sjzl/sjzl_fztjgb/202209/t20220914_660850.html。

校下举办的高等职业学校，学历层次分为专科、本科，主要通过统招、普通专升本、"三校生"（"中专生""技校生""职高生"）单考单招等形式招生，学制一般为2—5年。目前，我国的高等职业学校教育以专科为主，其主要内容是依据职业岗位的需求，有针对性地对受教育者实施职业知识、职业技能的教育，其培养遵循"面向职业，坚持实用为本、能用为度"的原则。教育部2022年9月发布的相关数据显示，独立设置的高职院校（专科层次）达1 486 所（普通高校中本科院校为1 236 所）①，在校生规模已占高等教育"半壁江山"②。

从横向划分，职业学校教育覆盖各领域、各行业。例如，按领域划分，包含交通职业教育、政法职业教育、农业职业教育、工业职业教育、电力职业教育、商业职业教育等；按行业划分，包含金融、体育、艺术、卫生等行业的职业教育。③

2. 职业培训

职业培训又称职业训练、职业技能开发或职业技术培训，其含义有广义与狭义之分。广义的职业培训是指为满足社会对职业的要求，依据一定的标准，对求职或在职的劳动者进行旨在培养和提高其素质、职业能力的教育与训练活动，其含义与职业教育的含义基本等同，二者应为同一概念；狭义上的职业培训是指依照职业或劳动岗位对劳动者的要求而开展的培养和训练活动，其目的是将"一般人"培养训练成具备一定职业道德品质和技术业务能力

---

① 见《2021 年全国教育事业发展统计公报》，http：//www. moe. gov. cn/jyb_sjzl/sjzl_fztjgb/202209/t20220914_660850. html。
② 俞启定：《新中国成立以来职业教育定位及规模发展演进的回顾》，《浙江师范大学学报》（社会科学版）2019 年第 5 期。
③ 李强主编：《职业教育学》，第 30 页。

的合格劳动者,使其适应职业或劳动岗位的需求。① 相比广义的含义,狭义的职业培训更为具体,针对性也更强——主要是就某一具体的工种、职业或岗位,对劳动者所需要的职业素质和技能进行相应的培养与训练。实际上,在我们的职业培训实践中,职业培训的培养目标、专业设置、教学内容等往往根据相应的职业技能标准、用人单位的实际要求或劳动力市场的需求确定,这也与狭义的职业培训的含义更为接近。为此,本书中的职业培训主要指狭义上的。

目前,我国的职业培训包含从(就)业培训、转业培训、学徒培训、在岗培训、转岗培训及其他职业性培训等多种类别,依据具体情形,可划分为初级、中级、高级职业培训,而承担职业培训的机构主要包括职业学校、职业培训机构及其他学校或教育机构。②

3. 职业学校教育与职业培训的关联与差别

第一,两者的关联。职业培训是职业学校教育的源头,在未形成正式的职业学校教育之前,职业教育主要以"职业培训"(如古代学徒培训)的形式出现。而从《中华人民共和国职业教育法》第十四条提到的"职业学校教育和职业培训并重"可以看出,职业学校教育与职业培训属于职业教育的两大要素,二者同属职业教育的范畴,且皆为现代职业教育体系不可分割的部分。随着我国劳动力市场的日益成熟,劳动用人制度不断改革完善,从业者职业化、专业化趋向将更为明显。职业学校教育将以更快的速度朝着更专业的方向变革与发展,从而为职业技能培训与开发创造更好的条件、提供更充分的保障。职业培训也会运用职业学校教育在师资力量、运行管理、设备设施、项

---

① 李向东、卢双盈主编:《职业教育学新编》,高等教育出版社,2005 年,第 283 页。
② 《中华人民共和国职业教育法》第十六条。

目开发等方面的优势,不断提升其质量与效率,同时为职业学校教育带来更加广阔的存在与发展空间。因此,职业学校教育与职业培训具有紧密的联系,两者在不断变革与发展的过程中形成了相互依存的局面。

第二,两者的差别。职业学校教育与职业培训虽同属职业教育的范畴,但两者在教育对象、教学内容、培养目标、组织实施主体等方面不尽相同。(1)教育对象的区别——职业学校教育的教育对象具有一定的教育基础,非成人性质的后备劳动力是其教育的主体对象,全日制是其主要学习形式,且学习时限较长;而职业培训的受众相对职业学校教育更为广泛复杂,它面向全民,原则上不对教育基础和从业经历做要求,实际上成人性质的劳动力是其培训的主体对象,学习时限一般较短,也更为灵活。随着终身职业培训制度的建立与实施,参加培训不仅是每个公民的基本权利,也将成为新时代发展进程中伴随个人一生的教育活动。(2)教学内容的区别——职业学校教育的教学内容更为宽泛、系统、完整,覆盖理论和实践内容,介于普通教育与职业培训之间,所设定的专业与课程具备指导性价值与意义;而职业培训的教学内容相对而言更具针对性和专题性,也更为单一,一般会依据培训者的实际知识或技能基础,遵照"缺什么补什么、用什么学什么"的原则开展培训,受训者的职业角色趋向更为明晰。同时,相对于职业学校教育,职业培训一般不特意设立文化课,即便设立也属于必要的文化补习。(3)培养目标的区别——职业学校教育主要针对某一职业或职业群,希望通过教授学生较为系统的科学文化知识,培养、开发学生的智力与能力,提升学生的综合素质,让学生具备基本的职业技能[①];而职业培训主要针对某一特定的职业或劳动岗

---

① 李强:《职业教育学》,第 31 页。

位,让具有一定科学文化知识或基本技能的学生/学员进行职业(专业)知识与技术技能的更新与进一步提高。(4)组织实施主体的区别——职业学校教育的组织实施主体一般是职业学校;而职业培训的组织实施主体可以是职业学校、职业培训机构(如社会培训机构、就业培训中心、企业培训中心等),其可以由政府管理,亦可由民营机构管理。[1]

(三)职业教育的本质特征

职业教育作为一个重要的教育类型,和其他教育子系统一样,既具有教育的共性特征,又具有区别于其他教育子系统的相对独立的本质特征。有学者指出,职业教育的本质属性是"技术技能职业性"[2],其所针对的并不是所有的职业,而是以生产技术、应用操作技能(职业行动能力)为主要内容的特定职业。因此,有研究进一步指出,职业性和技术性是现代职业教育的本质属性(特征),社会性、实践性、大众性(全民性)、终身性等则是现代职业教育的派生属性。[3] 这里主要就现代职业教育的职业性和技术性两大本质特征进行探讨。

1. 职业性:职业教育目的的根本指向性

教育目的是一类教育区别于另一类教育的根本标志。职业源于社会分工,职业产生之后才有职业教育的需求。至于职业的含义,前文已探讨。正如联合国教科文组织制定的《国际教育标准分类法2011》中提出的职业教育的定义:"职业教育是一种让学习者获取某种或数种职业或行业的知识、技

---

[1] 李向东、卢双盈:《职业教育学新编》,第285页。
[2] 欧阳河等:《职业教育基本问题研究》,第12页。
[3] 黄尧主编:《职业教育学——原理与应用》,第52页。

艺和能力的教育类型。"①可以看出，职业教育作为一种相对独立的培养人才的教育类型，具有鲜明的职业性特征②，核心是让学生在特定行业或某一职业中练习技艺、提升技能，即主要以做中学的形式实现技术技能的培养与提高，从而为胜任未来或当前所从事的职业（工作、岗位）打下良好的基础。职业教育不断演进，现已发展出多种形态，如传统学徒制、学校主导式、校企双主体合作办学形态、现代学徒制等，但职业教育的形态有共通的特征：以职业为主要对象，以就业为导向，以提高劳动者的职业知识、技术技能为宗旨，以解决生产实际问题、实现产品制造、促进行业产业发展为目标③，这些都不同程度彰显了职业教育的职业性。对于职业性特征，目前还未能达成统一认识。有部分学者认为，任何教育皆有职业性，但这种观点体现的是大教育的通性，而不是所有教育形式都有的根本性。例如，普通教育（如基础教育、普通中学教育）以知识性为主要特征，更多以升学为导向，即以让学生开展脑力劳动为主，以培育社会的合格公民和为更高一级学校输送合格学生为主要目标，重点是让学生为未来学习更高层级的知识、进行理论创新、将所学习的知识应用于实践操作、进行产品研发做准备。

因此，从这个层面分析，职业教育的一个重要特征就是职业性。换言之，职业教育之所以能成为一种相对独立的教育类型，在于它与其他教育形式或类型具有不一样的教育目的，其培养的人才是掌握特定职业（群）所需要的技术技能的职业人，拥有较为鲜明的职业岗位指向性。职业教育主要培养适应

---

① UNESCO Institute for Statistics, *International Standard Classification of Education: ISCED 2011*, 2012.
② 俞启定、和震：《职业教育本质论》，《中国职业技术教育》2009 年第 27 期。
③ 刘新钰、王世斌、潘海生：《技术系统演进视域中对职业教育本质特征的再探讨》，《中国职业技术教育》2017 年第 24 期。

生产实践,尤其是适应一线生产的技术技能型人才,而不承担其他职业人才(如一些特殊职业——科学家、作家、总裁等)的培养。并且,职业教育的所有教学活动组织,在产教融合、校企合作、工学结合等运行机制上,在专业建设的职业分析、课程开发的工作过程导向、教学实施的任务导向等维度,都有其独有的基于职业属性的教育规律,即融职业性的社会需求与学习者的职业岗位能力培养需求于一体。① 职业教育所具有的职业性不仅表明职业教育能担负起提升全民职业技能的任务,也决定了职业教育在人才培养实践活动中要注重产业行业或职业岗位群在人才培养上的针对性和应用性,培养目标要定位于处在生产、建设、管理、服务第一线的各类技术技能型人才,使其成为掌握特定技艺的职业人,继而满足社会发展的需要;并且,在人才培养过程中,要对学生或广大劳动者进行专门(业)化培养,重视手脑并举、德技并修,重视做中学和技术技能水平的提升,使职业教育成为"人人成长、人人成才"的重要途径或手段。这就意味着在职业教育服务新型城镇化建设与发展的进程中,要紧盯农村转移劳动力这一核心主体,根据农村转移劳动力所处或将要面对的职业环境,与其他教育(如成人教育)形成协同联动,设计契合的培养内容,采用适合的教育教学方法,切实提升其适应新型城镇行业生产一线岗位要求的能力与素质,最终使其成为具有可持续发展能力、具备城镇稳定就业技能的现代职业人。

2. 技术性:职业教育内容的基本规定性

技术是指人类认识、改造自然和社会的手段、工具、方式方法及其所取得成果的总和。它是连接人类劳动与社会生产的桥梁,是人类生产劳动得以进

---

① 邬宪伟:《选择的教育——职业教育的一个新视角》(第2版),上海教育出版社,2017年,第22页。

行的重要保障。① 人是技术的载体，技术不能脱离人而存在。职业教育是为特定职业培养技术技能型人才的教育类型，它的核心使命是帮助学习者获取技术技能型职业的能力、素质或资格。不管劳动者步入社会从事何种职业，都需要依靠劳动者所习得的技术技能来工作；无论职业教育选择什么方式实施人才培养活动，都应围绕一定的内容（指向）开展"授"与"受"的教育教学活动。这种内容指向主要是从教育内容的层面对职业教育与其他教育予以区分，它体现为职业教育内容的技术技能的规定性。有学者指出，职业教育的目标是针对不断变化的劳动环境，通过规范的教育过程传授从事职业活动所必需的职业技能、知识，使人获得必要的职业经验成为可能。②

不管技术怎么发展，职业教育实践都不能脱离上述的技术技能规定性。亦即，职业教育活动是围绕技术展开的，技术发展推演出职业教育产生、发展、壮大的走向，规定着职业教育的性质、功能、目的、教学内容、教学方式、办学模式和发展方式。③ 毋庸讳言，未来人类的生存将更加依赖职业教育。我们生活在被技术包裹的时代，技术将更加影响我们的生活，人类为了生存与发展，必须学习和掌握技术，技术作为职业教育的核心元素，需要通过职业性教育活动将技术内化到劳动者身上，这样才能发挥出其功能与效用。④ 诚然，为区别与其他教育所具有的技术特征，这里的职业教育技术性主要指培养目标定位于生产、建设、管理、服务第一线的各类高素质技术技能型人才。在技术性导向下，围绕培养目标构建专业具体的课程内容。实质上，这一技术性

① Drucker P F, *Technology, Management and Society*, Harper & Row, 1970, p. 65.
② 欧阳河等：《职业教育基本问题研究》，第 10 页。
③ 唐锡海：《职业教育技术性研究》，博士学位论文，天津大学，2014 年，第 226 页。
④ 邓文勇：《职业教育制度模式的历史嬗变及启示——基于技术生存的视角》，《职教通讯》2018 年第 9 期。

特性体现在职业教育的各个方面,具有普遍性;并且也贯穿于职业教育的各个发展时期,具有一贯性。

结合前述分析,若想促进职业教育的发展,并使其适应当前及未来社会终身教育、终身学习的发展要求与趋势,遵循职业教育内外部关系的规律,就不能让职业教育与其他类型的教育割裂开来,而应注意彼此之间的联系;同时,职业教育不仅要关注当前的就业需要,更要立足长远——考虑学习者的终身学习要求。尤其在新型城镇化发展进程中,即在关注新型城镇化的核心主体农村转移劳动力的人本关怀的价值导向下,职业教育更不能仅满足于培养学习者熟练的技能,还要面向农村转移劳动力融入城镇发展的需求,将人文知识、市民教化与职业内容予以整合,从而使农村转移劳动力在习得较强职业能力的同时,具备良好的现代市民素养,促成其在城镇稳定就业、融入城镇发展。

二、成人教育本质内涵的特异性解析

成人教育作为教育的一个重要类型,在不断发展的进程中形成了相对独立的本质特征。而且,作为新型城镇化建设不可或缺的重要组成部分,它也有其特定价值与标准,并在实践中与职业教育等教育类别相辅相成。从不同的维度对成人教育的本质特征进行分析,可能会得出不一样的答案,以下主要从与成人教育紧密相关的两个核心要素进一步探讨。

（一）成人教育中的成人

若想了解成人教育本质内涵的特异性,必须认识并明晰其教育对象成人之所指,这是把握其本质内涵的前提,也是进行成人教育研究、开展成人教育实践必须首先明确的核心问题。对成人的界定,不同历史时期、不同国家和地区、不同民族、不同领域的学者有不同的看法与认识。依据我国新型城镇化建设与发展的现实诉求,并综合古今中外众多关于成人的学说或认识,其界定主要可归结为以下两种。

第一,法律意义上的成人。这一划分依据或认定标准以人的生理成长年龄为界线,即这样的成人在身体各方面已经达到成熟并且也达到一定的年龄。为此,有学者从生理层面在词源上对成人进行了解释——成人的英语单词"adult"与青春期"adolescence"一样,都源于意为"从成长到成熟"的拉丁语单词"adolescere",只是成人(adult)一词直接来源于"adolescere"对应的过去分词"adultus",其意为"已经成长到完全的大小与强壮的程度",也就是已经"成熟"了。① 这与《现代汉语词典》中关于成人的释义一致,即将"成人"解释为"成年的人"。② 法律意义上的成人也是将此作为重要认定依据。在法律领域,成人一般是指按照各类法律规定开始享有相应权利、履行相应义务的人,如选举、服役、驾车等。③ 美国成人教育国家顾问委员会于 1980 年对法律层面的成人进行了定义:"在青春期之后,不再参与全时正规的学校教育且能负起成人生活的角色或已经达到法律或社会所认定的年龄,具有相应的权利、义务和责任的人。"④目前,依据各个国家司法界定的不同,法定成人的年龄可划为 7 个档次(从 15 岁至 21 岁不等),如达 15 周岁就认定为成人的有沙特阿拉伯、印度尼西亚、缅甸等国,满 16 周岁即为成人的有古巴、越南、柬埔寨等国,至 17 周岁就为成人的有朝鲜等国,到 19 周岁认定为成人的有韩国等国,达 20 周岁才认定为成人的有日本、泰国、新西兰等国,满 21 周岁

---

① 黄富顺:《成人心理与学习》,师大书苑出版有限公司,1989 年,第 6 页。
② 中国社会科学院语言研究所词典编辑室编:《现代汉语词典》(第 7 版),商务印书馆,2016 年,第 166 页。
③ 杜以德、柳士彬等:《成人教育基本理论问题研究》,第 17 页。
④ 黄富顺:《比较成人教育》,五南图书出版公司,1988 年,第 6 页。

才被认定为成人的有新加坡等国。① 在国际上，绝大多数国家将 18 周岁作为成人的法定年龄，并普遍规定只要年龄达到 18 周岁就可享受作为成人所享有的权利、承担成人应尽的义务与责任。② 我国便是如此。那么，倘若单纯从法定标准来规定成人教育的对象范围，那就意味着年满 18 周岁便是成人教育的对象，但事实并非如此，因为 18—20 岁恰恰是我国大多数就学公民步入大学教育的年龄范围，而且国际上广泛认同的高等教育（在我国还包含高等职业教育）的学习年龄是 18—22 岁。显然，如果仅以此标准作为成人教育组织实践的依据，就会与高等教育的对象产生交叉与重叠，易造成教育资源的浪费，也会使成人教育现实的操作性更加难以把握。

第二，社会意义上的成人。这一划分依据或认定标准主要是以社会人的本质性转变为根本标识，即以是否能承担社会生活的责任与义务为成人的判断依据，认定指标主要有两个：工作和结婚。③ 诚然，当一个人从单纯依靠父母养育而生活，到走向社会后通过自己的能力或智慧创造财富，养活自己和他人（包括家庭成员及其他社会成员）时，我们就很难不将其称为合格的成人。成人教育的教育对象也主要指这样一类能承担一定社会责任（家庭责任或社会工作责任）的人，即具有社会人属性的成人。就成人教育中的成人而言，目前学界较为认可的也是这一类社会意义上的"成人"。如有学者指出，"成人教育是这样一个过程，在这个过程中，那些主要社会责任是以成人状态为特点的人们为了使知识、观点、价值或技能产生变化而从事系统的持续的

① 刘浩然：《不同国家的法定成人年龄》，《环球时报》2016 年 12 月 29 日，第 5 版。
② ［美］彼得·圣吉：《第五项修炼——学习型组织的艺术与实务》，郭进隆译，生活·读书·新知三联书店，1994 年，第 232 页。
③ 陈明欣：《成人教育传播特异性解读——兼论继续教育概念无法取代成人教育》，《职教论坛》2017 年第 21 期。

学习活动"①。但是需要注意的是,在具体的实践中,一方面,当我们在研究国际、国别成人教育时,由于国家发展、民族传统的差距较大,国情不一,婚嫁年龄有一定差异(有些提倡早婚,有些倡导晚婚),加上有些国家还存在童工现象,若简单地将已从事社会工作或已结婚的人作为成人教育的对象,显然研究容易偏离实际,而这也是在研究他国成人教育问题时尤其需要注意的问题;另一方面,在研究我国新型城镇化建设中关涉成人教育的问题时,其所涉教育对象成人的来源非常复杂,不同地区的发展水平、思想观念、民族习俗不尽相同,早婚常有发生,晚婚亦为正常,难以清晰地判断婚嫁年龄,而有些民工未达到法定成人的年龄便过早地走向社会工作。可见,面对具体研究对象或群体时,单纯把"承担社会责任与义务"作为判断成人教育对象的标准也有待商榷。

然而,研究成人教育及其发展问题时,明确或具体化其教育对象是重要基础。但在其对象身份的判定上,因不同国家、地区情况差异较大,倘若使用统一的认定标准,既不合理也不合现实。而且,单纯从年龄层面判定成人与否,显然是很不严谨的,就一个个体能否被认定为成人而言,还应对其在社会中所扮演的角色以及所承担的责任进行考量。② 因此,较为妥帖的做法是根据各个国家、地区的实际情况做出有针对性的、贴合实际的认定,对我国成人教育的对象的认定亦应如此,不能单纯依据年龄进行划分,也不能仅依照社会角色的主体性转变予以考量,而应综合二者进行认定。首先,"达 18 周岁"

---

① ［美］达肯沃尔德、梅里安:《成人教育——实践的基础》,刘宪之译,教育科学出版社,1986年,第 13 页。
② ［美］夏埃、威里斯:《成人发展与老龄化》,乐国安、韩威、周静等译,华东师范大学出版社,2003 年,第 27 页。

应是我国成人教育对象在年龄上的最低认定标准。因为这是我国法定的成人年龄标准,这时的公民无论在生理上还是在心理上都已趋于成熟,能履行一定的社会义务并为自己的行为承担一定的社会责任。其次,"社会角色主体性转变"也应是确认成人身份的主要原则。成人的一个核心特质是拥有独立的社会关系、具有一定的社会地位以及承担某种社会角色①,而非成人的最大特征是还未能脱离对父母(成人)的依赖并需要受到其监护。当一个人的社会角色发生主体性转变,能在社会上自立、工作,并能参与社会财富的创造,甚至成为他人的监护者时,他才能成为成人。由于人们观念意识等的转变,结婚与否已不能成为也不应成为判定我国成人教育受众的依据或标准。

通过上述分析可见,成人是成人教育的对象,在具体的研究情境中应对成人的内涵与外延进行恰当的限定,不但要深刻地把握成人丰富的内涵意蕴,充分彰显成人教育的本质特征,还应使其外延囊括各种成人教育形式中所指的成人,但要注意避免空泛。尽管如此,真正把握好成人的本质,界定一个能让大家公认的定义也很难,但也不能就此选择回避。为此,根据新型城镇化这一研究情景,本书中的成人主要是指身心成熟,已达到我国法定成人年龄、被社会承认、学习不再是主要任务的人,即在前文成人教育的概念界定中提到的这一类成人——社会所承认的学习不是其主要任务的人。

（二）成人教育之本质特征

成人教育是一种重要的教育类型,在其不断发展的过程中,其对象、内容、形式、机构等方面逐渐发展并呈现出相对独立的特征。

---

① 夏海鹰：《成人学习心理研究》,人民出版社,2014年,第42页。

1. 成人性：成人教育对象的根本属性

成人教育作为从传统学校教育形式向终身教育体系转变①的一种相对独立的教育类型，它的对象成人迥异于其他教育类型的对象，具有较为鲜明的特性，这也是成人教育区别于其他教育形式的最大、最根本的特征。换言之，成人性是这一教育形式的主要特征，也是其区别于其他教育形式的根本属性。由于不同国家、地区和民族对成人这一概念的认定标准不尽相同，成人这一概念体现出较大的包容性。一般而言，成人教育的对象是已经进入社会从事社会性工作的在职在岗从业者或曾经走上工作岗位而正处于待业状态或即将转职就业的成人。不区分民族、年龄、宗教、性别与党派，也不区分职业、家庭、收入、教育程度与身体状况，只要有受教育与学习的愿望，皆可以成为各级各类成人教育的对象。相对其他教育类型的对象而言，成人教育的对象更为复杂、广泛。正如前述对成人概念的界定那般，成人是被社会承认的成人，是"社会化或具有社会性"的成人。一般而言，相比其他教育形式的受众，成人教育的受众在接受教育与学习时由于目的性等更为明确，因而也更为主动。对此，学者们也普遍认为"强制性"成人教育是不能被理解的。② 同时，成人的本质属性及其个性品格根本区别于儿童、中学生等普通学校在学人群（学习是其主要任务），这也是认识并把握成人教育本质及其特征的基础与核心。③

2. 实用性：成人教育内容的重要特质

从成人教育内容来看，其受众的广泛性、多层次性，就要求以范围广泛

---

①　吴遵民：《新时代背景下继续教育发展的新路径与新思考》，《终身教育研究》2019 年第 1 期。

②　杨智、孔祥平：《成人教育与继续教育关系的重新审视》，《继续教育研究》2017 年第 3 期。

③　张永、朱敏：《新时代成人教育学发展的契机、主题与趋向》，《南京社会科学》2019 年第 12 期。

的、丰富多样的内容来匹配，从而使其呈现出多层次性、多样性①，如内容覆盖扫盲教育、成人"初、中、高等"教育、文化道德教育、职业技能教育、社区休闲教育、品格修养教育等。相较于其他类型的教育形式，成人教育实质上是一种对各种（各类）成人进行再教育的活动，一般是"为用而教、为用而学"，其内容指向成人的生活世界，具有较为明显的实用性，因此在知识传授上多以实用性知识的更新、拓宽、补充，或以休闲为主要目的。又因为成人教育对象是具有显著社会性的成人，来源广泛、群体复杂，所以其要求也多种多样，具有很大不同。这就要求成人教育教学充分依据不同成人的个性特点，密切结合其工作与生活世界的要求，尽可能地为成人的工作、生活提供有益帮助。亦即，成人教育的内容应围绕受教育者正在从事或即将寻求的社会工作进行规划与设定。对成人而言，教育内容越接近、贴合其现实需要或个人个性发展需求，他们的学习积极性就越高，兴趣也会越浓厚，也能更容易、更大程度地学以致用。这也和注重理论联系实际，培养实用性、应用型人才的成人教育任务与要求相匹配。而且，通过考察成人教育的演进历史可以发现，实用性一直是成人教育的重要属性。现代意义上的成人教育真正被人们认可并逐渐介入教育实践范畴始于第一次工业革命时期，早期的成人教育以职业培训、职业技能教育为主要内容。实质上，纵观世界各国，职业教育的内容一直都是成人教育的常规性教育内容。这也再次说明实用性是成人教育的重要特征。

3. 多样性：成人教育形式的基本特性

教育形式是指教育活动的存在与教育活动得以运行的表现形式。② 成人

---

① 杜以德、柳士彬等：《成人教育基本理论问题研究》，第 63 页。
② 胡德海：《教育学原理》，甘肃教育出版社，1999 年，第 472 页。

教育对象来源复杂、内容多元,这决定了其教育形式的灵活多样。与其他教育类型相比,成人教育的对象更为复杂,内容也具有更大的包容性——职业性与非职业性内容兼具、功能性内容与非功能性内容并包(功能性内容主要包含扫盲、基础文化补习、职业技能培训、成人高等教育、继续教育等,非功能性内容则主要指思想政治与修养教育、文化生活与品格教育等)。成人学历教育与成人非学历教育并行发展。以成人学历教育为例,根据教育部的统计数据,全国高等学历成人本专科在学人数总计 832.65 万人,网络本专科生 873.90 万人①,主要包含四种形式——成人高考(主要学习形式有函授、夜大)、自学考试(自考)、广播电视大学(电大现代远程开放教育)和远程教育(网络教育)。由于广大的成人在性别、年龄、文化、职业与所处的环境上的不同,他们对教育学习的要求或诉求也会有很大差别,于是为了满足广大成人的多样、多元需求,必然要有灵活多样的成人教育形式予以保障。成人教育形式的多样性特征主要体现在以下几方面:第一,灵活多样的办学形式——成人教育的办学形式目前主要有独立办学、社会办学、个人办学等,并采用挂靠式、社企式相补充的形式,以节省办学支出、广开就业门路。第二,灵活多样的教育传播形式——对其他教育类型而言,由于教育目标较为固定,教育对象、内容、规模相对明确,主要采取集中教学、学校传授的形式进行教育传播,而成人教育的对象来源复杂、群体庞大,教育教学诉求具有很大的差别,因此成人教育传播更多地体现为个人的主动学习和互动提高,传播手段多种多样②,如口语与文字传播、电子与网络传播等;而且随着时代的不断发展推

---

① 见《2021 年全国教育事业发展统计公报》,http://www.moe.gov.cn/jyb_sjzl/sjzl_fztjgb/202209/t20220914_660850.html。

② 国家教育委员会成人教育司:《成人教育政策法规》,中国人事出版社,1996 年,第 63 页。

进,以"自学自省"为特色的人内传播,以及以"即时互动"为特色的网络传播,将逐渐变成成人教育传播的主要形式。[①] 第三,灵活多样的教学组织形式——采用全日制与非全日制、脱产与半脱产、业余与非业余等形式;运用面授、函授、广播电视、网络远程教育等多种教学手段或途径;采用班级授课、师徒传授、实践操演、讲座研讨、观摩表演等形式,做到因地制宜,正规教育与非正规教育并存、集中教育与非集中教育相结合。[②] 可见,多样性是成人教育的基本特性之一。

4. 多元性:成人教育机构的主要特色

教育机构是指从事各级各类教育的组织的总称,它是发展教育事业的必备物质基础和条件,而成人教育机构的主要类型包括扫盲、初等、中等和高等教育等。[③] 由于时代的发展与演进,目前以扫盲为目的的成人教育机构已经淡出了历史舞台,初、中、高等成人教育机构成为"主角"。本书所指的成人教育机构主要是成人教育办学机构,指承担成人教育任务的学校、科研机构及半教育机构性质的办学组织实体,其中,承担成人教育任务的学校主要包含普通学校承担成人教育的部门与机构(如继续教育学院或成人教育学院)、独立办学的成人院校、社会与个人举办的成人教育(培训)机构等;承担成人教育任务的半教育机构性质的办学组织实体主要包括各种性质的图书馆、科技馆、博物馆等。笔者通过走访了解到,除了上述具有教育或半教育机构性质的成人教育办学机构之外,在实际的成人教育实践中,也有很多非教育机构在组织或操办成人教育,如工厂企业、农场矿区、商店卖场、政府机关、社区街

---

① 陈明欣:《成人教育传播特异性解读——兼论继续教育概念无法取代成人教育》,《职教论坛》2017 年第 21 期。
② 杜以德、柳士彬等:《成人教育基本理论问题研究》,第 19 页。
③ 韩嘉骏主编:《社会统计学》,电子工业出版社,1988 年,第 352 页。

道、医院等，它们也都是开展与组织成人教育的重要场域与实体。由此看出，成人教育的办学机构十分多元。成人教育是一种专门以社会化的成人为受众且具有广泛包容性的教育类型，社会应是其施展能力、发挥作用的广阔舞台。而且，我国是一个人口大国，教育资源总量较为有限，我国的各级各类教育不可能也不应全由国家包办，对应的教育及办学机构更不可单一化。对成人教育而言，为使其具有发展活力，也必须走社会化办学的道路。事实上，改革开放以来，成人教育已经从单一以政府组织办学（公办）逐步向以政府为主导、以社会办学为主体转变，我国以独立办学、联合办学相结合的形式，以国家、企业和个人相协调的方式组织开展成人教育，基本实现了成人教育办学机构的社会化转型，呈现出多元化办学格局。

　　总之，成人教育的对象比其他教育形式的对象更为复杂与广泛，这也很大程度上决定了成人教育的范围十分广泛。因为成人的生活更为复杂，尤其是在现代社会，与成人相关的意识和行为都可能存在教育意义。对此，有学者曾一度将成人教育理解为成人的教育，也有人单纯地一直将其与非正规或非正式教育联系在一起。同时，通过访谈笔者进一步了解到，正是因为成人教育形式比其他教育形式更加多元、多样，成人教育受众也常常会面临这样一个难题，就是在选择适合自身特点和需要的成人教育方案上犯难。这也是成人教育实践需要规定或确定成人教育的范围及边界的重要依据。正如劳森（Lauson）所言："如此广泛的机构从事如此多样的活动便产生了标准问题，这就要求我们将这些问题归入一个兼包并蓄的门类。然而，究竟哪一条标准最能代表'成人教育'呢？"[1]为此，有研究指出，判定成人教育的范围及

---

① ［美］达肯沃尔德、梅里安：《成人教育——实践的基础》，第50页。

边界,关键要依据成人教育对象的认知水平及其自身所生成的价值体系;而个体化的成人学习(成人自我教育)应是成人教育理论研究的逻辑起点。[1]成人教育的一个主要理论支柱正是"自我导向学习理论"[2]。这意味着成人教育唯有从成人教育对象,即从成人学习者本身的个性品格出发来开展教学,才可能最大限度地接近或达到预期的教育目的,实现成人的自我发展。

第二节　职业教育与成人教育的逻辑分殊

职业教育与成人教育作为两种不同的教育类别,各自具有特定的内涵与外延,对二者从内涵特质、外延边界与实践运行等层面进一步比较分析,审视并明晰二者之间的差别,有利于认识和辨明二者在协同中的角色、作用与能力,从而为新型城镇化进程中"职成教"协同共力并实现协同发展打下良好的基础。

一、内涵特质的差异

职业教育与成人教育是两种拥有不同本质内涵的教育类型。一般而言,职业教育是立足或围绕职业生活、职业发展、工作内容或工作场域等所需的知识与技能而组织开展的一种专门化的教育活动。职业教育的主要旨趣是满足受教育对象的职业生活、职业发展、工作劳动等的需要[3],是关涉职前就业准备、职后在职提升或工作转换等的一种专门化教育形式。在所有的教育类别中,由于教育对象与任务属性的不同,每种教育与职业的距离也会有较

---

① 杜以德、柳士彬等:《成人教育基本理论问题研究》,第63页。
② 夏海鹰:《成人学习心理研究》,第73页。
③ 白永红:《中国职业教育》,人民出版社,2011年,第39页。

大差别，以职业性为本质特征的职业教育无疑是与职业的距离最近的教育类型。这里所指的与职业的距离并不是所对应教育形态或类型在时间节点上与就业或职业生活的距离，而是其所追求的目标与职业知识、职业技能之间的远近。当一个人进入职业生活从事社会工作与劳动，并且以此为社会生活的主要任务时，首先需要的应是实用的直接性的技术技能，而不是非功利的间接性的知识。① 而且，职业教育的根本属性是职业性。职业教育的根本宗旨是立足人的职业生活，为即将成为劳动者（如正在接受职业学校教育的预备劳动者）或已经是劳动者的在职在岗（转岗或待业）人员（如本书中关注的新型城镇化的核心主体农村转移劳动力）进行智力开发、技能培养。职业教育也是劳动力再生产的重要手段，对提高企业劳动力的职业知识、技能或能力，推进生产力的不断发展，具有直接的价值与意义。

而相比职业教育，成人教育既有职业性教育内容，也有非功利性教育内容，是一种针对所有成人开展的综合性教育活动，不仅覆盖就业教育、技能教育、职业道德与素养教育、科学技术教育，也包含生活闲暇教育、人文教育、思想修养（主要为个人个性的完满发展）教育等内容，可见成人教育的内容范围并非纯粹的职业教育、职业培训，也不是单纯的回归教育。就这一意义而言，职业性教育内容仅是成人教育所属范畴的部分内容，并非全部。有学者曾指出"职业教育，其实质属生计教育，是个体人谋生的手段，使人和职业劳动保持动态平衡；成人教育，其实质为终生发展教育，是个体人通向自由而全面发展的桥梁，使人和自然、社会保持和谐的协调发展"②。这很大程度上反映出职业教育与成人教育不只在受众的生理、心理及社会成熟度等层面存在较大

---

① 刘晖、汤晓蒙：《试论各级各类教育融入终身教育体系的时序》，《教育研究》2013 年第 9 期。
② 叶忠海等：《成人教育学通论》，第 313 页。

差异,二者在基本价值诉求与教育目标追求层面上也有着根本的不同。

二、外延边界的不同

职业教育与成人教育的外延边界也存在较大差别。职业教育一般包含职前教育、职后教育两种类别——职前教育主要指为未进入或即将进入职业生活的人群,尤其是非成人组织开展的职业教育,如普通学校开办的职业教育、(初等、中等、高等)职业院校开展的职业教育或其他各种学校(如技术学校)开展的就业准备教育,这种职业教育一般是在学校这一特定空间中组织开展的;职后教育主要指对已步入职业生活的成人,尤其是在职从业人员、待业人员开展的职业教育,如在职培训、转岗培训、再就业培训等,这类职业教育的组织与开展场域不再局限于学校这一特定空间,它往往拥有广阔的舞台。虽然职后教育是职业教育的一个重要组成部分,但就整体现状而言,我国的职业教育侧重或更多关注的是职前教育,职后教育正在发展但还较为有限,因而职后教育是职业教育亟待发展的重要领域。就此而观,职业教育的对象既包含非成人,也覆盖成人,就这一意义而言,职业教育包含成人教育,其外延比成人教育大,而其内涵相应地比成人教育小。

但从职后教育的维度审视,二者的逻辑关系又出现了转变,成人教育涵盖职业教育,"职成教"的内涵、外延又出现了倒置。事实上,自中华人民共和国成立以来,成人教育经过70余年的发展,为社会主义事业的建设与不断发展培养了大量的人才,做出了很大的贡献,目前已发展形成各级各类以成人为教育对象的扫盲教育,成人学校教育,成人初等、中等、高等教育以及成人大学后继续教育等形式。也正因如此,相较于职业教育,成人教育在内容覆盖上呈现出更为广泛的包容性,在纵向上包括从扫盲教育到高等教育层次的成人教育内容,在横向上则关涉思想政治、劳动生产、文化生活、个性修养、精神信仰与自我实现等多重内容。① 为此,有学者曾指出"成人教育是实现振兴经济、科技进步的必要前提,也是道德情操教育、精神文明建设的重要途径"②。所以,"职成教"在不同维度下,其外延边界也存在着不同程度的差异。

三、实践运行的区别

目前,职业教育与成人教育在实践中体现出的特性也具有较大差别。

第一,在实践运行起点上,职业教育一般建立在一定教育基础之上,尤其是职前教育形态,如中等、高等职业教育,它们的受众在接受相应的职业教育之前一般需要具有普通中学的教育基础(初中、高中阶段的教育)。尽管职后教育也面向广大的成人,但在实际操作运行中,其教育对象主要指接受过普通学校教育、具有一定教育基础的成人。而成人教育对受教育者的教育基础或水平并无明确限定,其受教育者可以是未受过任何教育的成人(如对成人组织开展的扫盲教育),也可以是受过普通教育之后进入各级各类教育与培训机构的成人学习者,即接受继续教育或持续学习的成人。受教育者只要具有相应的教育需求或愿望,便可接受相应的教育或选择再学习,因此成人教育对象相比职业教育而言,其来源更为广泛与复杂。

第二,在实践运行时限上,职业教育实践活动主要立足或围绕职业生活组织开展,发端于职业生活需要,终止于职业生涯结束,始终与受教育者的职业生活相伴相随,与工作劳动息息相关。这也意味着当个体的职业生涯结束时,其职业教育一般也随之宣告终止。但成人教育并非如此,其教育活动可

① 李兴洲、陈宁、彭海蕾:《论学习型社会建设中成人教育的社会治理功能》,《中国远程教育》2019 年第 6 期。
② 关世雄:《成人教育的理论与实践》,北京出版社,1986 年,第 41 页。

在人成年后一直相伴。由此可以看出，相对职业教育而言，成人教育在时间跨度上显然要长得多。

第三，在目标运行与内容覆盖上，"职成教"皆为教育类属，从教育的根本属性而言，"职成教"以实现人的全面发展为终极价值追求。但在实际操作运行当中，职业教育侧重于促进学习者职业生活的发展并以培养或提升学习者的职业知识、职业技能、职业道德等为主要宗旨；其基本使命是技术技能的继承、发展与创新，是与现实职业工作、劳动生产等紧密相关的一类教育活动；其内容实用性、实践性较强，具有更为突出的职业或工作针对性，也是与经济社会发展联系得最为直接、紧密的教育类型。而成人教育是一种全面的、涵盖个体一切发展需要的教育活动，不局限于成人职业生活的发展需要，更侧重成人个性、人格的不断发展与完善，也就是说，成人教育以促进成人受教育者素质、个性、人格等的全面而自由的发展为根本价值追求①，因此其内容比职业教育更为开放、广泛与复杂，如包含生活闲暇教育、品格修养教育等非功利性教育内容。也就是说，成人教育偏重于成人，注重职后教育，尤其应承担和做好非功利性质的，如市民或现代性素养的教育与培训。联合国教科文组织制定的《国际教育标准分类法2011》这样描述成人教育："它以扩大教育机会、更新知识、提高技术技能、实施终身教育为目标，为失去受教育机会或希望转行的人提供再次接受教育的机会，以实现社会的公正和教育机会的均等为重要宗旨。"②

第四，在实践形式与方法上，职业教育以实践性教学为主，成人教育则以

---

① 王北生、姬忠林主编：《成人教育概论》，河南大学出版社，1999年，第54页。
② UNESCO Institute for Statistics, *International Standard Classification of Education: ISCED 2011*, 2012.

更为多样灵活的教学形式为主。相对成人教育而言,职业教育的目标指向和内容诉求以职业生活为出发点、落脚点,以服务职业工作情景为主要着力点。而成人教育则是以受教育对象的个性化需要为出发点,根据成人具备的知识组成、技能现状以及既有的素质实施查漏补缺、强化提升或拓展完善,其目的相对职业教育表现得更为直接,其出发点、落脚点是受教育对象的现实需求,也更加注重受教育者人性品格的塑造、综合素养的提升、人格尊严的维护、心理灵魂的呵护和人生价值的实现。显然,相对职业教育而言,成人教育在实际运行与操作过程中排除了规程化的、僵化的模式,代之以灵活机动的流程,没有标准的流水线式的课程,有的是发端于受众现实需求的信息服务和学习指导。① 所以,二者的这种特质已经基本明确了两种教育活动在实践形式与方法上的差别。

第三节 职业教育与成人教育的逻辑耦连

尽管职业教育与成人教育具有不同的本质内涵,属于两种相对不同的教育范畴,但无论是职业教育还是成人教育,都是教育的子系统,都是经济社会建设与发展的重要动力,二者又属于最为相近的两种教育类型,在逻辑上也有着十分紧密的联系,这主要可归结体现在以下三个方面。

一、职业性内容:"职成教"历史发展的逻辑交织

从不同的维度审视,会发现目前学界对职业教育与成人教育的缘起仍难达成统一。但是,在职业教育、成人教育的发展进程当中,有一个较为普遍的

---

① 陈明欣:《成人教育传播特异性解读——兼论继续教育概念无法取代成人教育》,《职教论坛》2017 年第 21 期。

认识：职业性（教育）内容皆为两种教育的重要内容。

（一）职业教育发展之职业性内容

　　若把职业性教育活动认定为职业教育之缘起，那么，自人类诞生直至进入古代农业社会，都存在广泛的职业性教育活动。① 并且，这种职业性教育活动与技术相伴相生、共同发展。以下主要从技术生存的视角审析职业教育历史发展之中职业性内容的脉络、演进。在原始社会时期，原始人的生存是建立在偶然性技术之上的。所谓偶然性技术是指"人类社会早期，人们在为生存而进行的活动中偶然发现的技术，这些技术比较简单，谈不上技术理论的指导，但对使用技术的人来说充满着神秘感"②。渔猎捕射、钻木取火、凿石削骨等活动都是人类靠偶然性技术生存的写照，与之相适应的则是原始人的职业教育活动。此时的"职业教育"就发生在人靠偶然性技术生存的过程中。通过言传身教、观察模仿等方式，偶然性技术和生存经验得以传承和积累，从而保障着人类的种族延续与发展。③ 在古代农业社会（主要指奴隶社会、封建社会时期），人类的生产生活主要围绕传统的人力手工作业模式展开。在该阶段，技术的技艺性特征较为明显。技艺性技术可以理解为在古代手工业发展时期，凝结形成手工技术的各种经验、技术、工艺等的泛称，而掌握技艺性技术的人被称为工匠或匠人。在技艺性技术生存时期，技术的获得主要依靠经验的积累，人类为了实现自身的生存与发展，需要让在生产生活中形成的各种手工技艺延续下去，于是便催生了以手工技艺的父子相传、师徒传授为

---

①　俞启定、和震主编：《中国职业教育发展史》，高等教育出版社，2012 年，第 9 页。

②　陈维维：《技术生存视域中的学习力》，教育科学出版社，2010 年，第 46 页。

③　徐宏伟、庞学光：《职业教育本体探析——对职业教育存在"合法性"的哲学论证》，《全球教育展望》2015 年第 6 期。

第二章 协同发展的基础:"职成教"的逻辑分殊与耦连 | 97

主要特征的学徒制形态的职业教育。① 可见,在现代意义的职业教育形成之前,职业性教育活动便一直伴随着人类与技术的发展,相应的职业性内容也是早期职业教育活动的重要内容。②

而工业革命,尤其是蒸汽机的发明与改良运用,使人类的生存方式发生了根本性的转变,机器生产逐步取代手工生产,人类的生活品质也得到极大提高,自此人类的生存方式由技艺性技术生存跃入机器性技术生存时代,这也意味着人类的生存开始围绕机器和机器性技术来建构或展开。所谓机器性技术泛指由人类操作并主要通过机器进行机械化生产的技术。在这一时代,原有的工场手工业生产模式已不能满足市场的要求,这必然会对以手工业为依托,以手工技艺的父子相传、师徒传授为主要特征的学徒制形态的职业教育提出变革要求。于是,学徒制便失去了生命力而逐渐走向瓦解,学校形态的职业教育模式开始出现并得到飞速发展。这一形态的职业教育与生产生活相分离,有相对独立的职业教育过程,现代职业教育也由此形成。20世纪四五十年代,信息技术革命开启,随着以计算机技术、微电子技术和通信技术为主要特征的现代信息技术的不断发展与广泛应用③,人类社会进入了信息性技术生存时代。现代信息技术带来的信息生产与处理手段的高度发展致使社会的生产力、生产关系发生了重大改变,也给社会经济结构带来了质的飞跃,进一步推动了人类生存方式的转变——逐渐由机器性技术生存转

---

① 石伟平:《比较职业技术教育》,华东师范大学出版社,2001年,第2页。
② 俞启定、和震主编:《中国职业教育发展史》,第10—26页。
③ 阎毅、贺鹏飞、李爱华等编著:《信息科学技术导论》,西安电子科技大学出版社,2014年,第1页。

向信息性技术生存。① 那么，不管是处于机器性技术生存时代，还是信息性技术生存时代的现代职业教育，其主要形态尽管表现不同，但都有一个共同特征：面向所处时代的职业生活或环境，通过专门的、相对独立的技术技能教学实现自身在所处时代下的技术生存的功能与价值，并且都以职业性内容为主体开展职业教育教学实践。虽然职业教育的内容、培养的人才及其指向的职业并非都与机器性技术、信息技术直接相关，但当机器性技术、信息性技术生存成为一个时代普遍的生存形态之时，以技术为核心元素的职业教育自然就会依据机器性技术、信息性技术生存的一些要求形成符合职业教育规律的教学内容，并依据其客观规律实施教学。

（二）成人教育发展之职业性内容

与职业教育的历史发端相似，最早期的成人教育活动源于人类生产生活技艺、经验的传授，只是面向的对象是成人群体，而在当时的社会生存环境之下，接受职业性教育的对象也主要是成人。从这一层面考量，成人教育与职业教育在历史源头上应属于同期，皆发轫于职业性教育活动，早期的"职成教"也大致可归为同一性质或同一种教育表现形式。追溯现代成人教育之源起，可知成人教育肇始于欧洲工业革命时期，以英国 1789 年在工业革命浪潮中开办的诺丁汉成人学校为标志。在此之后的 150 多年间，虽然也出现了难以统计的与成人教育相似的代名词或"近亲"，但这种状况在 20 世纪 60 年代发生了重大转变，成人教育这一名称基本得到统一。以 1973 年国际成人教育理事会的成立、五次国际成人教育会议的召开为重要契机，世界上很多大

---

① 邓文勇：《职业教育制度模式的历史嬗变及启示——基于技术生存的视角》，《职教通讯》2018 年第 9 期。

学纷纷开设成人教育学专业的课程,无论是发达国家还是发展中国家都先后将成人教育正式纳入国民教育体系,这时,能覆盖民众教育、工农教育、继续教育、回归教育、社会教育、业余教育、非正规教育等名词的成人教育终被逐渐统一,并得到了最大频率、最大范围的使用。① 从历史发展的维度分析,不管成人教育在其历史演进的长河里如何转换名称,正如有学者指出,从成人教育的萌芽到现代成人教育的形成,再到现代成人教育的不断发展,职业性内容(如职业培训、职业技能教育)一直都是成人教育产生以来的主要内容之一。②

"早期的成人教育就其意义和范畴来说都比较狭隘,仅为成人职业培训的一个代名词。随着时代的变迁,成人教育从早期注重功利并直接受经济利益驱动,逐渐发展到和各种社会化活动合流,成人教育由此进入了一个新的发展时期。"③不管历史怎么演进、时代怎么发展,职业生活向来都是成人世界始终不能疏离的重要内容。尤其是当下随着职业生活的深刻变革及其对教育培训的迫切需要,包含成人教育在内的所有教育形式都不同程度地担负着提高教育对象的职业素质与能力的使命。因此,围绕成人职业生活开展成人教育实践也一直都是成人教育发展过程中始终遵循的重要原则。事实上,当前世界各国的成人教育,也都普遍将职业性教育内容作为常规性内容,为成人学习者提供职业意识、职业能力、职业发展、职业涵养的职业性教育的相关内容的比重在逐渐增加。④ 例如,当前美国的成人教育主要有三种内容形

---

① 高志敏:《"成人教育"概念辨析》,《陕西师范大学继续教育学报》2000年第1期。
② 陈鹏:《成人教育与职业教育关系及未来走向评析》,《教育学术月刊》2010年第5期。
③ 单中惠主编:《西方教育思想史》,第921页。
④ 唐爱民:《成人教育及其邻近范畴的逻辑关系摭论》,《教育研究》2007年第10期。

式——成人基础教育、成人职业教育和成人继续教育。其中成人职业教育以培养成人职业能力为主要目标，重点针对劳动者中的失业者或半失业者进行职业技术技能的训练，目前这一形式所占的比例最高，为美国成人教育的主体内容。在我国，情况也基本相似，为成人劳动者积极开展职业技术技能教育也是当前成人教育的重要使命。这意味着在推进新型城镇化进程中，成人教育正在为成人尤其是为新型城镇化的核心主体农村转移劳动力提供教育培训服务，谋划、设计教育培训内容时不能偏废或忘却职业教育是其应有的重要职责与义务，成人教育也要积极与职业教育在这一共通的内容维度中凝聚合力，寻求协同合作。

二、职后教育域："职成教"实践范畴的逻辑交叠

在职业教育中，针对成人组织开展的职后教育（如在职教育培训、转岗教育培训、再就业培训等）属于成人教育的范畴；而在成人教育中，组织开展的各种形式的职业教育与培训（如职业资格教育与培训、技术定级教育与培训、就业与岗位培训等）又属于职业教育的范畴。可见，职业教育中的职后教育部分与成人教育中的职业教育部分交叉重叠。[①] 而"职成教"范畴中的这种逻辑交叠部分——职后教育，在实际运行中具有较为鲜明的特征。为更好地指导新型城镇化进程中"职成教"协同发展的实践与行动，须研究并把握、明晰两种教育在实践范畴中逻辑交叠之处的特点。

第一，职后教育具有面向职业、结合工作、服务生产的特点。职后教育作为"职成教"的结合交叉之处，一般指针对在职在岗人员在生产或工作过程中开展的教育，有面向职业、结合工作、服务生产的特点，密切关涉"职成教"

---

① 叶忠海：《成人教育和职业教育关系研究》，《教育研究》1996 年第 2 期。

（紧密结合成人在职业生活中的需要）。无疑，职后教育这一教育范畴具有明确指向学习的特质，须遵循产学集合，学用结合，为用而学，学以致用。对成人劳动者而言，参加职后教育，主要是希望通过学习迅速提高其科学文化知识和对应职业或岗位的技术技能，并期望能将所学知识、技能直接运用于关涉其职业工作的生产劳动当中，提高其劳动生产效率。工厂企业作为组织开展"职成教"的重要场域，就可通过组织开展职后教育，解决本单位生产与工作中的实际问题：一是希望本单位职工能把学到的科学文化知识应用到具体的工作实际当中去；二是谋求将生产过程中关涉技术改革与攻关的实际问题与职工的教育与培训相联系，探究问题解决路径。所以，在工厂企业中组织开展职后教育，往往会生成教学、生产和科研一体化，管理者（领导层）、技术人员与职工学员共同协作的"职后教育"形式。

第二，职后教育具有以成人为主、在职为主、业余为主的特点。职后教育的对象主要是在职在岗的干部、职员和其他社会承认的成人，是已经进入职业生活进行劳动生产的人员（包括在职在岗工作者、转职从业者、下岗待业者等），他们一般在创造物质或精神财富的过程当中学习。职后教育更多是针对成人的在职培训，因而一般在生产当中开展，与生产过程并行或交替进行，具有较强的超前培训的特点。诚然，对于这类教育形式的对象来讲，学校学习已然不是其主要任务，职业工作生活才是其主要的社会职责，这也决定了他们在参加职后教育时基本以业余为主、脱产或半脱产为辅。事实上也正是如此，很多在职在岗从业者反映，倘若不是业余的学习方式，便很难吸引他们参加职后学习。同时，这也反映出职后教育的灵活多样，可以是多学科、多层次、多规格与多形式的，也可以根据成人学习者及其岗位工作的实际需求有不同的标准与速度。对成人学习者，尤其是在职在岗从业者而言，其学习的目的、要求与内容常常会依据职业或岗位的不同而变化，而且他们拥有一定的社会实践经验与工作技能，也有一定的观察、思考问题的能力，加上其年龄、文化知识与技术技能基础、所从事的职业与学习条件等各不相同，职后教育往往在具体的培养目标、教学内容、办学形式、教学方法上具有较大差别；并且，为了满足不同成人学习者的教育诉求，各种形式的职后教育在具体情境中，往往允许也应该在学习标准上有高有低、有快有慢，不应一刀切，也不能强求统一。

第三，职后教育具有周期短、针对性强、实用性强的特点。职后教育主要是对在职在岗的从业者进行的再教育。这就要求从业者参加的教育与其所从事的岗位或工作相关，也就是"干什么学什么、缺什么补什么"；这也意味着职后教育的一个重要目的是为生产、工作服务，要以不同行业、不同岗位、不同工种及不同受众的需求为出发点，设计教育内容、方法等；同时，教育学习的周期应短、见效要快，内容也要少而精，并要理论联系实际，具有较强的针对性与实用性。当然，这并不意味着职后教育没有质量要求，那种只顾体现"短周期、快效益、急速成"的教学方针，仅求发展数量、不注重质量的职后教育是不可取的，应当在开展职后教育实践时予以规避。为了提高职后教育的质量和学习者的积极性、主动性，在组织开展职后教育实践时不应选择"满堂灌"的手段或方法，而应结合学习者的特点及需求，对拥有一定基础知识的学习者更多地采用启发式、研讨式的方法或选择实际案例开展教学与互动活动；同时，也需注重培养其独立思考、分析与解决实际问题的能力，并正确处理好传授专业知识与培养职业能力的关系，将培养、发展学习者的能力作为职后教育教学的核心或重点。鉴于此，应注意根据职后教育及学习者的特点，做到办学有任务、教学有规格、管理有制度，逐步构筑有职后教育特色的正规化办学、教学制度。

第四，职后教育具有继续教育、回归教育、自学为主的特点。人的认识规律是"实践—认识—再实践—再认识"循环往复的过程。[①] 对参加职后教育的成人学习者，尤其是在职在岗的干部、职员而言，其学习应当更为贴近、契合人们的一般认识规律。因为，他们的学习一般会遵循"学习—工作—再学习—再工作"或者是"培训—工作—再培训—再工作"直至职业生涯终结的循环上升的过程。对于社会化的成人来讲，一般在接受一定的普通教育之后便会开启自己的职业生涯，而当其在参加工作特别是成为工程技术人员之后，为了应对工作或岗位变化的需求，顺应社会与时代发展的要求，就需要不断更新、发展专业知识与技能，于是边工作边学习或者工作与学习交替进行就成为一种必要的选择和常态。实质上，很多在城镇工作的从业者也基本形成了一个共识，就是随着时代发展速度的加快、工作与职业知识及技能更新周期的日渐缩短，"经常性学习"或"充电"是其保持职业竞争力最主要的途径，并且已经成为他们工作生涯的常态性选择。这种职后教育的特质也呈现出较为明显的继续教育、回归教育[②]的特点。对于参加职后教育的成人学习者而言，自主学习无疑是其核心学习方式，也是区别于其他教育形式的重要特质。自学是一个人主观能动的求知过程[③]，成人职后教育中的自学主要呈现出以下两种特点：一是学习的自主性——学习者在进入职业生活后，学什么、如何学，基本由学习者自己选择、支配与控制；二是学习的长期性——学习者

---

① 关世雄：《成人教育的理论与实践》，第 42 页。
② "回归教育"是一种认为人的一生应是学习和工作不断交替、相互结合的过程，接受义务教育或基础教育乃至高等教育后就业的成年人，应在需要时又返回学校去学习的教育理念。
③ Dillenberger D, Lleras J S, Sadowski P, "A Theory of Subjective Learning," in *Journal of Economic Theory*, No. 153(2014).

需要根据不断变化的职业生活、多变的工作情景进行再学习，同时也需要长期克服工学矛盾。为了顺应这一时代发展要求，学习者需要积极发挥自身的主观能动性，不断发展自学能力，通过自学不断提高知识与技能。这也就要求"职成教"在开展职后教育时根据这一学习特征，注重培养学习者的自学能力。

当前，国际竞争日益激烈，科学技术突飞猛进，新技术、新工艺、新产品日新月异，知识更新速度日渐加快。立足成人职业生活的职后教育是保持知识更新、科技进步的重要途径，也是企业提升生产竞争力的重要手段。因为工作岗位的竞争、企业生产的竞争，其背后是知识、科技的竞争，而知识、科技的竞争的背后又是教育的竞争、人才培养的竞争。历史反复证明：落后就要挨打，就要被人欺负。倘若我们不重视发展与职业、生产距离最近的"职成教"，不注重职后教育，我们就将落后于时代发展的要求、落后于人。同样，在推进新型城镇化发展进程中不去发展"职成教"，不重视"二教"的逻辑交叠部分——针对广大农村转移劳动力的职后教育，也会使新型城镇化进程变缓。

三、教育性使命："职成教"追求的本真价值选择

作为两种相对独立的教育类型，职业教育、成人教育各自具有不同的内涵和本质特征。而两种教育从其本身的属性审视，皆为教育子系统，必然具有教育属性之通性，更不能回避作为教育类属的本真价值追求——培养人或成就人。从根本上而言，无论是职业教育还是成人教育，二者在本真价值追求上具有通性，都属于培养人的教育活动。那么，在寻求协同共力，推进新型城镇化建设与发展的进程中就要对这一本真价值选择，即"职成教"这两种教育作为教育类属的根本使命进行明确。

诚然，对"职成教"而言，一个重要的使命是让每个受教育者拥有扎实的

专业知识和过硬的技术技能,其为"用",是遵循作为教育类属的外部关系规律;但根本还在于教育人、培养人,让受教育者拥有良好的素质,使其内在潜能得到更大程度的唤醒与发展,成为一个全面发展的人,这应是教育使命之"体"。毋庸讳言,职业教育、成人教育重视专业知识、技术技能的实用性(有用性)本无可厚非,这也是应当在教育实践活动中继续强化的重点工作,但若在教育实践或实际操作中将其作为唯一或终极目标,"忽视人生活及自身生命发展的内在价值"①,就偏离了教育的根本性使命或本真价值追求。对此,有学者指出,教育活动关注的是人的潜力如何最大限度地调动并加以实现,以及人的内部可能性如何生成②,教育的根本任务就是发展人的内在潜能,让其成为一个全面发展的人。③ 作为教育子系统的职业教育、成人教育,在积极介入社会需求、满足社会发展需要,在人才培养与社会需求之间保持适度的张力的同时,也不能忘记人才教育培养的根本逻辑④——在重视做好"用"的同时,还"须从'体'上着眼,应是'全面的',即要唤醒人的内在的所有力量"⑤。就新型城镇化的核心主体农村转移劳动力而言,每个个体都拥有潜能,这种潜藏的"矿藏"需要经由一定的外在条件才能得到唤醒和发展。这就意味着"职成教"还应专注于每一个灵动而又鲜活的生命体,从"体"上着眼,努力去唤醒与发展农村转移劳动力的内在潜能,并将其纳入培养与发展生命潜能的道路,赋予其生成、创造、目的等生命性内涵、价值与意义,而不是仅让

① Laszlo K C, Laszlo A. "Fostering a Sustainable Learning Society Through Knowledge-based Development," in *Systems Research and Behavioral Science*, No. 5(2007).

② [德]雅斯贝尔斯:《什么是教育》,邹进译,生活·读书·新知三联书店,1991 年,第 4 页。

③ 朱新卓:《教育的本体性功能:提升人的灵性》,《教育研究》2008 年第 9 期。

④ 阎国华、邹放鸣:《大学与社会的共轭:人才培养与社会需求间的适度关系研究》,《东北大学学报》(社会科学版)2013 年第 2 期。

⑤ 吴式颖、任钟印主编:《外国教育思想通史》(第七卷),湖南教育出版社,2002 年,第 172 页。

其对技术技能"应知应会"、追逐生产生活技能的训练与培养。这一本体性教育使命的关怀契合新型城镇化以人为本的理念要求，也应当是"职成教"在推进新型城镇化进程中需要注意并协同解决的重要问题。

然而，自近代以来，科学主义思潮催生的工具理性逐渐主宰了人类教育实践，教育由此成为一个获取各种现实功利的实践过程，而本应具有丰富人文精神内涵的教育过程被简化成一个纯粹机械的理性认知过程，这从根本上异化了人的存在方式，而且片面强调理性和追逐现实功利的教育使得本来能带来意义感和创造性的灵性从人的身上逐渐远遁了，这也是目前学生创新精神不足、实践能力不强的重要原因所在。① 因此，对于"职成教"而言，作为一种培养人的教育活动，在做好"用"的同时，也不能忘却作为教育类属的根本性使命，应在开展教育实践时，积极去唤醒与挖掘每一个农村转移劳动力的潜能，让其潜能不受压制与异化，并努力使其潜能在培育过程中全面生成和绽放，助其成为一个全面发展的人，这应是"职成教"所要承担的根本使命和本质价值选择。

第四节　本章小结

通过本章的梳理与分析，明确了职业教育、成人教育作为两种具有不同本质内涵的教育类型，各自都有相对独立的质的规定性，二者在内涵特质、外延边界和实践运行上存在着逻辑分殊，而二者的本质所指、特征差异决定了其在推进新型城镇化进程当中的侧重点、功能或能力不同。总体而言，职业

---

① 杨颖东、郝志军：《灵性教育的价值追求与实践方式》，《教育研究》2016 年第 12 期。

教育偏重（或更多关注）的应是立足"职业"，注重职前的、职业技能的培养；而成人教育偏重的应是面向"成人"，注重职后的教育，尤其应承担和做好非功利性质的，如市民或现代性素养的教育与培训。在逻辑关联上，二者又是最为相近的两种教育类型，相互交叠、相互包含，职业性内容是"职成教"历史发展的逻辑交织，职后教育是"职成教"实践范畴的逻辑交叠，教育性使命是"职成教"追求的本真价值选择。因此，"职成教"作为开发智力、培养人才的两种既有差异又互为补充，内容交叠又互相衔接的紧密关联的教育途径，是推进新型城镇化建设与发展的可靠保证。在实践中"职成教"也应是相互依存、相互补充、密切关联的整体，将"职成教"两种教育的关系视作主要与次要是不科学的。同时，将职业教育尤其是将成人教育看成其他教育的附庸，甚至认为其可有可无、无足轻重的看法及观点也是片面的。我们应正确地、积极地将"职成教"纳入新型城镇化建设与发展的轨道，逐渐构筑一个有规格、有要求的"职成教"协同发展体系，从而为新时代下新型城镇化的建设与高质量发展培养各级各类人才提供强力支撑。所以，在服务新型城镇化过程中，针对新型城镇化的核心主体农村转移劳动力的城镇化的不同教育与学习需求，在组织开展"职成教"实践活动时需明确——职业教育有其侧重点，需要立足"职业"，发挥技术培育的特色与优势，但不能忽视成人教育的任务；成人教育也有其侧重点，尤其需要承担并做好市民或现代性素养的教育与培训，但也不能忽视职业教育的任务；同时应注意积极发挥"职成教"作为教育的本体价值功能与使命，并应以上述认识为基础，积极寻求协同共力，取长补短，充分激发与发挥二者的优势，整合资源，在推进新型城镇化建设与发展的过程中实现"1+1>2"的协同效应。本章对"职成教"及其相互关系的澄清，为在新型城镇化进程中推进"职成教"协同并实现其发展奠定了重要的理论基础。

第三章　新型城镇化：“职成教”共同聚焦的作用目标

职业教育与成人教育协同发展，并不是漫无目的的协同，而是受其共同聚焦的作用目标的约束。在新型城镇化进程中探讨职业教育、成人教育的协同发展时，应全面、深入地认识和把握“职成教”共同聚焦的作用目标新型城镇化的深刻内涵、目标任务与发展现状，并廓清其与“职成教”之间的复杂关系。

第一节　新型城镇化的历史渊源与内涵解读

了解新型城镇化与西方城市化及中国传统城镇化的渊源、认识中国特色的新型城镇化的内涵并明晰教育学视域下新型城镇化的意蕴，是深刻理解和把握新型城镇化内涵的重要基础和条件。

一、新型城镇化的历史渊源简述

当前，我国所倡导和奉行的城镇化是一种不同于西方城市化和我国传统城镇化的新型城镇化，它是一种对西方城市化和中国传统城镇化的扬弃，是西方城市化和中国传统城镇化的发展与升华版。城镇化是一个极富中国特色的发展性概念，它起源于西方的城市化，与其本质相似——二者都主张经济社会的活动重点要从农村、农业转出，人口从农村走向城市，让农村劳动力从第一产业转向第二、三产业。① 但二者又具有一定的差异,侧重点不同,且形式有别,如在发展之初的地理侧重上,西方主张转向城市,中国则注重转向城镇。

在西方国家,受制于多种因素的复合影响,尤其是在城市化开启之前,工业化所积聚的雄厚财富,加上国土资源的稀缺,使西方一开始便采用并一直秉承着"city"(城市)型的发展路径。也就是西方国家普遍选择"以城市为中心"的发展模式,即注重人口向城市转移与集中、非农产业向城市尤其是大城市聚集。② 于是造就了纽约、伦敦、巴黎等一批大都市的快速发展与繁盛。尽管在西方城市化发展的后期,小城镇也得到一定程度的重视并逐渐兴盛起来,但西方这种城市化发展模式下的诸多小城镇还是常常被置于从属或相对次要的位置。③ 中国却恰恰相反,20 世纪 80 年代伊始,百业待兴,城镇化步伐开启,此时国家经济乏力、基础薄弱,没有条件,也无力去发展大城市。而且中国地大物博,土地资源丰富,先以农村为起始平台建立并推进小城镇发展,可以达到摊薄有限建设资金的效果。加上正值全面改革开放时期,乡镇企业开始崛起并得到快速发展,这为农村劳动力就地转移打下了良好的基础,也为小城镇发展创造了良好的条件。④ 历史的发展背景决定了时代的选择,中国改革开放时期的发展背景及国情也决定了城镇化发展模式的时代选择,即只能尝试先从小城镇寻求突破,推进城镇化发展,因而生成了具有中国特色的城镇化发展模式——以先推进小城镇发展为重点的发展模式,也正因

---

① 张鸿雁:《中国新型城镇化理论与实践创新》,《社会学研究》2013 年第 3 期。

② Yeoh B S, "Global/globalizing Cities," in *Progress in Human Geography*, No. 4(1999).

③ Wackernagel M, Rees W, *Our Ecological Footprint: Reducing Human Impact on the Earth*, New Society Publishers, 1996, p. 5.

④ 李艳军主编:《科技创新与环京津区域产业结构优化》,中国经济出版社,2013 年,第 293 页。

如此，中国的小城镇遍地开花。截至 2021 年年末，全国城市数量达 691 个，比 2012 年年末增加 34 个，其中地级以上城市 297 个，增加 8 个；县级市 394 个，增加 26 个；建制镇 21 322 个，比 2012 年年末增加 1 441 个。①

中国在改革开放后逐渐发展形成的这一城镇化发展模式，其核心任务是集中一切资源推进非农产业发展，注重推动农村、农业人口就地转移，因而也表现出较为明显的粗放型特征——注重外延规模扩张、轻视内涵质量建设。随着时代的变化与发展，传统的城镇化发展模式虽然为中国经济社会的发展做出了巨大贡献，具有一定的历史必然性和时代适应性，但外延的无序扩张，使其弊端也日益凸显，并带来了一系列问题，与时代的发展要求、人们的期望愈加不相适应。一方面，相对大、中、小城市而言，小城镇在规模、积聚效应上相对不足，因而在推进和发展方式上效率低是其很难规避解决的一个难题；另一方面，在改革开放初期逐渐形成的小城镇发展模式，其原初的主要动力是乡镇企业的崛起与发展所依附的市场推力，但这一发展路径往往会造成资源配置的失控，造成对土地进行掠夺式占用，对资源、环境无节制地消耗和破坏的局面。因此，在改革开放之初逐渐形成的城镇化发展模式具有较强的过渡性。21 世纪之后，在新的历史发展当口，对其进行调整也是时代发展的必然要求和选择。于是，注重以人为本和质量内涵建设的新型城镇化发展模式应运而生，并逐渐得到公众的认同、政府的重视，不断发展并成为国家的重大发展战略。

新型城镇化的发展理念最早可追溯到党的十六大提出的"走中国特色的城镇化道路"，之后"新型城市化""新型城镇化"等概念便在文献资料、政府

---

① 来源于国家统计局数据。

文件和有关领导干部的讲话中逐渐出现。2007 年 5 月 15 日，时任国务院总理温家宝在上海主持召开经济社会发展座谈会时首次于中央领导层面使用“新型城镇化”这一说法，提出“要走新型城镇化道路”；2014 年 3 月 16 日，中共中央、国务院印发《国家新型城镇化规划（2014—2020 年）》，使“新型城镇化”正式上升为一项重大国家发展战略，并进一步明确指出“遵循城镇化发展规律，走中国特色新型城镇化道路”。这里所讲的要走“中国特色新型城镇化”道路，并不是词语上的简单更新或追求时髦的结果，而是对西方城市化和中国传统城镇化的继承、发展与超越。具体而言，就是我国所倡导的“新型城镇化”发展理念，一方面需要于西方国家和地区的城市化推进与发展经验中找寻共性的规律、积极的经验并探寻解决之策略、未来之走向；另一方面它体现的是当前我国城镇化的一种新的发展阶段，与改革开放以来的城镇化（也就是我国传统的城镇化）发展方式和过程相比较，具有了新特征，并需要根据新的发展要求探寻并构建新的发展动力，解决目前城镇化在新的历史时期所面临的新挑战、新问题，从而使我国的城镇化发展与国家经济社会发展、人民福利进步更加契合、更为协调。总之，探索中国特色的新型城镇化发展之路时，需要在认真反思西方城市化和我国传统城镇化发展进程中的不足或弊病的基础上，以更高或更加科学的定位不断推进我国城镇化的发展与实践。以下将对中国特色的新型城镇化的内涵进行深入探讨。

二、中国特色的新型城镇化的内涵

如前所述，中国特色的新型城镇化与西方的城市化、中国传统的城镇化之间有很多共通之处，也有很多重大差别。在新的历史时期，新型城镇化形成了新的时代内涵，主要体现在以下三个方面。

（一）新型城镇化是以人为本的城镇化

坚持以人为本,推进以人为核心的城镇化是《规划》的首要原则和第一目标,同时也是新型城镇化区别于西方城市化和中国传统城镇化的根本属性和最大特征。西方城市化和中国传统城镇化都将追求物质财富的增加作为出发点和落脚点,贵"物"而轻"人"。而新型城镇化以实现人的城镇化为核心和最终归宿①,其具体要求是"以人的城镇化为核心,合理引导人口流动,有序推进农业转移人口市民化……不断提高人口素质,促进人的全面发展和社会公平正义,使全体居民共享现代化建设成果"②。由此可以看出,新型城镇化的目标导向是以人为本,注重人的权益和主体性,以所有公民尤其是农村转移劳动力的全面发展和城镇化需求为旨归。也就是说,新型城镇化是让"城镇化的动力、目标和发展过程回归到人本身,将人的权利、人的发展能力、人的福利和幸福作为城镇化的核心"③。实质上,新型城镇化以人为本之要义就是注重人的城镇化。④ 而推进人的城镇化,重点是推进农业转移人口市民化,这也是新型城镇化的首要战略任务。

有学者在其研究中也指出,人的城镇化与农业转移人口市民化同义,二者的主要目标皆是让农村人成为城里人、变为市民,使其与城里人、市民拥有同样或同等的身份、公共服务、素质,能在城镇安居乐业。以此观点为基础,进一步指出人的城镇化应包含以下几个要素⑤:一是职业性质的转向——农

---

① 王娟娟、陈广亮:《现代化经济体构建视域下的新型城镇化建设——习近平关于新型城镇化建设重要论述的重大创新探微》,《治理现代化研究》2018 年第 5 期。
② 中共中央、国务院印发《国家新型城镇化规划（2014—2020 年）》,http://www.gov.cn/gongbao/content/2014/content_2644805.htm。
③ 任远:《人的城镇化:新型城镇化的本质研究》,《复旦学报》（社会科学版）2014 年第 4 期。
④ 张继久:《新型城镇化的内涵与特征再认识》,《社会科学动态》2018 年第 2 期。
⑤ 褚宏启、赵茜:《城镇化进程中的教育变革》,第 12—13 页。

业转移人口的职业从次属的、非正规的劳动力市场上的农民工转变为首属的、正规劳动力市场上的城镇非农产业工人;二是居住条件的改善——农业转移人口的居住条件不再被限隔或边缘化,而是与城镇居民等同,一样可以享受所在城镇各类住房的购买权益;三是社会身份的转变——农业转移人口的身份不再被区别,即不在制度上(主要指户籍制度)被束缚,由农民工(又称进城务工人员、农村转移劳动力)变为市民;四是公共服务的趋同——农业转移人口在城镇所享有的公共服务不再被差别对待,而是可以与城镇居民享有同等的基本公共服务(如就业、医疗、教育、养老等);五是市民素质的生成——农业转移人口的生产生活方式、人格特征等从农村特点转变为城镇品格,具备与城镇生产生活相适应的综合素质,也就是具有现代性特质。长期以来,西方城市化和中国传统的城镇化都存在一个误区,那就是忽视产业就业支撑,将建设与发展的重心放在对物的追逐上而忽视对人及人力资源的关照。新型城镇化以人为本发展理念的提出则是对这一误区的纠正与完善,该理念明确了不论是经济增长还是社会发展,都要围绕人这个中心进行建设推进。

（二）新型城镇化是"四化同步"的城镇化

"四化同步"指新型城镇化是与工业化、信息化、农业现代化同步推进的城镇化。[①] 坚持"四化同步,城乡统筹"是推进新型城镇化建设与发展的主要原则之一,其具体要求是推动信息化和工业化深度融合、工业化和城镇化良性互动、城镇化和农业现代化相互协调,促进城镇发展与产业支撑、就业转移、人口集聚相统一,推动城乡要素平等交换和公共资源均衡配置,形成以工

---

① 杨佩卿:《新型城镇化的内涵与发展路径》,《光明日报》2015年8月19日第15版。

促农、以城带乡、工农互惠、城乡一体的新型工农、城乡关系。[①]

与西方城市化和中国传统城镇化只注重"单一化"的推进与发展不同，新型城镇化发展注重"四化"同步推进，并明确了"四化"之间的关系，其中工业化是发展的主导与动力，农业现代化是发展的前提与基础，信息化则是后发优势与活力并引领新型城镇化发展。[②] 而新型城镇化在"四化"同步推进中具有融合、载体和平台作用，即新型城镇化承载工业化和信息化发展的空间，拉动农业现代化加速发展。正因如此，要想加快推进新型城镇化进程，就必须注意发挥工业化的动力作用、农业现代化的基础作用和信息化的引领作用，推进"四化"有机融合，继而通过新型城镇化的发展，推动城乡一体化发展。而推动城乡一体化发展也是当前我国新型城镇化发展的主要战略任务之一。这就意味着在新型城镇化建设与发展进程中，要依据我国当前城乡分割的实际，并以此为出发点，重视工业反哺农业、城市扶助农村；城镇的公共服务、现代文明要向乡村、农民延伸和覆盖，从而使新型城镇化进程真正成为拉动乡村振兴与发展、农民致富与幸福的一体化发展过程。与此同时，还要通过在新型城镇化进程中所积聚的力量、创造的财富，为农村、农业和农民的不断发展提供更好的基础、更有利的条件，促使相对落后的二元经济发展结构转变为工业化与城镇化协调推进、城镇与乡村一体发展的一元化现代化经济发展结构，最终形成城乡互补、共同进步的发展格局。

（三）新型城镇化是协调发展的城镇化

坚持协调发展是新型城镇化的基本要求，也是其区别于西方城市化和中

---

① 中共中央、国务院印发《国家新型城镇化规划（2014—2020 年）》，http：// www. gov. cn/
gongbao/content/2014/content_2644805. htm。

② 杨佩卿：《新型城镇化的内涵与发展路径》，《光明日报》2015 年 8 月 19 日第 15 版。

国传统城镇化的重要特质。根据国家新型城镇化战略任务与要求,协调发展主要包括两个维度:一是新型城镇化是大、中、小城市与小城镇协调发展的城镇化,具体要求与任务是优化城镇化布局和形态,以城市群为主体形态,推动大中小城市和小城镇协调发展。首先,要加快城市群建设与发展。《规划》明确提出,要优化提升东部地区城市群,培育发展中西部地区城市群,构建"两横三纵"城镇化发展战略格局,并通过促进区域城市间产业分工协调与联动,推动城市群一体化发展。其次,要增强中心城市辐射带动功能,并在此基础上强化中小城市和小城镇的产业功能、服务功能和居住功能。《"十三五"规划纲要》指出,大中小城市要加快产业升级,延伸面向腹地的产业和服务链,也就是要通过产城融合发展、产业就业支撑,以激发创新要素为核心驱动力,依托科技、教育和人才资源优势,提升城镇承载与可持续发展的能力。再次,要加快发展中小城市和特色镇,以提升质量、增加数量为主攻方向,并根据发展实际将有条件的县城、重点镇和重要边境口岸逐步发展为中小城市,同时要注意引导产业项目在中心城市和县城进行合理布局。依据当前我国实际,发展中小城市和小城镇是改善我国城镇结构的主攻方向,有益于降低农业转移人口的转移成本、优化生产力布局,也有益于为大城市发展减压并减轻城市快速发展与资源环境之间的矛盾。二是新型城镇化是人口集聚、市民化和公共服务协调发展的城镇化。① 推进新型城镇化无疑需要使农村转移劳动力非农业化并在空间上从乡村向城镇转移集聚。相对西方城市化和中国传统城镇化而言,新型城镇化还讲求市民化跟进、公共服务配套协调推进,即走人口集聚、市民化和公共服务协调发展的城镇化之路,偏废其一便算不上高质量的城

---

① 杨佩卿:《新型城镇化的内涵与发展路径》,《光明日报》2015 年 8 月 19 日第 15 版。

镇化。这在上述以人为本的城镇化的相关内容中已经论及，不再赘述。

总之，新型城镇化是对西方城市化和我国传统城镇化的发展与超越，是根据中国的国情、现状及发展趋向提出来的一种以人为本、"四化同步"、协调发展的城镇化发展新理念、新战略。并且，无论是新型城镇化中的"四化同步"还是协调发展，抑或其他，都围绕人这个核心，并以服务人为出发点、落脚点和最终归宿。也正因如此，"坚持以人为本，将人的城镇化作为核心"是新型城镇化区别于西方城市化和中国传统城镇化的根本属性和最大特征。新型城镇化是一个宏大的课题，不可能面面俱到，因此本书主要从以人为本这个层面，即从人的城镇化这一核心出发探讨相关问题。

三、教育学视域中的新型城镇化

从文献综述中可以看出，关于新型城镇化内涵的研究目前主要是从人口学、经济学和社会学层面进行分析，如人口学下的新型城镇化侧重农业或农村人口向城镇流动并转化为城镇人口的过程；经济学下的新型城镇化侧重非农经济要素向城镇转移与集聚的过程；社会学下的新型城镇化侧重农业转移人口的生产生活方式、价值观念、行为习惯、文化素质等要素由乡村向城镇转化的过程，这一视角下的要素转化也是城镇化最为主要且非常紧迫的目标任务之一，实质上就是要让转移人口拥有现代性，具有现代素养，真正成为市民。[1] 对此，有学者指出，城镇化就是使转移人口在意识、行为方式和生活方式上由农村模式发展转化为城镇模式的全过程。[2] 尽管关于新型城镇化有很多学科层面的探讨，却相对较少从教育学的视角进行深入解析。

---

[1] 贾继娥、褚宏启：《新型城镇化的核心与教育目标的重构——兼谈教育如何促进人的城镇化》，《教育发展研究》2016 年第 19 期。

[2] Friedmann J, "The World City Hypothesis," in *Development and Change*, No. 1 (1986).

　　那么,从教育学的视角审视与理解新型城镇化时,新型城镇化所呈现的内涵又需要并包含哪些要素呢? 诚然,教育是社会系统下相对独立又与其他子系统具有密切关系的一个重要子系统,从教育层面审视与理解新型城镇化必然不能脱离社会学、人口学和经济学视角下新型城镇化所侧重的内涵的条件支持,具体而言就是首先需要以人口学视域中农业转移人口向城镇人口转化集聚为重要基础,即人口集聚是基础;其次需要把经济学视域中的非农经济要素,尤其是非农产业及其技术、生产等要素向城镇方向转移、转化与集聚时的复合作用作为重要条件,即非农经济要素集聚是条件;再次还需要把社会学视域中农业转移人口的生产生活方式、价值观念、行为习惯、文化素质等要素从乡村向城镇发展转变作为根本保障[①],即人的现代性生成是根本要求[②]。可见,如果从教育学层面来理解和描述新型城镇化,新型城镇化是农业转移人口在向非农产业(主要指第二、三产业)集中的城镇聚集的过程当中,其生产生活方式、价值观念、行为习惯、文化技能等方面的综合素质得到全面发展和提升。由此可以看出,人口学、经济学、社会学等领域中新型城镇化的目标实现也都离不开教育的作用与影响。因为在这个过程中,无论是新型城镇化的核心主体农村转移劳动力的综合素质(尤其是与在城镇稳定就业和生活相关的知识、技能)的全面改善、提升与发展,还是社会文明的转变、发展与进步,都需要教育,特别是与之紧密相关的职业教育和成人教育的协同作用与推进,换言之,新型城镇化离不开教育,教育促进新型城镇化发展。

　　总之,通过上述对新型城镇化的历史渊源、中国特色的新型城镇化的内涵和教育学视域中的新型城镇化进行的多维分析,可以看出新型城镇化的内

---

① 杨海燕:《城市化进程中职业教育发展研究》,博士学位论文,北京师范大学,2006 年,第 17 页。
② 高宏伟、张艺术:《城镇化理论溯源与我国新型城镇化的本质》,《当代经济研究》2015 年第 5 期。

涵主要包含三个要素：一是人口集聚是基础，二是非农经济要素集聚是条件，三是人的现代性生成是根本要求。尽管新型城镇化的这三个要素与西方的城市化和中国传统的城镇化具有一些相同点，但根本的区别在于这三个要素是围绕人的城镇化展开与推进的，即走的是以人为本、以人为核心的城镇化发展之路。所以，新型城镇化的内涵可以简单概括为"一个核心、三个要素"，即新型城镇化是以实现人的城镇化为核心，以推进人口、非农经济要素向城镇集聚并以实现人的现代性生成为主要内容或目标的城镇化发展过程，这也是对中国特色的新型城镇化内涵的进一步确指。本书主要围绕人的城镇化这一核心，即围绕新型城镇化的核心主体农村转移劳动力的城镇化这一主旨（目标任务）探讨"职成教"在协同推进这一目标任务时所发挥的价值与作用，以及其如何实现协同发展。

第二节　新型城镇化的目标任务及发展现状

目标任务由目的而生，是为达成某一工作而筹（计）划并需要完成的指标要求，是开展相应工作实践的重要方向引领。把握新型城镇化的目标任务，明确其发展现状是"职成教"在这一战略进程中有效做出协同实践与应对的重要前提条件。围绕本书研究主旨，并根据对政府文件、相关文献及发展趋势的分析，可知新型城镇化的目标任务可从"总体"和"核心主体（即农村转移劳动力）的城镇化"两个维度进行探讨。

一、新型城镇化的总体目标任务及发展现状

（一）总体目标任务

新型城镇化建设与发展的目标任务所涉范围广泛，包含的层面复杂多

元。但根据上述对新型城镇化内涵的解读,并结合对 2014 年国务院公布的《规划》的文本解析和新近相关的文献研究来看,新型城镇化建设与发展的总体目标任务主要可归结为以下两个方面。

一是城镇化率。2020 年我国的人口城镇化率要达到 60% 左右,2030 年要达到 70% 左右,之后进一步提高。按照《规划》,我国的城镇化水平和质量要稳步提升。到 2020 年,我国常住人口城镇化率达到 60% 左右,户籍人口城镇化率达到 45% 左右。2019 年我国城镇化率为 60.60%,户籍人口城镇化率为 44.38%,已提前一年达到总城镇化率 60% 左右、户籍人口城镇化率 45% 左右的预期目标。目前,我国进入并正处在城镇化的快速发展阶段(30%—70% 属于快速发展区间)——2022 年年末常住人口城镇化率已增长到 65.2%。根据世界城镇化发展的普遍规律,并基于中国国情及发展要求,到 2030 年,我国常住人口城镇化率要达到 70% 左右,户籍人口城镇化率和常住人口城镇化率差距要进一步缩小;并且在进入 60% 之后,城镇化会逐步进入一个相对成熟的发展阶段,其增速也会有所放缓。[①] 有研究推测,在 2038 年前后我国的城镇化水平至少要达到 85% 左右,这就表明,未来 15 年左右我国将全面处于从传统城乡二元结构向城镇社会结构转型的社会变迁期[②],未来将会有更多的农村转移劳动力逐渐向城镇转移。从总体上看,在后续发展中城镇化率还要持续提高。

二是要坚持和践行"以人为本,将人的城镇化作为核心"的发展模式。新型城镇化的根本旨归是实现人的城镇化。要促进城镇化率提升,推进"四化同步"、协调发展,优化城镇格局,建设幸福宜居城市,等等。尽管它们都是衡

---

① 青连斌:《2030 年新型城镇化建设的目标实现了吗》,《人民论坛》2017 年第 14 期。
② 张鸿雁:《中国新型城镇化理论与实践创新》,《社会学研究》2013 年第 3 期。

量和体现新型城镇化水平的重要指标或要求,但通过前述对中国特色的新型城镇化内涵的解析可知,这些目标任务在根本上都要围绕人这个核心,为人及其发展服务,也就是要把人这个核心作为城镇化建设与发展的出发点、落脚点和最终归宿。随着内外部环境和条件的深刻变化,城镇化必须进入以提升质量为主的转型发展新阶段,其核心就是要回归到人本身,即推行"以人为本,将人的城镇化作为核心"的新型城镇化发展模式和道路。从战略的高度来说,对西方城市化和中国传统城镇化发展模式进行扬弃,提出并坚持新型城镇化发展理念,也充分体现了党和政府对待人民的立场和态度。因此,新型城镇化的核心目标总体上体现为推进人的城镇化。

要想强化研究的针对性,达到正确认识与理解研究对象的目的,需要进一步论证并明晰上面提及的人的所指与含义。

人的城镇化——根据《规划》内容分析,其中的人的核心主体是农业转移人口。农业转移人口到底指有哪些特征属性的群体,与本书所探讨的农村转移劳动力到底有什么关系?这些都必须予以明确。农业转移人口的概念首次在政府层面提出始于 2009 年中央经济工作会议——"要把解决符合条件的农业转移人口逐步在城镇就业和落户作为推进城镇化的重要任务"。关于农业转移人口的概念,目前学界已达成普遍共识,是指在城镇地区务工的具有农村户籍的人口①,包括从农村进入城镇工作生活的适龄劳动力和非适龄劳动力——从是否参与劳动来看,主要可分为农村转移劳动力及劳动力随迁家属两类人群,其中农村转移劳动力是农业转移人口的主体,相比随迁家属城镇化的难度而言,农村转移劳动力城镇化的难度更大,因此本书的重点研

---

① 吕炜主编:《中国公共政策发展报告 2015》,东北财经大学出版社,2015 年,第 152 页。

究对象是农村转移劳动力。在当前的国情下,农业转移人口属于"城镇居民"①,却不属于"非农人口"。通常意义上,农业转移人口与我们常说的农民工等同。农业转移人口也是对我国城乡二元经济结构的集中反映——从最开始计划经济时期的盲流到改革开放后的农民工,再到现阶段的农业转移人口,不同的称谓展现出在不同的发展阶段整个社会对其在认识与理解上的差别以及在态度上的转变。② 随着经济社会的快速发展与进步,党和政府主张社会发展成果要惠及全民,实现全面共享,经济社会发展也要以人为本,回到人这个主体上来。而且由于农民工的称谓被认为存在一定的身份歧视,因而从党的十八大开始正式在政府层面用更为中性的农业转移人口替代原有的农民工,并指出要着力有序推进农业转移人口市民化。由此可以看出,农业转移人口尽管是一个新的提法,但实质上与原来的农民工的内涵、特征基本一致,皆指在城镇工作、户籍在农村、职业身份为工人、社会身份为农民的庞大的产业工人群体,也就是本书所指的农村转移劳动力。③ 对于农村转移劳动力,固然需要在户籍政策上做出调整,要在城镇工作生活的权益、福利等方面给予经济支持。但是,若想让农业转移人口真正实现市民化,实现高质量的城镇化,需要使其在综合素养上即在职业技能、文化素养、思想观念、基本法律知识等维度,也就是在职业技能和现代性(市民)素养上进行协调、综合发展,从而使其有能力在城镇稳定就业、融入城镇发展,成为真正的城镇市民。这应是当前及未来我国推进新型城镇化建设和发展的重心所在。

---

① 在当前我国国家政策语境下,城镇居民泛指在城镇地区居住、生活的人,只要在城镇地区有固定的居所和工作即可,户口不再作为区分标志。
② 刘浩、于淑俐:《农业转移人口市民化问题研究综述》,《山东工商学院学报》2016 年第 6 期。
③ 若非特殊说明,本书所指的农村转移劳动力与农业转移人口、农民工同义。

因此，人的城镇化可以理解为农村转移劳动力的城镇化。如上述分析，若按来源或身份性质、背景理解，农村转移劳动力与我们常提及的农民工类似。据国家统计局 2022 年 4 月 29 日发布的《2021 年农民工检测调查报告》，2021 年农民工总量为 29 251 万人，比上年增加 691 万人，增长率为 2.4%，总量继续增加。面对这样一个近 3 亿数量级的庞大群体，要想实现其城镇化，任务长期而艰巨。若想实现农村转移劳动力的城镇化这一目标，即让农村转移劳动力有能力在城镇稳定就业、融入城镇发展，关键在于农村转移劳动力城镇化所需的能力与素质——具备在城镇稳定就业所需的职业技能，具有融入城镇发展所需的市民（现代性）素养。本书也是根据新型城镇化的核心主体农村转移劳动力的城镇化这一总体目标任务的要求，围绕推进农村转移劳动力有能力在城镇稳定就业、融入城镇发展这两大具体目标任务进行研究。①这也是坚持和落实新型城镇化"以人为本，将人的城镇化作为核心"②的具体体现。

（二）总体发展现状

1. 取得的主要成就

在改革开放 40 余年的时间里，我国的城镇化速度超越了世界发展史上任何时代的任何国家，是中国奇迹的一个重要组成部分。③党中央、国务院高度重视城市建设与发展工作，城市的经济实力不断加强，面貌焕然一新，城镇化建设与发展取得了举世瞩目的成绩。党的十八大以来，我国城市建设与发

---

① 农村转移劳动力城镇化的具体目标任务将在后文"核心主体城镇化的目标任务及发展现状"中进行深入分析。

② 褚宏启、贾继娥：《新型城镇化与教育体系重构》，《中国人民大学教育学刊》2015 年第 4 期。

③ 蔡昉：《如何让新型城镇化走得更远》，《学习时报》2018 年 4 月 27 日。

展步入了新阶段,城镇化水平、质量不断提升,为加快建设现代化构筑了一个坚实的平台。

首先,在城镇化率上,已进入 30%—70% 的快速发展区间。目前我国的常住人口城镇化率从改革开放之初的 17.92%,跃升到 2022 年的 65.20%(见表 3-1)。当下,正在向 2030 年 70% 左右的城镇化率推进与发展。

表 3-1　1978—2022 年我国(常住人口)城镇化率

年份	城镇化率(%)	年份	城镇化率(%)
1978	17.92	2003	40.54
1983	21.62	2008	45.70
1988	25.81	2013	53.70
1993	27.99	2018	59.58
1998	33.35	2022	65.20

数据来源:依据《中国统计年鉴》相关数据整理

其次,在发展所处阶段及水平上,已进入提质发展阶段。以改革开放作为时间起始点,总体上我国的城镇化可分为快速发展和提质发展两个阶段。[1]一是快速发展阶段(1979—2011 年)。1978 年,十一届三中全会作出了改革开放的重大决策,国家建设与发展的重点很快由农村转向城市,我国的城镇化进程开始加速。随着沿海城市与地区逐步开放、经济特区不断建立与快速发展,加上户籍制度逐渐放松、乡镇企业不断兴起,大量的农村人口不断向城镇转移,城市和小城镇数量快速增长。1992 年,邓小平"南方谈话"推动改革

---

[1] 《城镇化水平不断提升　城市发展阔步前进——新中国成立 70 周年经济社会发展成就系列报告之十七》,http://www.gov.cn/xinwen/2019-08/15/content_5421382.htm。

开放向新的历史阶段发展,进一步促使大量的农村剩余劳动力加速向城镇的第二、三产业转移就业。90 年代后期,随着改革开放的不断推进,经济快速发展,城市群逐渐成形,城镇的集聚效应得到进一步增强。2001 年,我国成为世界贸易组织成员,城镇的活力持续增加,市场愈加繁荣。2002 年,西部大开发、东北振兴、中部崛起等一系列发展战略的制定与实施,标志着我国的开放逐渐由沿海主要或发达城市向沿江、沿边、沿主要交通干线城镇拓展,城镇的区域协调性不断增强。二是提质发展阶段(2012 年至今)。2012 年,党的十八大在总结以往城镇化发展道路的基础上,提出要"走中国特色新型城镇化道路",至此我国的城镇化开始步入"以人为本,规模和质量并重"的发展新阶段。为积极推进新型城镇化建设与发展,2013 年召开了中华人民共和国成立后第一次中央城镇化会议;2014 年出台印发了《国家新型城镇化规划(2014—2020 年)》,"新型城镇化"逐渐发展成一项国家战略;2015 年召开了中央城市工作会议;并且在各领域陆续配套出台了一系列政策措施,农业转移人口市民化速度显著提升,城市的管理更加精细,功能得到全面提升,城市群建设稳步推进,大中小城市和特色小镇加速发展,城市的区域分布越加合理。① 目前,我国正处在"以人为本,将人的城镇化作为核心"的新型城镇化高质量发展阶段,作为新型城镇化核心主体的农村转移劳动力在城镇稳定就业、融入城镇发展的总体水平不断提高。为此,国家发展改革委 2019 年 4 月 8 日在《2019 年新型城镇化建设重点任务》中提出,要坚持推进新型城镇化高质量发展,加快实施以人的城镇化为核心,以提高质量为导向的新型城镇化战略。这再次表明加快推进新型城镇化核心主体农村转移劳动力的城镇化

---

① 《城镇化水平不断提升　城市发展阔步前进——新中国成立 70 周年经济社会发展成就系列报告之十七》,http://www.gov.cn/xinwen/2019-08/15/content_5421382.htm。

的重要性和紧迫性。

2. 存在的主要问题

经过数十年的城镇化建设与发展,我国城镇化取得的成就举世瞩目。但是,我们要清醒地看到,在城镇化快速发展的过程中还存在一些需要着力解决的突出矛盾和问题,如《规划》中总结提到的大量农业转移人口难以融入城市社会、市民化进程滞后、土地城镇化快于人口城镇化、"城市病"突出、体制机制不健全等。这是我国城镇化建设与发展过程中存在的一些整体问题。而城镇化率、人的城镇化层面到底又面临哪些问题?

首先,在城镇化率上与发展水平相似的国家还有一定差距。我国的城镇化率已经达到预期的 2020 年 60%的标准线,也正在向 2030 年 70%的目标迈进。但是,我国的城镇化率与发达国家还有很大差距,如目前美国的城镇化率已高达 90%,西欧发达国家以及我们的近邻韩国、日本等国家的城镇化率都已超过 70%,并普遍在 80%以上。有研究指出,即便是与同我国发展情况相似的国家相比,我国的实际城镇化水平也已落后约 10 个百分点。[1] 当前,中国已步入上中等收入国家行列。放眼世界,中等收入国家通常属于城镇化率居中的国家。想跨越中等收入陷阱却不提升城镇化水平,在世界上未有先例。[2] 而且我国城镇化率在不同地区也存在着较大差距,城镇化建设与发展水平的地区差异较大。所以,要进一步提高城镇化率,仍然需要不断促进农村劳动力向城镇转移,并在城镇化发展的区域平衡性上着力。也就是说,我

---

[1] Lu M, Wan G, "Urbanization and Urban Systems in the People's Republic of China: Research Findings and Policy Recommendations," in *Journal of Economic Surveys*, No. 4(2014).

[2] 陆铭:《教育、城市与大国发展——中国跨越中等收入陷阱的区域战略》,《学术月刊》2016 年第 1 期。

国在未来一定时期内,在人口转移上仍然将处于农村劳动力向城镇转移就业与生活的发展阶段。

其次,在人的城镇化方面,整体质量不高,水平也较低。诚然,推进新型城镇化需要继续改革户籍制度、合理规划和布局城镇、建立健全体制机制、解决土地城镇化快于人口城镇化等问题,但更应重视人的城镇化,让广大农村转移劳动力有能力在城镇稳定就业、融入城镇发展,这也是"以人为本,将人的城镇化作为核心"的新型城镇化的根本特征的体现。限于本书主旨,加上《规划》中已对上文提及的城镇化发展面临的整体问题进行了阐述,这里仅围绕人的城镇化这一核心,将我国当前新型城镇化建设与发展所存在的矛盾和问题归结为人的城镇化的质量还不高,水平也还较低。具体而言,围绕"人的城镇化"这一核心,根据新型城镇化两大具体目标任务特征,以农村转移劳动力城镇化为研究目标背景,又可将其总结为以下两个"不",即通过调研与文献综合分析发现,农村转移劳动力在城镇就业的稳定性不高,对城镇发展的融入度不好。至于为何将"稳定就业、融入城镇发展"作为农村转移劳动力城镇化建设与发展的两大目标任务,为何说其质量、水平整体都不高,将在接下来的"核心主体城镇化的目标任务及发展现状"中进行论证分析。

通过对广西南部某市负责城镇规划与建设、督查督导等部门的负责人或直接管理人员的访谈可知,该市的城镇化建设与发展尽管取得了一定的成绩,但也不同程度地面临上述问题。虽然是局部地区,但综合其他一些地区的资料分析来看,也能一定程度反映出我国当前新型城镇化建设与推进的基本情况。

Z：贵市的城镇化建设现在是什么情况？（追问：取得了哪些成绩,

又面临什么问题?)

　　A1：我市的城镇化建设总体上在稳步推进,目前(2016 年)我市的常住人口城镇化率为 37.8%,这与国家整体,尤其是发达地区还有较大距离,我们正在采取措施努力推进我市的城镇化建设,期望明年能提高 1—2 个百分点。就我市目前的城镇化建设来讲,城镇的基础设施、外来人口的市民化等建设都在着力推进,尤其是根据我市特色,正在着力进行特色镇、旅游小镇的建设,如××镇等重点镇的建设,还有政府正在培育"创客",通过"创客"培育,助推我市城镇化建设与发展……但是我们还存在一些较为棘手的问题,如我们考虑到了经济发展因素,(城镇)房屋建设虽取得了很大成绩,但来居住、工作与生活的人还有点跟不上,毕竟我市的工业还亟待加强,然后,一个比较突出的问题是如何增强我市的吸引力,让外面的人能到我们(城里)来(工作、生活),这也是我们接下来需要重点解决的难题。

　　Z：贵市的城镇化规划是怎样的?

　　A1：我们下一步计划盘活一些闲置的城镇建设用地,用来开发房地产项目,打造一些新型小区、特色小区,以带动城镇化建设与发展,并将上述我说的一些特色小镇、旅游小镇努力纳入区级、全国的重点镇,并且要采取措施努力提升我市的城镇化发展质量和水平。(受访者 A1——广西南部某市城镇规划与建设的主要负责人,时间：2017 年 7 月 11 日。)

　　Z：贵市城镇建设工作是怎么推进的? 建设重心是什么?

　　A5：目前,政府在大力搞建设,发展城镇,我们就征地建城、扩城,政府都是通过征地建城增加收入,没有钱的话,政府很多工作很难开展,现在我们这里的政府就是缺钱，有了钱就好办事了，据我了解，其他地方的政府的做法基本差不多……说白了，当前城镇化建设的实际重心我认为还是建房子、发展经济，但是和我市情况差不多，建了城却发展不大好，你看我们这里一般房价也就三千多点，好的也就四千多，没办法，我们这里尽管靠海，也在加大引入力度，但吸引力不行，比较难吸引好的企业进来。今天我们一起（笔者曾和该管理人员一起去调研）去调研了那几个工业园区和经济技术开发区，你看我们也建了，却没有多少家企业，也没有很大或很好的企业，这些都是问题。（受访者 A5——广西南部某市拆迁与扶贫的具体负责人，也参与该市的城镇项目建设、督查督导等工作，时间：2017 年 7 月 18 日。）

二、核心主体城镇化的目标任务及发展现状

从上述分析可以看出，对新型城镇化的核心目标任务及发展现状可从其关涉的主体对象农村转移劳动力在城镇稳定就业与融入城镇发展两方面进行解析。

（一）农村转移劳动力城镇化的目标任务

在农村转移劳动力城镇化的两大目标任务中，推进农村转移劳动力在城镇稳定就业是基础，是优先环节；推进农村转移劳动力融入城镇发展是根本追求。两大重点目标任务是辩证统一的整体，不可偏废，推进新型城镇化建设与发展需要"双轮"驱动、并重发展。

1. 重点：推进农村转移劳动力在城镇稳定就业

这是推进以人为核心的城镇化的基本要求，更是实现农村转移劳动力的城镇化的首要任务。党的十九大报告明确指出，"就业是最大的民生。要坚

持就业优先战略和积极就业政策,实现更高质量和更充分就业。大规模开展职业技能培训,注重解决结构性就业矛盾,鼓励创业带动就业。提供全方位公共就业服务,促进高校毕业生等青年群体、农民工多渠道就业创业"。这是新时代下解决就业创业问题的基本方略和指导方针。中共中央政治局 2018年 7 月 31 日召开会议,提出"六稳",其中"稳就业"被列为"六稳"之首。2019 年政府工作报告进一步指出"必须把就业摆在更加突出位置""稳增长首要是为保就业"。要求做好农民工等重点群体的就业工作,实施就业优先政策,彰显了在国家宏观层面对就业工作重要性的判断发生了明确调整,这种调整有助于实现保就业、稳增长。而推进农村转移劳动力就业从规模扩张到质量提升的转换,实现城镇稳定就业是回应这一民生问题,继而彰显"以人为本,将人的城镇化作为核心"的必然要求。① 改革开放,尤其是党的十八大以来,党和政府始终坚持为人民谋幸福的初心,牢牢把握就业这个人民群众最关心、最现实、与个人利益直接相关的问题,从全局出发,在战略高度把就业作为最大的民生,积极采取政策措施保障、推进就业,使我国的就业工作取得了重大成就。让数以亿计的农村转移劳动力在城镇实现稳定就业,在城镇生活时有较为持续、稳定的经济支柱和来源,让其在城镇稳得住、留得下,不仅能为城镇建设提供稳定且丰富的人力资源,增强城镇发展的内生活力,而且也能不断增强农村转移劳动力的获得感、幸福感和安全感。这些都是新型城镇化"以人为本,将人的城镇化作为核心"理念的重要价值体现,也是对党和国家提出的"推动实现更高质量的就业""做好农村转移劳动力的就业工作"的积极回应。众所周知,我国是一个农业大国,着力解决广大农村转移劳

① 胡斌红、杨俊青:《农民工为何"偏爱"大城市?——基于城市规模与农民工就业质量的研究》,《学习与实践》2019 年第 6 期。

动力的就业问题也是解决"三农"问题的重要组成部分,更是统筹城乡发展的内在要求。自改革开放以来,我国在推进城镇化过程中始终坚持统筹城乡就业改革,逐步放开农村劳动力向城镇转移就业,并在发展推进城镇化的过程中总结经验教训,提出了"以人为核心的新型城镇化"发展道路;在实践中,从战略高度大力推进以人为核心的新型城镇化,着力解决和应对广大农村转移劳动力面临的就业问题,基本实现了近三亿农村剩余劳动力向城镇的流动和转移就业,为国家的经济社会发展、和谐稳定做出了重要的贡献。

然而,我们也应看到,虽然我国的就业工作取得了巨大的成就,但包括广大农村转移劳动力群体在内的就业工作面临的总量压力和结构性矛盾仍然非常突出。[①] 整体而言,我国有14亿多人口、9亿多劳动力,其中作为现代化建设、新型城镇发展生力军的农村转移劳动力将近3亿(占我国劳动力总量的近1/3)。随着经济结构调整、产业结构不断转型升级,以人工智能、大数据、云计算等为代表的新一轮科技革命和产业变革的孕育兴起和推进深化,加上智能化等的发展不可避免,客观上会给农村转移劳动力城镇就业带来新一轮冲击和影响,农村转移劳动力就业的总量压力和结构性矛盾也将变得更加突出,并将持续、长期存在。面对当前经济发展下行压力,加上中美经贸摩擦升级,我国就业问题将更加凸显,稳定就业的重要性空前突出。为进一步加强对就业工作的组织领导和统筹协调,凝聚就业工作合力,更好实施就业优先政策,2019年5月22日,国务院就业工作领导小组正式成立,由时任国务院副总理胡春华任组长,成员来自20多个相关部委,覆盖与就业相关的各个重要领域,这充分显示出党和政府对当前就业问题的高度重视。当前,我

---

① 人力资源和社会保障部党组理论学习中心组:《把就业这个最大的民生抓紧抓好——改革开放40年来我国就业工作取得的成就和经验》,《人民日报》2018年8月7日第7版。

国就业优先政策正在稳步推进,逐步走向全面发力①,体现出党和政府稳定和扩大就业的决心。那么,解决好农村转移劳动力的就业问题,尤其是实现其在城镇的稳定就业,是我国当前以及未来长期面临的一项重大战略任务,更是在推进新型城镇化进程中需要着力解决的重大难题。

对广大农村转移劳动力而言,实现在城镇稳定就业是深刻影响其生存生活、个人发展并关涉其家庭的大事。若关系到这样一个庞大的群体的切身利益的就业问题、根本的"民生"问题得不到解决,势必会对国家经济建设、社会和谐稳定带来不利影响;广大农村转移劳动力在城镇没有稳定工作就没有持续的生活来源,就难以在城镇安定下来、形成良性集聚,新型城镇化建设也将难以为继,发展愿景就将难以实现。推进新型城镇化不光要推进农村转移劳动力由乡村向城镇转移就业,重点或重要特质还在于推进农村转移劳动力在城镇实现稳定就业。诚然,对包括广大农村转移劳动力群体在内的所有劳动者而言,国家实施的一些重大发展战略都蕴含着大量的就业机会,如本书中探讨的新型城镇化战略等。尽管为缓解就业结构性矛盾,需要劳动者和用工单位双方进行适当定位、正确预期,需要政府相关职能部门搭建就业服务平台予以精准帮扶,但在教育层面,重中之重就是发挥和体现教育赋能的价值与作用,积极培养适应市场需求的人才,并不断提高人才培养质量,强化就业引导。② 也就是说,稳定就业的关键是劳动者具备在城镇稳定就业的能力,即具备在其意向或所在城镇稳定就业所需的职业、就业技能。这也能够解释为什么在党和政府提出就业优先的背景下,多次重点指出要通过开展技术技能

---

① 吴绮雯:《改革开放我国就业发展经验及展望》,《江西社会科学》2018 年第 10 期。
② 《就业优先:政策推进有序,红利释放可期》,《光明日报》2019 年 5 月 28 日第 7 版。

培训,让农村转移劳动力成为真正的城镇产业工人①,以促进就业。那么,教育,尤其是与职业、就业距离最为紧密的两类教育——职业教育、成人教育,在推进农村转移劳动力在城镇稳定就业的目标任务中具有重要的职责和使命。因此,通过深入实施就业优先战略,在推进新型城镇化高质量发展的过程中为广大农村转移劳动力创造更多在城镇稳定就业的机会,并以"职成教"为重要载体,通过"职成教"协同,坚持开展技术技能教育与培训,提升农村转移劳动力在城镇稳定就业的能力,不仅是我国推进经济社会发展、现代化建设的重要一环,也彰显了社会主义制度的优越性,体现了"以人为本,将人的城镇化作为核心"的内在要求。

2. 根本：促进农村转移劳动力融入城镇发展

若说让农村转移劳动力通过在城镇稳定就业这一重要载体实现良性城镇集聚是推进高质量新型城镇化的重要基础,那么促使其有能力融入城镇发展就是新型城镇化建设与发展的根本价值追求,也是最为困难的事。《规划》提出了"推进以人为核心的新型城镇化"的战略目标,同时也指出当前还存在土地城镇化快于人口城镇化、大量农村转移劳动力难以融入适应城镇社会等现实问题。在推进以农村转移劳动力为核心主体的新型城镇化建设与发展过程中,促进农村转移劳动力融入城镇发展,不仅是推进新型城镇化进程的一个核心目标,也是新时期我国农村转移劳动力社会治理面临的一个亟待研究的重大课题。② 农村转移劳动力融入城镇发展是指农村转移劳动力在生产生活方式、社会心理、思想及价值观念上融入并适应城镇社会,并对自身在城

---

① 陈文科:《转型中国城镇化实践四题》,《江汉论坛》2013 年第 9 期。
② 谭诗赞:《流动迁移家庭城市融入中的制度排斥与家庭策略》,《华南农业大学学报》(社会科学版)2017 年第 2 期。

镇工作与生活时所转换或形成的新的角色与身份予以认同的一种过程与状态。

审视西方城市化发展历史可以看到,西方城市化最初的发展模式是将农民当成开发对象,通过国家和政府的行为或意志对农民、农村进行劫掠,剥夺其土地,使其"被迫"向城镇集聚①,并且在资本主义及其私资力量主导下,将这种向城镇集聚的农民当成"榨油机"的原料而倍加盘剥,从而形成"血泪"版的城镇化。而我国传统的城镇化更多地表现为土地城镇化,可以说是一种由造城驱动的城镇化发展模式,出现大量的扩城或造城运动,而忽视产业就业支撑,土地城镇化明显快于人口城镇化、人的城镇化,这往往造成城镇发展动力的不足,"空城""死城"屡见报端,更谈不上高质量的城镇化了。我国这种土地城镇化发展模式也暴露出一些亟待解决的问题,首要的便是存在大量难以融入城镇社会的农村转移劳动力,市民化进程滞后。② 虽然西方城市化、我国传统城镇化的历史发展模式、演进轨迹不大相同,但二者都有一个大致相似的弊病——追求物的发展与收益,忽视对人的人本关怀,这种现象自然也包含对就业问题关注的不足、对融入城镇发展问题的忽视。因此,在新的历史发展时期,党和政府高度重视,提出要走中国特色的以人为核心的新型城镇化发展道路,除了要解决好农村转移劳动力稳定就业这一重大民生问题之外,还有一个非常重要的特质或者说目标任务,就是在深刻反思西方城市化和我国传统城镇化发展模式的基础上,推进广大农村转移劳动力融入城镇

① 王章辉、黄柯可主编:《欧美农村劳动力的转移与城市化》,社会科学文献出版社,1999 年,第329—335 页。
② 何爱霞、刘雅婷:《城镇化进程中农民工从结构到实质融入的教育培训问题》,《现代远程教育研究》2017 年第 1 期。

发展,使其成为真正的市民,这是推进以农村转移劳动力为主体对象的新型城镇化进程的根本价值追求,更是落实新型城镇化以人为核心,彰显以人为本发展理念的必然要求。

对此,2013 年 12 月 12 日在北京举办的中央城镇化工作会议提出了推进城镇化的主要任务,其中推进农业转移人口市民化,解决好人的问题是推进新型城镇化的关键,要努力提高农村转移劳动力融入城镇的素质和能力。[①]《规划》进一步明确提出要有序推进农业转移人口市民化。可以说,农村转移劳动力融入城镇发展已成为我国走以人为核心的新型城镇化道路的必然要求,也是影响我国新型城镇化高质量发展、制约其进程的重大问题。通过解读国家相关重要文件及政策发现,推进农村转移劳动力城镇化的使命与要求在当前显得更为迫切,2016 年 2 月发布的《国务院关于深入推进新型城镇化建设的若干意见》提出要"积极推进农业转移人口市民化",2018 年 3 月发布的《国家发展改革委关于实施 2018 年推进新型城镇化建设重点任务的通知》着重指出要"加快农业转移人口市民化"。这再次表明加快推进农村转移劳动力融入城镇发展,是当下及未来我国在推进新型城镇化进程中需要把握、明确并着力解决的重点和难点问题。对属于成人的新型城镇化核心主体农村转移劳动力而言,要想融入城镇发展,具备在城镇生存生活的市民素养是基本要求和必要保证。这就对教育,尤其是对以成人为教育对象的成人教育提出新的更高的要求。[②] 并且,在以推进农村转移劳动力融入城镇为重要使命的新型城镇化进程中需注意积极发挥成人教育的人文性功能与作用,不断

---

① 央视网:《中央城镇化工作会议》专题,http://jingji. cntv. cn/special/chengzhenhuahuiyi/index. shtml。

② 孙立新、乐传永:《嬗变与思考:成人教育理论研究 70 年》,《教育研究》2019 年第 5 期。

提升农村转移劳动力的市民素养①,促进其融入城镇发展。

3. 两大目标任务的关系解析

两大目标任务协调推进与共同发展,是彰显以人为本,推进将人的城镇化作为核心的新型城镇化建设与发展的具体体现和内在要求。

第一,在城镇稳定就业促进融入城镇发展。在城镇就业是农村转移劳动力从乡村向城镇集聚的重要动力,也是促进其融入城镇发展的重要保障。从经济学视角分析,向城镇集聚的主要原因是城镇的工作收益高于农村。而在城镇就业扩大了城镇常住人口规模,提高了常住人口城镇化率,这是提升城镇化规模的一个主要路径。农村转移劳动力要向城镇集聚并成为城镇居民,实现融入城镇发展,首先必须要有在城镇生存生活的经济来源和支撑②,并且需要在城镇有稳定的工作或职业,以便在经济上融入。对广大农村转移劳动力而言,就业是其走向城镇,在城镇工作生活的载体。在城镇稳定就业,找到一份相对稳定的工作,获取比在农村更高、更为稳定的经济收益,就能实现在城镇安居。若农村转移劳动力在走向城镇时不能通过就业实现一定的经济收益,就无法在城镇生存生活,农村劳动力的城镇集聚也就无从谈起,更谈不上融入。因此,让农村转移劳动力在城镇实现稳定就业,首先达到经济融入,是保障其融入城镇发展的重要基础和前提条件。

第二,融入城镇发展促进在城镇稳定就业。农村转移劳动力融入城镇发展有利于促进其在城镇实现更加稳定的就业。就融入城镇发展本身而言,对象主体需要具备城镇生存生活的市民素养。具备了一定的市民素养,具有良

---

① 叶忠海、张永、马丽华等:《新型城镇化与社区教育发展研究》,《开放教育研究》2014 年第 4 期。

② 同上。

好的综合素质，自然就能得到用人单位的青睐和认可，这将有助于在城镇实现更好的就业、更稳定的就业。有研究指出，农村转移劳动力的社会融合会对其城镇就业质量产生影响，其中社会融合中的文化融合对农村转移劳动力城镇就业质量的影响最为显著。① 倘若其不能有效融入城镇，不能挣脱社会排斥的束缚，其能力发展也会受到影响，就业质量也很难得到提升。并且，在城镇实现高质量的就业具有连续性、过程性，也就是说其就业质量的提升并不是刚进入城镇工作就直接形成的，而是在逐渐融入适应城镇的过程中通过不断学习新的城镇生活知识和技能、搭建新的社会关系而逐渐实现的。一般而言，在一个农村转移劳动力进入城镇就业与生活的初期，其乡土气息、小农意识等较重，很难在较短的时间内适应城镇的工作规范、职业人际标准等，因此在这一发展阶段，其工作岗位以临时性的或非正规性的居多，其就业的迷茫性、底层性较为明显，就业稳定性相对较差。但随着时间的推移，农村转移劳动力在城镇居留的时间增多，融入城镇发展的程度逐渐加深，其文化素养、生活方式、观念意识等逐渐发生了转变，这就会影响其在职业发展上的蜕变状态。尤其是农村转移劳动力中的一些精英群体，通过在工作场域积极学习和不断积累，提升自身的综合素质，加速提高在城镇就业和生活的融入程度，便会扩大自己在城镇的就业和工作发展机会，所以有些农村转移劳动力会脱颖而出，逐渐进入更为稳定的、主要的劳动力市场，如由相对较为底层的普工、操作工转换为各类技术工、中层管理人员，甚至自己创业开办公司等。有研究认为，农村转移劳动力进城之初是改变原有的职业，进入一些低技术的部门工作，但随着对城市生活的逐渐融入与适应，便会再谋求较为固定的部

---

① 郭庆：《社会融合对农民工就业质量的影响研究》，《调研世界》2017 年第 7 期。

门的工作。① 可见,农村转移劳动力融入城镇发展也会对城镇稳定就业带来影响。

总之,在推进"以人为本,将人的城镇化作为核心"的新型城镇化实践过程中,让新型城镇化的核心主体在城镇实现稳定就业是基础和前提,实现其融入城镇发展是根本和最终目的。而"以技能立城,以素养融城"②,实现农村转移劳动力在城镇稳定就业、融入城镇发展"两翼齐飞",是成就人的城镇化、不断推进新型城镇化建设与发展的根本要求和重要举措。

(二)农村转移劳动力城镇化的发展现状

40多年以前,通过改革开放,中国开启了社会主义现代化建设新时期。亿万青壮年农民离开农村,踏上了城镇化的征程。改革开放的强国之策是亿万农村劳动力向城镇转移的前提,工业化、城镇化、现代化的强国之路为农村转移劳动力提供了渠道,全面建成小康社会、民族伟大复兴和"以人为本,将人的城镇化作为核心"的新型城镇化的宏伟蓝图为农村转移劳动力在城镇稳定就业、融入城镇发展提供了契机。我国城镇化的发展历史告诉我们,农村转移劳动力的命运与城镇化的发展紧密相连:农村转移劳动力因城镇化建设与发展而离开农村、走进企业、融入城镇;新型城镇化建设也因农村转移劳动力的辛勤工作、拼搏奉献、现代生活方式与素养的形成而向前发展。

如今,近3亿农村转移劳动力已成为我国工人阶级的主体,成为中华民族伟大复兴的重要依靠力量。他们既是改革开放大潮的参与者、推动者,又是新型城镇化的核心主体对象,其在城镇的就业与融入深深影响着中国的城

---

① 江立华:《城市性与农民工的城市适应》,《社会科学研究》2003年第5期。
② 盘和林:《"稳就业"提前达标彰显中国经济韧性》,《光明日报》2019年12月4日第2版。

镇化进程。很大程度上,农村转移劳动力的乡城迁徙不仅是历史变局里的阶层转移,也是我国改革进程中的国家力量。随着我国改革的逐渐深入,越来越多的农村劳动力向城镇转移,在城镇就业和生活,成为城镇建设与发展的主力军。农村转移劳动力(农民工)的人数随之逐年增长(见表3-2),城镇化率也不断攀升(见表3-1)。尽管我国城镇化建设与发展取得了巨大成就,但新型城镇化的核心主体农村转移劳动力的就业稳定性不高、城镇融入度不好,阻滞了新型城镇化进程。

表3-2 2009—2021年农村转移劳动力(农民工)数量及变化情况

年份	人数(万人)	增长率(%)	年份	人数(万人)	增长率(%)
2009	22 978	1.9	2016	28 171	1.5
2010	24 223	5.4	2017	28 652	1.7
2011	25 278	4.4	2018	28 836	0.6
2012	26 261	3.9	2019	29 077	0.8
2013	26 894	2.4	2020	28 560	-1.8
2014	27 395	1.9	2021	29 251	2.4
2015	27 747	1.3			

来源:根据国家统计局2009—2021年农民工监测调查报告整理

1. 农村转移劳动力城镇就业稳定性不高

提升农村转移劳动力就业质量,使其在城镇实现稳定就业是推进新型城镇化建设与发展的重要前提和基本要求。2018年9月印发的《乡村振兴战略规划(2018—2022年)》进一步强调,要拓展农民工外出就业和就地就近就业空间,实现更高质量和更充分的就业。但遗憾的是,数量庞大的农村转移劳动力群体目前在城镇就业中存在稳定性差等诸多问题,就业质量总体较低。①
这可从当前农村转移劳动力的整体就业现状中得到很大程度的体现。

国家统计局 2022 年 4 月 29 日发布的《2021 年农民工监测调查报告》显
示,2021 年,29 251 万农民工中在第二产业就业的比例 48.6%,其中从事制造
业的比例为 27.1%,从事建筑业的比例 19.0%;在第三产业就业的占比
50.9%,其中从事批发和零售业的比例为 12.1%,从事交通运输、仓储和邮政
业的比例为 6.9%,从事住宿和餐饮业的比例为 6.4%,从事居民服务、修理和
其他服务业的比例为 11.8%(见表 3 - 3)。

表 3 - 3　2020、2021 年度农民工从业行业分布情况　　　（单位：%）

从业行业分布、 时间及年增减量	2020 年	2021 年	增减
第一产业	0.4	0.5	0.1
第二产业 其中：制造业 建筑业	48.1	48.6	0.5
	27.3	27.1	-0.2
	18.3	19.0	0.7
第三产业 其中：批发和零售业 交通运输、仓储和邮政业 住宿和餐饮业 居民服务、修理和其他服务业 其他	51.5	50.9	-0.6
	12.2	12.1	-0.1
	6.9	6.9	0.0
	6.5	6.4	0.1
	12.4	11.8	-0.6
	13.5	13.7	0.1

来源：根据《2021 年农民工监测调查报告》数据整理

---

① 肖小勇、黄静、郭慧颖:《教育能够提高农民工就业质量吗？——基于 CHIP 外来务工住户调
查数据的实证分析》,《华中农业大学学报》(社会科学版)2019 年第 2 期。

从国家统计局的抽样调查数据并结合本书的调查情况来看,农村转移劳动力当前在城镇就业的行业主要集中于制造业、建筑业及服务业等。从其所从事的行业或工作岗位在劳动力市场中的类属划分来看,农村转移劳动力基本属于层次较低的次要劳动力市场。20 世纪 60 年代末、70 年代初,美国的瑟罗(Thurow)、多林格尔(Doeringer)和皮奥里(Piore)等人提出了二元劳动力市场分割理论,将劳动力市场划分为主要劳动力市场和次要劳动力市场。在主要劳动力市场中,从业者的收入高、工作条件好、培训机会多、工作稳定,也有良好的晋升机制;而次要劳动力市场正好与之相反,从业者的收入低、工作条件差、培训机会少、工作不稳定,也缺乏晋升机制。[1]

目前在我国,次要劳动力市场的从业者主要由从农村转移而来的劳动力和城镇下岗职工组成,其中又以农村转移劳动力为主。大批农村转移劳动力不断进入城镇,为城镇第二、第三产业的持续发展提供了大量的劳动力,较好地填补了城镇制造业、建筑业、服务业等的工作岗位空缺,为我国工业化、城镇化建设与发展提供了丰富的人力资源,做出了重要贡献。农村转移劳动力进入城镇的一个主要原因是经济利益驱动。一般而言,相对于农村,城镇的就业市场广、收入多且工作待遇更为优厚,受这些优势的吸引,他们(甚至举家)从乡村向城镇转移。但由于自身能力不足,大多数农村劳动力只能进入较低层次的劳动力市场就业。与国外次要劳动力市场相似,我国的次要劳动力市场也存在一些突出问题,如工资待遇低、社保体系不完善、工作条件差、晋升机会少等。这些问题导致农村转移劳动力在城镇的就业与生存生活一直处于不稳定、相对较为弱势的状态。因此总体而言,当前我国的农村转移

[1] Kenessey Z, "The Primary, Secondary, Tertiary and Quaternary Sectors of the Economy," in *Review of Income and Wealth*, No. 4(1987).

劳动力在城镇的就业稳定性较差[①],就业质量较低。这一点在访谈时很多农村转移劳动力都表示认同。而这一关乎亿万农村转移劳动力的重大民生问题若得不到及时改善,不仅会影响我国新型城镇化的进程,也势必会给我国经济社会长期、稳定的发展带来不利影响。

D12:虽然现在在城里找工作并不算难,但是要找自己中意的还是挺难的。

Z:您所认为的中意的工作具体是哪一类呢?

D12:啊,中意的工作,就是那些条件、待遇还可以的工作,不过我这样没什么文化和技术、年纪还大的,现在也只能卖苦力、干普工了,有文化,或有不错的技术的话,就应该没什么问题了……所以老板哪天如果不要我了,我就只能走人了,像有些没什么文化和技术的年轻人,也是换来换去的,如果有文化或技术的话,(相对好的)工作一般也能更容易找到,这样也就不会换来换去的了。(D12——杨某,51岁,性别:男,学历:小学,现工作地:广东省广州市,在外工作已36年。)

2. 农村转移劳动力城镇融入度不好

目前,存在着大量的农村转移劳动力难以融入城镇社会、市民化进程滞后的问题。若农村转移劳动力只是难以融入和适应城镇生活的打工者,而不能真正成为城镇市民,便会如有的学者常说的那样,我们的城镇化就只能算

---

① 朱德全、吴虑、朱成晨:《职业教育精准扶贫的逻辑框架——基于农民工城镇化的视角》,《西南大学学报》(社会科学版)2018年第1期。

是"半城镇化"或"伪城镇化"，"以人为本，将人的城镇化作为核心"的理念就仅是一个口号，新型城镇化的理想就很难实现。从当前有关研究的具体指标来看，城镇融入应包括三个层面的内容，即经济、社会、心理层面的融入。① 对农村转移劳动力而言，由乡村走向城镇一般要经历求职定居、生活适应、心理融入等阶段，也就是要经历上述所说的经济、社会、心理等层面的融入发展。因此，农村转移劳动力融入城镇发展也主要涉及经济、社会、心理三个层面，且这三个层面互相作用、彼此糅合，共同影响农村转移劳动力融入城镇发展。经济层面的融入城镇发展主要是指在城镇找到相对稳定的职业或工作，获得一定的经济收入，在城镇生存生活下去。经济层面的融入城镇发展是农村转移劳动力融入城镇发展的起点，是立足城镇生存生活的基础。经济层面的融入，前面已有探讨。这里主要从社会、心理两个维度来分析当前农村转移劳动力融入城镇发展的现状。

第一，在社会融入方面，农村转移劳动力的融入度总体偏低。农村转移劳动力在社会层面的融入是指其从农村转移到城镇后，不仅有前述所探讨的生产方式的调整、转变与适应，也有在生活方式、社会交往等方面由农村向城镇的调整、转变与适应。社会层面的融入是对农村转移劳动力城镇生存生活的进一步要求，反映的是参与城镇生活的广度。

首先，生活方式的转变与适应情况。对农村转移劳动力而言，能反映其在城镇生活的一个有效识别指标是闲暇时间的安排。农村转移劳动力在城镇的闲暇时间安排，多为上网、看电视、聊天、逛街、学习业务知识、读书看报、

---

① 国家人口和计划生育委员会流动人口服务管理司编：《中国流动人口发展报告（2011）》，中国人口出版社，2011年，第90页。

打牌,以及做家务、睡觉等。① 一般而言,与乡村社会相比,丰富的文艺活动、看电影、休息日或假日旅游、读书看报等,属于较为明显的城市性生活休闲项目。通过了解发现,农村转移劳动力在城镇的闲暇时间选择上,逛街与城镇居民基本一致。大多数受访的农村转移劳动力表示,相对其他生活方式而言,逛街条件限制较低、成本也较小。

> Z:您在工作之余(闲暇时间),一般是怎样打发或安排时间的?(追问:为什么?)
>
> D11:工作之余,看手机、上网,或者看电视比较多,有时也和老乡打打牌,周末一般出去逛逛街⋯⋯逛街方便,东走走、西走走,这看看、那看看的,又可以打发时间,还不花什么钱。(D11——池某,25岁,性别:男,学历:高中,现工作地:广东省深圳市,在外工作已8年。)
>
> D6:平时下班休息了,上上网,聊聊微信,看看新闻,或看看电视,当然还得做做家务,收拾收拾房间⋯⋯没啥事的时候,就约朋友或工友一起出去逛逛(街)⋯⋯逛街比较放松,而且也没什么限制,方便、自在,即便不买东西,出去走走看看也好。(D6——邓某,38岁,性别:女,学历:初中,现工作地:湖南省长沙市,在外工作已23年。)

据有关调查显示,农村转移劳动力从未参加过文艺活动的比重高达86.6%,从未到电影院看过电影的比例为78.0%,从未外出旅游的占比

---

① 何爱霞、刘雅婷:《城镇化进程中农民工从结构到实质融入的教育培训问题》,《现代远程教育研究》2017年第1期。

67.0%，从未阅读报纸杂志的比例也有47.7%，这些均高出城镇居民12%—22%。① 尽管也有部分农村转移劳动力选择在闲暇时间学习业务知识、读书看报、参加文艺活动、看电影等具有城市特征的生活方式，但总体而言，基本是以内部娱乐或自我娱乐的形式为主。可以看出，当前农村转移劳动力在工作之余的闲暇时间的利用与安排上，与城镇生活方式有较大的距离。另外，在消费方式上，受待遇、观念、文化素质等多重因素的复合影响，农村转移劳动力的消费水平较低消费结构也较为单一，如大多数农村转移劳动力表示自己的收入主要用于日常的生活开支和寄回老家。

其次，社会交往的转变与适应情况。农村转移劳动力在城镇的社会交往是一种居于生存适应之上的更高的需要，是一种较高层次的对城镇生活的适应，展现了农村转移劳动力主动适应城镇、在城镇获得发展的积极性。② 城镇社会交往，特别是与城镇当地居民进行交往互动，可以使农村转移劳动力更新文化知识、习得城镇生活规范、重构思维方式，也是保持城镇社会和谐稳定的重要路径。在很多关于外来人口城镇融入状况的描述中，社会交往是常被论及的内容，主要包含朋友圈、交往方式及社会支持系统等维度。有研究指出，由于乡村社会一直存在着差序格局以及相互守望的乡情乡谊，农村转移劳动力的社会交往便延续了以地缘、血缘为主，学缘、业缘为辅的格局③，因此在农村转移劳动力的朋友圈中，亲友、老乡、同事往往是其在城镇社会中交往最多的人，而与城镇当地居民的交往较少；在获取工作的渠道上，尽管有部分

---

① 叶鹏飞：《流动人口的城市社会融入研究——基于"中国城镇化与劳动移民研究"的数据分析》，《城市学刊》2015年第3期。
② 滕星主编：《人类学视野中的教育研究》，民族出版社，2011年，第550页。
③ 赫曦滢：《新生代农民工城市融入——实证分析与城镇化道路选择》，《吉林工商学院学报》2013年第6期。

农村转移劳动力通过职介所、网络平台、公司现场自找自荐、本地居民帮助等形式获取工作，但主要还是通过亲友、老乡（包括同学）介绍获取工作。在所在城镇社区参与上，农村转移劳动力社区参与度整体较低——大多数受访者表示从未参加过所在城镇社区的文化、公益等活动。因此，尽管农村转移劳动力在城镇的社会交往在逐渐拓展，城镇融入度有所提高，但其城镇社会交往的内倾性或同质性特征较为明显。这种相对单一、封闭的社会交往关系网会拉大农村转移劳动力与城镇社会的距离，也会影响其在城镇的融入。

> D1：像我们这样的外来务工人员，朋友圈就那么大，除了亲戚老乡就是亲戚老乡的，跟当地人接触、交往得也较少，我来北京工作，也是通过我堂兄介绍的，我以前在福建泉州工作也是通过老乡进去的（进厂工作）……我现在居住的地方在大兴（区）河北村那儿，离我现在工作的地方很远，我跟别人合租，除了上下班、睡觉，很少到住的地方周围走走，更不用说参加什么社区文化活动、社会中的什么活动了。（D1——李某，27岁，性别：男，学历：高中，现工作地：北京，在外工作已 10 年。）

第二，在心理融入方面，农村转移劳动力的融入度整体偏低。农村转移劳动力在心理层面的融入是指其从农村转移到城镇后，在心理上认同并主动接受城镇的生活方式和价值观念，并在城镇找到归属感。心理层面的融入属于精神范畴，体现的是渗透城镇生活的深度。帕克（Park）指出，城镇环境的终极生成结果，体现为其所培养生成的各式新型人格。[①] 因此，判断一个农村

---

① ［美］帕克、伯吉斯、麦肯齐：《城市社会学——芝加哥学派城市研究文集》，宋俊岭、吴建华、王登斌译，华夏出版社，1987 年，第 273 页。

转移劳动力是否在心理层面融入适应城镇时，对城镇的认同感和归属感是主要测评指标。农村转移劳动力的自我身份认同是指其在心理上将自己认同为城里人，对城市的生存、生活没有心理隔阂，并且有心理和文化归属感，这也是在心理层面融入城镇的具体和可观察的表现。

首先，在农村转移劳动力的城镇认同感方面。伴随着大量的农村转移劳动力向城镇转移的，是其对融入城镇更为迫切的愿望。对城镇的认同愿望是指农村转移劳动力对主观融入适应城镇的愿望，对城镇的内心认同体现的是农村转移劳动力关于融入城镇适应与否的深层次感受，建立在外界的某些重要条件基础之上。一项对 746 位农村转移劳动力进行调查的研究显示，目前农村转移劳动力有较为强烈的愿望留在城镇工作与生活，对城镇有较强的认同感——43.43% 的农村转移劳动力打算在城镇安家落户，29.36% 的农村转移劳动力表示要视情况而定，17.43% 的农村转移劳动力认为到了一定年龄就回乡，只有 9.79% 农村转移劳动力属于季节性打工（见图 3-1）。另外，对于城里人，68.63% 的农村转移劳动力愿意与其成为朋友，只有 10.46% 的农村转移劳动力认为要与城里人保持一定的距离。[①] 这就表明，农村转移劳动力的自我身份认同（包括认同意愿和内心认同两个方面）总体上都比较高。通过对农村转移劳动力的访谈也了解到了同样的情况，大多数农村转移劳动力在主观上都较为认同并有较强的意愿融入城镇社会："我还是挺喜欢我现在居住的城市的……在这儿工作生活 20 多年了，也习惯了。""我也愿意融入当地人中……"（D4——张某，41 岁，性别：男，学历：小学，现工作地：广东省珠海市。）

----

① 何爱霞、刘雅婷：《城镇化进程中农民工从结构到实质融入的教育培训问题》，《现代远程教育研究》2017 年第 1 期。

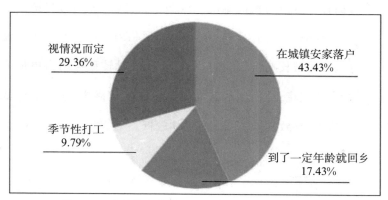

图 3-1 农村转移劳动力的对城镇的认同与融入意愿

其次，在农村转移劳动力的城镇归属感方面。从马斯洛（Maslow）的“需要层次”理论中可以看出，归属感是每个人必不可少的心理需要，如期望获得别人的爱，也希望给予他人爱，并希望被所在群（团）体与所处社会接纳，成为其中一员，得到归属感。归属感是人的基本心理需求，农村转移劳动力也不例外。他们背井离乡，走向城镇生存生活，其归属需求相对更为强烈。对农村转移劳动力而言，归属感体现为更倾向于将自己归属于某一个群体。据一项调查，约有 35.5% 的农村转移劳动力认为自己属于农村人，12.7% 的农村转移劳动力对自己的身份定位说不清，38.1% 的农村转移劳动力认为自己应属于半城半乡人，有 13.7% 的农村转移劳动力将自己归为城里人。① 而通过访谈了解到，从文化层面来说，由于农村转移劳动力原有的城乡文化差异，如在城镇的生活方式、价值观念等市民素养维度上的文化区隔，很多农村转移劳动力普遍存在在城乡身份之间徘徊、挣扎的情况，其在进入城镇工作生活

---

① 何爱霞、刘雅婷：《城镇化进程中农民工从结构到实质融入的教育培训问题》，《现代远程教育研究》2017 年第 1 期。

后,在很多方面存在身份转换的困境。例如,农村转移劳动力与城市群体在文化交流上形成区隔,其生活习惯、价值理念、风俗习惯等都与城市主流文化难以接轨,这些问题若长期得不到解决,就会使农村转移劳动力更加不愿与城镇居民进行文化交流,继而制约其向城市主流文化靠拢,融入适应城镇生活就将更加有难度,导致其城镇归属感整体较低。

> D17：我肯定想成为一个真正的城里人的,但总感觉自己还不是,差了些什么(受访者停顿,正在思考,却又说不出具体理由)。
>
> Z：你所说的"差了些什么",具体指什么呢? 是生活方式、思想观念,还是生活习惯、文化知识层面的差距或距离? (笔者进行了一定的提醒。)
>
> D17：嗯,是的是的,我觉得有生活方式上的(原因),也有习性习惯、思想和文化知识方面的问题,我们(指和他一样的"民工")在这些(方面)感觉离他们还有挺大距离的,想想这个,其实也让我们挺恼火的。
> (D17——刘某,32岁,性别：男,学历：初中,现工作地：江苏省无锡市,已外出工作15年。)

从心理学视域进一步分析,这种认同愿望与内心认同之间的差距体现的是"理想我"与"现实我"的差别,一边是希望自己能融入适应城镇社会,另一边又发觉融入适应城镇社会并不那么容易。而推进农村转移劳动力的城镇化时应注意,实现心理的融入,才表明农村转移劳动力完全融入适应了城镇的生活,成为一个真正的市民。① 所以,在心理上的融入适应是农村转移劳动

---

① 任远、邬民乐：《城市流动人口的社会融合：文献述评》,《人口研究》2006年第3期。

力融入城镇发展的最终标志和根本体现。通过访谈发现,虽然大多数农村转移劳动力在心理上很希望能融入并适应城市生活,成为真正的城里人,但是正如前述分析,心理认同的不同阻断了其与城镇居民交流的机会,使自己落入了边缘人的境地,使农村转移劳动力产生紧张、焦虑、自卑感。[①] 对农村转移劳动力而言,融入城镇的意愿尽管是实现城镇化的一个重要动力,但若不具备城镇化的素质与能力,即便是剪除户籍制度上的分割,使其获得制度性身份的改变,也很难融入城镇发展,很多农村转移劳动力很可能成为游离于乡城间的双重边缘人。而在心理上处于这种弱势地位易引发各种社会问题,如反社会的倾向,会给社会带来不稳定因素。

第三节 新型城镇化与"职成教"间的关系探析

廓清新型城镇化与"职成教"之间的关系,是推进"职成教"协同发展的必要保证。通过文献综述可以看出,新型城镇化与职业教育、成人教育之间具有紧密的联系。由于本书探讨的是新型城镇化进程中"职成教"的协同发展,还需了解与把握新型城镇化系统与"职成教"整体系统之间的关系,但目前将"职成教"作为一个整体系统,探讨其与新型城镇化之间的关系的研究还非常少,对这一层面的关系的认识还较为模糊。为深入了解并把握新型城镇化与"职成教"之间的复杂关系,根据研究主旨,本节将围绕农村转移劳动力的城镇化这一核心目标要求,在对新型城镇化与"职成教"的关系进行总体认识和把握的基础上,从多维视角,重点对新型城镇化与"职成教"整体系统之

---

① 谢军占、麻小莉:《移民同化视角下农业转移人口城市融入研究》,《山西农业大学学报》(社会科学版)2017 年第 2 期。

间的关系逻辑予以探讨。

一、新型城镇化对"职成教"的影响分析

坚实的物质基础和旺盛的教育需求是保持"职成教"持续发展的两个基本条件。职业教育、成人教育是整个教育系统中与农村转移劳动力的就业需求、职业技能和受教育程度（尤其是现代性素养）契合度最高的两种教育类型，它们的发展从来不是孤立的。在诸多影响因素中，新型城镇化尤其是人的城镇化，即本书所探讨的农村转移劳动力在城镇稳定就业、融入城镇发展所引发的教育需求，是"职成教"发展的重要动力。

（一）农村转移劳动力在城镇稳定就业对"职成教"的影响

"就业是最大的民生"。农村劳动力由乡村向城镇转移、集聚是城镇化的基本特征。而在推进以农村转移劳动力为核心主体的新型城镇化进程中，解决其在城镇就业的问题是当前及未来相当长一段时间内面临的重大而紧迫的任务。推进农村转移劳动力城镇化尽管需要解决其城镇住房、社会保障和随迁子女教育等问题，但是首要是解决其在城镇的就业问题——让其在城镇实现高质量（稳定）的就业。要想达成这一目标，就要有与城镇发展相匹配或相适应的能力和素质，这就要依靠教育，尤其要发挥职业教育、成人教育的作用。

相比西方城市化以及我国传统的城镇化发展模式，产业支撑、以产业立城是新型城镇化的重要发展理念和特征。因此，新型城镇化的发展过程也是产业结构调整、转型升级的过程。在这一过程当中就会形成一个新的持续性的发展形态——"以劳动力密集型为特征的传统装备制造业将逐渐从沿海向内陆地区、劳动力富余区域转移，以技术和资金密集型为特征的新型产业、高技术产业将成为地区新的增长极。同时，为顺应激烈的市场竞争，大批地方

支柱性产业也将不断引入先进适用技术进行产品改造升级"①。在这种产业结构的调整与转型升级的大变局中,无论是产业本身还是承载产业发展的实体企业,都需要在相应的技术、产品上做出积极的调整或改造升级,这势必会对员工的素质和能力提出新的更高的要求,同时也会给处于次要劳动力市场的农村转移劳动力带来更大的冲击、更大的就业压力。而为使农村转移劳动力在这一发展背景下实现稳定就业,就要使其积极进行素质和能力的提升,立足城镇,适应新型城镇化发展的要求。这就要求"职成教"积极、主动地承担在职在岗农村转移劳动力的素质和能力提升的任务,通过教育赋能提升其文化水平、更新其知识结构、赋予其新技能,提升其在城镇稳定就业的能力,以满足职业与岗位发展的新要求。

由此可以看出,在总体上,随着新型城镇化建设与发展的推进与深化,无论是大都市、中小城市、小城镇和特色小镇的建设与发展,还是相应的产业布局、企业转型,尤其是新型技术的快速发展和生产性服务业的兴起,都会对人力资源需求结构产生大的冲击,这不仅带来了旺盛的教育与培训需求,也引发了人力资源结构的变化与调整。那么,作为与职业、就业距离最近,以技术技能教育培训为重要使命的职业教育、成人教育,在面临新型城镇产业转变与发展所提出的人才培养时,更应担此重任,积极发挥更大的作用。而在农村转移劳动力城镇化的过程中,尤其是在其就业地域选择上,强调的是使其适应新型城镇产业发展和劳动力市场需求,推进其就地或就近就业。这会对"职成教"的层次、类型和结构带来一定的影响,与此同时,也会对相应的农村转移劳动力的就业能力、方向等提出新的要求。总之,满足新型城镇化对农

---

① 雷培梁:《人的城镇化进程中的教育发展问题研究——以福建省为例》,博士学位论文,福建师范大学,2016年,第69页。

村转移劳动力教育培训的需求，提升农村转移劳动力在城镇就业的稳定性，成为"职成教"在新时期面临的一项十分重要的任务。

（二）农村转移劳动力融入城镇发展对"职成教"的影响

通过前述对新型城镇化的两大具体目标任务及对应的发展现状的分析可知，农村转移劳动力要想实现城镇化，除了要在城镇稳定就业获得稳定的收入、实现基本的经济融入之外，还需要在社会、心理层面融入，向真正的市民转化。① 而这两种层面的融入都会对关涉农村转移劳动力教育培训的职业教育、成人教育提出要求。

从社会层面的融入来看，无论是在生活方式的转变，还是在城镇的社会交往方面，都需掌握必要的城镇生活知识、技能和城镇社会交往的能力（尤其是处理人际关系的能力）。就农村转移劳动力融入社会这一过程本身而言，它也是一个农村转移劳动力在生活方式、价值观念、社会交往等方面与城镇本地居民不断趋同，并最终实现融合的过程。② 从当前的农村转移劳动力的社会融入现状来看，整体融入度不高，表现为在生活方式上难以适应、社会交往面窄。这很大程度上是因为许多农村转移劳动力迁入城镇前形成的较为散漫的农村生活方式，会在其步入城镇后遭受较大的冲击而使其感觉格格不入、无所适从，甚至会使其对城镇生活倡导或常见的娱乐旅行、健康环保、购物社交、读书看报等行为或理念不理解。从心理层面的融入来看，在其进入城镇生存生活时，认同感和归属感也相对较差，一般都需要经历一个身份转

---

① 朱德全、吴虑、朱成晨：《职业教育精准扶贫的逻辑框架——基于农民工城镇化的视角》，《西南大学学报》（社会科学版）2018年第1期。
② 郅庭瑾、尚伟伟：《新型城镇化背景下义务教育基本公共服务均等的现实困境与政策构想》，《华东师范大学学报》（教育科学版）2015年第2期。

化的过程,这难免会使其产生心理不适,需要进行适当的心理调适。

那么从教育层面审视,无论是社会层面的融入(城镇生活方式的转变、社会交往能力的改善),还是心理层面的融入(城镇认同感的强化、归属感的提升),都离不开职业教育、成人教育的支撑,需要"职成教"在重视就业、职业知识和技能教育培训的同时,关注农村转移劳动力的非职业、城镇生活化的常识和技能的训练,以及良好的生活习惯和心理素质的养成。这就表明,新型城镇化为"职成教"发展提供了广阔的生存与发展空间,而"以人为本,将人的城镇化作为核心"的新型城镇化的深化推进,也要求"职成教"积极调整与应对,提供恰切的教育扶助和支持。

二、"职成教"对新型城镇化的作用审视

通过前述分析可知,实现农村转移劳动力在城镇稳定就业、融入城镇发展"两翼齐飞",是成就人的城镇化、不断推进新型城镇化建设与发展的根本要求和重要举措。而要想实现人的城镇化,关键在于人的素质,重点是城镇化核心主体农村转移劳动力的城镇化所需的素质,即要让广大农村转移劳动力有能力在城镇稳定就业、融入城镇发展,这也是当前新型城镇化的重要战略核心。① 新型城镇的生成、发展与成长,特别是高质量城镇化的实现,正有赖于数以亿级的农村转移劳动力素质的不断提升。可以看出,新型城镇化主要依赖人力资本的积累,这也是农村转移劳动力向城镇集聚及其人力资本不断提升的历史过程。在布莱克和汗德尔松看来,人力资本水平影响了企业的生产效率、城镇收益和经济增长,城镇人力资本水平的增长和城镇人口的增长率之间有着十分重要的

---

① 中共中央、国务院印发《国家新型城镇化规划(2014—2020 年)》,http://www.gov.cn/gongbao/content/2014/content_2644805.htm.

关系。① 把农村转移劳动力的乡城转变及其人力资本提升摆在重点位置，是因为它是推进新型城镇化发展的第一动力（战略核心）。

发展动力决定发展速度、效能和可持续性。抓住了战略核心，就抓住了牵动新型城镇化发展全局的"牛鼻子"。坚持"以人为本，将人的城镇化作为核心"，是我们分析近代以来世界城镇化发展历程，尤其是反思和总结我国传统城镇化经验教训后得出的结论，是应对时代发展变化、彰显中国特色社会主义制度优越性、强化发展动力、更好地引领和推进新型城镇化发展的根本要求。所以，只有将广大农村转移劳动力培养成与新型城镇化建设与发展相适应的人才，促成其人力资本提升，使其具备在城镇稳定就业、融入城镇发展的素质和能力，才能为加快推进并更好地实现新型城镇化战略目标提供更为强大、广泛的人才支持和智力保障。② 职业教育、成人教育作为整个教育系统之中与农村转移劳动力的就业需求、职业技能和受教育程度（市民素养）契合度最高的两种教育类型，通过协同，在助力农村转移劳动力人力资本提升以及职业性、技能性、专门性、人文性方面，与新型城镇化发展的要求高度匹配与契合。应该说"职成教"在推动以农村转移劳动力为核心主体的新型城镇化发展进程中发挥着重要作用。

（一）支撑作用：推进农村转移劳动力在城镇稳定就业

在农村转移劳动力城镇化的过程中，农村转移劳动力由农村向城镇迁徙就业，原有的农业生产方式将逐渐被城镇非农生产替代，形成城镇型的生产方式。

---

① Black D, Henderson V, "A Theory of Urban Growth," in *Journal of Political Economy*, No. 2 (1999).

② 刘达、韦吉飞、李晓阳：《人力资本异质性、代际差异与农民工市民化》，《西南大学学报》（社会科学版）2018 年第 2 期。

但这种转变并不能自发地产生,而是要在一定条件下或通过一定途径才能实现。在这一转变过程中,教育尤其是"职成教"发挥着重要作用。[①] "职成教"通过教育赋能,能提升并强化农村转移劳动力的职业技能和现代性素养,从根本上改善农村转移劳动力的知识、能力结构,赋予农村转移劳动力在城镇从事非农生产所需的就业创业能力。也就是说,"职成教"可为农村转移劳动力转化为适应城镇生产方式的产业工人或个体工商业者提供能力与素质的准备。根据相关文件解读,对于教育尤其是"职成教"在促进农村转移劳动力在城镇稳定就业上的作用,国家已有了较为明确的认识和要求。要充分发挥"职成教"的就业导向作用,引导农村劳动力向城镇转移就业,并加强对农村转移劳动力的职业教育和培训,不断提升其在城镇稳定就业的能力和素质。

　　然而,农村转移劳动力的文化素质、职业技能水平整体较低,难以满足劳动力市场变化的需求,这不仅会影响其在城镇转移就业,也会使在职在岗的农村转移劳动力面临结构性失业的困扰。国家统计局发布的数据显示,在农村转移劳动力中,初中及以下文化程度的占 73.6%,高中文化程度的占 17.0%,大专及以上文化程度的占 9.4%,也就是说约有 2.1 亿的农村转移劳动力未完成高中阶段的教育。从用人单位对求职者文化程度的要求来看,16.1% 的用人单位对求职者的文化程度无要求,而有高达 83.9% 的用人单位有要求,其中对初中及以下文化程度的求职者的需求比重为 19.9%;对高中文化程度的求职者的需求占总体需求的 36.0%;对大专及以上文化程度的求职者的需求比重为 28.0%。可见,劳动力市场需求结构正在从简单体力型向更高级别——智力型转变,而当前农村转移劳动力的文化知识水平已难以跟

---

① 石智雷、吴为玲、张勇:《市场能否改善进城农民工的收入状况——市场化、人力资本与农民工收入》,《华中科技大学学报》(社会科学版)2018 年第 5 期。

上劳动力市场变化的步伐。另外，农村转移劳动力的技能水平整体偏低，已滞后于市场需求的变化。根据国家统计局发布的数据，在农村转移劳动力中，接受过技能培训的占 32.9%，其中，接受非农业职业技能培训的占 30.7%。而从劳动力市场总需求看，52.8% 的用人单位对技术等级或职称有明确要求。综合而言，当前受过教育培训、有一技之长的农村转移劳动力供给已严重不足。农村转移劳动力大多流入东部地区从事较为低端或普通（外向型、劳动密集型行业）的工作，这恰恰是受产业结构转型升级影响和冲击最大的地区。因此，农村转移劳动力的文化知识、技能水平整体较低和他们的就业结构特征决定了他们在产业结构转型升级中不可避免地会遭受冲击。随着产业结构不断转型升级，农村转移劳动力的文化知识、技能供给与劳动力市场需求之间的矛盾将更加突出。[①] 农村转移劳动力的文化知识、技能培训状况与市场需求间的对比见表 3 - 4。

表 3 - 4　农村转移劳动力文化知识、技能培训状况与市场需求情况对比简表

文化知识、技能培训状况	初中及以下	高中	大专及以上	技能培训
农村转移劳动力供给	73.6%	17.0%	9.4%	32.9%
劳动力市场需求	19.9%	36.0%	28.0%	52.8%
"比例差"[②]	+53.7%	-19.0%	-18.6%	-19.9%

可见，很大一部分农村转移劳动力由于自身的文化素质较低或欠缺就业、职业技能教育培训而不能在城镇实现稳定就业，继而又影响其在经济层

① 邓文勇、霍玉文：《农民工结构性失业与教育救济——实然困惑与应然选择》，《河北师范大学学报》（教育科学版）2018 年第 2 期。
② "比例差"是指上述表中的"供给"减去"需求"后的值。

面的城镇融入。所以,在城镇化快速发展的新时期,随着城镇产业要素的调整与优化,城镇产业发展对劳动力的技术技能和文化素质的要求不断提高,教育尤其是职业教育、成人教育不仅是拉动农村劳动力向城镇转移集聚,改变乡村与城镇之间的人口分布的重要因素①,而且是农村转移劳动力转移至城镇后找到合适位置的一个先决条件。在农村转移劳动力就业、再就业教育培训上,职业教育、成人教育具有重要的作用,应该产生更大的作为。

(二)融合作用:促进农村转移劳动力融入城镇发展

农村转移劳动力走向城镇生存生活,融入城镇发展,逐渐成为真正的市民,是成就其城镇化的重要环节,也是体现"以人为本,将人的城镇化作为核心"的新型城镇化建设与发展的根本要求。"职成教",尤其是成人教育,凭借其职业性、技能性、专门性以及人文性、终身性、开放性等特点,在推进农村转移劳动力在城镇稳定就业的同时,对促进农村转移劳动力融入城镇发展,使其成为新市民也具有重要作用。

首先,"职成教"促进农村转移劳动力融入城镇社会的发展。根据对相关文献及调查的综合分析,"职成教"(通常以人们常说的"教育培训"的形式体现)对农村转移劳动力的城镇生活方式、社会交往等的影响显著。有研究指出,农村转移劳动力之所以在城镇生活得单调、贫乏,在闲暇时间的安排和利用上较为缺乏城市性生活方式特征,除了收入低、工作时间长之外,其文化素质相对较低,缺乏消费、休闲引导也是重要的原因。一般而言,受教育程度越高的农村转移劳动力与城镇本地居民的交往的程度也越高。② 还有研究认为,当前开展的农村转移劳动力教育培训重技能培训,轻文化知识教育,重

---

① 雷培梁:《人的城镇化进程中的教育发展问题研究——以福建省为例》,第 71 页。
② 朱力:《论农民工阶层的城市适应》,《江海学刊》2002 年第 6 期。

"生存"教育,轻"生活"教育,已难以满足农村转移劳动力融入城镇社会的诉求。① 另外,有研究对农村转移劳动力文化程度与闲暇时间的活动进行了交叉分析,结果显示农村转移劳动力的闲暇时间安排和利用受文化程度的影响较为明显:小学及以下文化程度的农村转移劳动力中有 45.1%在闲暇时间选择打牌(包含打麻将),43.1%的农村转移劳动力选择看电视,21.6%的农村转移劳动力选择聊天,仅有 7.8%和 5.9%的农村转移劳动力选择学习业务知识和读书看报,最后两种城市性特征明显的生活方式占比最低。而大专及以上文化程度的农村转移劳动力在闲暇时间的安排选择上,比例由高至低依次为:学习业务知识、看书读报、上网、看电影、逛街、看电视、打牌,其中仅有 6.5%的农村转移劳动力选择打牌,在所有给定的选项当中比例最低。而且,在闲暇时间选择读书看报的比重也表现出显著的文化程度差异(见图 3－2)。②

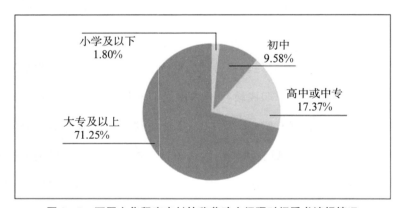

图 3－2　不同文化程度农村转移劳动力闲暇时间看书读报情况

---

① 张建政、武艳艳、翟玉建:《继续教育视角下农民工城镇融入的困境与对策》,《安徽农业科学》2012 年第 7 期。
② 何爱霞、刘雅婷:《城镇化进程中农民工从结构到实质融入的教育培训问题》,《现代远程教育研究》2017 年第 1 期。

　　其次,"职成教"促进农村转移劳动力在心理上融入城镇。有调查分析认为,农村转移劳动力的城镇认同感、归属感与其受教育水平呈正相关:农村转移劳动力的受教育水平越高,对城镇的认同感、归属感就越强,反之亦然(见图 3 - 3、图 3 - 4)。①

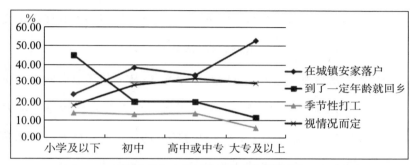

图 3 - 3　不同文化程度农村转移劳动力的留城与回乡意愿

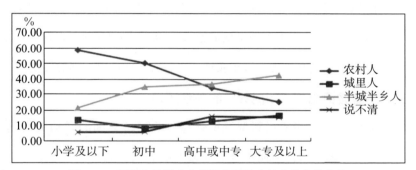

图 3 - 4　不同文化程度农村转移劳动力的自我身份定位

　　综合上述分析可看出,"素质"的养成是农村转移劳动力融入城镇,成为市民的必要条件。这种"素质"主要指市民素养(即现代性素养),既包括城镇就业的技能,也包含城镇生存生活所需的基本公共素养和对城镇生活方式

① 何爱霞、刘雅婷:《城镇化进程中农民工从结构到实质融入的教育培训问题》,《现代远程教育研究》2017 年第 1 期。

的认同。① 但对很多农村转移劳动力而言，由于文化水平、思想观念与城镇市民存在差距，所以与城镇格格不入，阻碍其融入城镇。要想实现农村转移劳动力市民素养的转化与提升，最好的办法就是教育。而"职成教"，尤其是成人教育，是市民素养养成的重要途径，要积极发挥成人教育的人文性价值与作用，以社区教育、网络或远程教育等形式，对农村转移劳动力开展城市文明行为规范教育、思想观念教育、道德教育、法律常识教育、生活休闲教育等，提升其新型城镇发展所要求的人文、社会、法律素养，从而使其以高匹配的市民素养与城镇发展同步、与时代进步同频。对属于成人的农村转移劳动力而言，具有成人性、持续性、终身性和人文性等特征的成人教育能充分发挥其优势。通过开展丰富而持续性的成人教育活动，向进城的农村转移劳动力普及城市生存生活所需的文化知识以及劳动观、消费观、学习观等，并在潜移默化中传导城市文明所需的价值观念和思想道德修养，能有效增强他们对城镇的认同感和归属感，最终使其在心理上真正实现从过客心理向市民心理的转变。②

三、新型城镇化与"职成教"的关系逻辑

从不同维度，进一步审视新型城镇化与"职成教"之间的联动关系，会发现不同的关系逻辑。结合朱德全等人对职业教育与区域经济关系的分析③，倘若把新型城镇化、"职成教"④看作两个相对独立的社会子系统，二者之间

---

① 秦玉友：《教育如何为人的城镇化提供支撑》，《探索与争鸣》2015 年第 9 期。
② 郑湘国：《推动外来务工者"市民化"》，《工人日报》2013 年 2 月 17 日第 2 版。
③ 朱德全、徐小容：《职业教育与区域经济的联动逻辑和立体路径》，《教育研究》2014 年第 7 期。
④ "职成教"是两类最为相近的教育子系统，在新型城镇化这一战略背景中服务的目标一致，而且目前将"职成教"作为一个整体系统来探讨其与新型城镇化的关系的研究较少，加上"职成教"组成协同系统（体）是实现其协同发展的必然要求，因此这里便将"二教"作为一个整体系统予以探讨。

存在一种互动共生的逻辑；进一步审视这两个系统，又发现其呈现出主体交互和层次耦合两类关系逻辑。

（一）互动共生关系逻辑

"共生"（symbiosis）意指"生物体之间出于生存或发展的需要，以某种方式互相依存、彼此作用，从而产生一种共同生存、协同进化的具有共生性质的关系"①。新型城镇化系统与"职成教"所组成的整体（协同）系统各自有相对独立的特性、结构和功能，这很大程度上决定了二者在具体实践中的关系复杂多样。以社会总系统为参照，新型城镇化与"职成教"这两个社会子系统之间通过资本这一共通的要素形成一种相互制约、彼此依存、互相作用的逻辑联结关系，即在整体上可形成以新型城镇化、"职成教"为两大共生单元，以资本要素为桥梁的互动共生关系逻辑（见图3-5）。

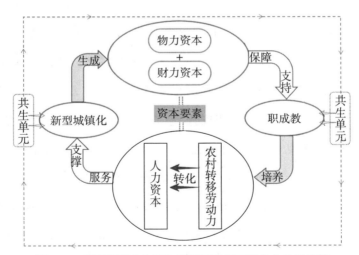

图 3 - 5　新型城镇化与"职成教"联动的互动共生关系逻辑

---

① Douglas A E, *Symbiotic Interactions*, p. 10.

一方面，从新型城镇化保障"职成教"发展的维度解读，新型城镇化的发展与深化能为"职成教"的持续发展提供强有力的物力保障与财力支持。城镇是"职成教"的重要消费终端，更是其生存的重要依托①，而且经济因素影响着"职成教"所能获得的基础性发展条件，"职成教"发展也不能超出其所处环境中经济发展所能提供的条件的范围。"职成教"活动的组织、开展、运行等各个环节都离不开物力、财力资本的持续投入和有力保障。而城镇化水平是衡量一个国家和地区社会经济发展水平的重要标志，较高的城镇化水平意味着这个国家和地区拥有良好的经济与财富水平②——在新型城镇化中所蕴藏的经济发展动力会得到更大程度的释放，从而不断形成、积累更加充裕、雄厚的物力与财力资本。这将为"职成教"系统良性发展和农村转移劳动力教育培训提供强劲的物力、财力保障与支持。

另一方面，从"职成教"服务新型城镇化建设维度审视，"职成教"在供给侧通过培养农村转移劳动力，将其转化为人力资本，服务新型城镇化。不论是产业之间还是城乡之间的人口流动，要推动农村转移劳动力能力与素质的提升，使其成为产业工人和市民，实现在城镇稳定就业、融入城镇，都离不开"职成教"的（共同）作用。在"职成教"服务新型城镇化过程中，要依据新型城镇化的目标任务要求，通过"职成教"协同将农村转移劳动力培养转化为相匹配的人力资本，使其成为真正的产业工人和市民。同时以终身教育与学习的形式实现人力资本的持续升值，这有利于农村转移劳动力实现知识技能、现代性素养的增长与提升，使其在城镇稳得住、留得下，实现更有质量的就业、更加充分的融入。正是"职成教"这种持续的人力资本投入，为推进新型

---

① 陈星、张学敏：《世界一流大学与城市的共生关系及启示》，《教育发展研究》2018 年第 Z1 期。
② 谯仕松：《关于提高城镇化率的分析》，《经济视野》2014 年第 8 期。

城镇化建设与发展提供了重要的人才动力。

（二）主体交互逻辑

主体交互逻辑是指在新型城镇化与"职成教"联动过程中联动作用主体之间生成的一种交互关系。围绕农村转移劳动力培养这一工作核心，新型城镇化与"职成教"的联动必然会交织着多元主体的相互作用。二者联动的过程主要关涉政府、"职成教"机构和企业三大主体，而农村转移劳动力是各大联动作用主体生成交互关系的纽带（见图 3-6）。

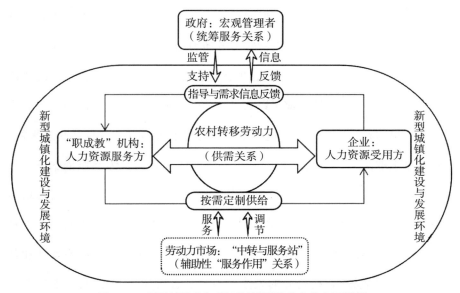

图 3-6　新型城镇化与"职成教"联动的主体交互逻辑

新型城镇化的核心任务是实现人的城镇化，重点在于使农村转移劳动力有能力在城镇稳定就业、融入城镇发展，而对这一应然能力（亦即素质）的培养是"职成教"在推进新型城镇化进程中的着力点和主要作用目标。若将组织与实施农村转移劳动力教育培训的"职成教"机构［主要指"职成教"实体办学机构，如独立办学的各级职业学校/成人教育学校、社会上各种职业/成人培训学校、普通高校下的职业技术学院/成人（继续）教育学院等]视为相对应的人力资源服务方，那么企业作为新型城镇化实施中的"主力军"①和农村转移劳动力在城镇就业的主要载体②，则属于该人力资源的受用方。在这样一种关系角色中，"职成教"机构依据新型城镇化建设与发展的需求，通过培养农村转移劳动力，为企业提供相契合的人力资源，从而发挥并彰显其在新型城镇化建设与发展上的功能和价值；企业在接受经由"职成教"培养的这种人才后，其生产和发展才能良性运转和延续。一般而言，一个企业的发展固然需要高精尖型人才的引领，但同样需要大量其他层次的技能型人才的支撑，而具备一定技能与素质的农村转移劳动力不仅是很多企业维持生产与运转的必需劳动力，也是我国工业化、现代化深度推进的必然要求。于是，"职成教"机构和企业之间便生成了以农村转移劳动力这一人力资源为中介的供需关系。但这种供需关系是否能达成供给与需求的"正配"并保持相对平衡，很大程度上取决于"职成教"机构是否以企业的用人需求为参照依据进行人才培养（按需定制），企业又是否为"职成教"机构开展农村转移劳动力培养提供及时的指导和需求信息反馈。因此，"职成教"机构与企业之间寻求农村转移劳动力培养的协同合作便成为避免供需关系走向错配的重要条件和基础。当然，"职成教"机构培养的人才并不都是直接被企业使用，一般还需要经由劳动力市场中转流向企业。尽管劳动力市场并不是"职成教"与新型城镇化联动关系中的主体要素，但其在农村转移劳动力经过"职成教"培养成为人才后的市场流通当中承担着"介体""中转"等辅助性角色，并且在农村转

---

① 厉以宁、艾丰、石军主编：《中国新型城镇化概论》，中国工人出版社，2014年，第221页。
② 邓文勇、霍玉文：《农民工结构性失业与教育救济——实然困惑与应然选择》，《河北师范大学学报》（教育科学版）2018年第2期。

移劳动力培养上发挥着一定的引导与调节作用,因而与其他主体之间又构成一种辅助性的服务关系。

除此之外,政府作为"职成教"与新型城镇化联动过程当中一个非常重要的关联主体,在我国新型城镇化建设与发展中占据着主导地位——不仅是相应政策的提供者,也为政策有效实施提供制度支撑和权力保障。[①] 中国的社会主义城镇化独具特色,发展模式与世界"标准"模式既有共同之处,也有不同的地方。相同的是,城镇化都是由工业化推动的,劳动力由土地密集型农业生产向城镇工业生产转移;不同的是,推动中国城镇化的基本上是政府。[②] 政府作为"职成教"对农村转移劳动力进行培养时的宏观管理者,以宏观性监管、协调、引导、支持等方式实现对这一人才培养工作的统筹服务;同时,政府又需要及时接收其他主体的反馈信息,适时制定、调整或更新相应的政策、制度与措施。于是,围绕农村转移劳动力培养,政府与其他主体生成了一种统筹服务的关系。可见,农村转移劳动力从待开发的人力资源转化为可使用的人才,需要政府、"职成教"机构、企业等主体的通力合作、协同建设。

(三)层次耦合逻辑

围绕农村转移劳动力教育培训这一工作核心,倘若进一步提取分析新型城镇化与"职成教"联动过程当中所关涉的各个重要部分与要素,则生成了一个以"层"为分析参照基准,由"主体层"和"要素层"共同组成并相互作用的复杂关系系统。具体而言,"职成教"发展与运行离不开政府的宏观性指导与

---

① 劳凯声主编:《变革社会中的教育权与受教育权:教育法学基本问题研究》,教育科学出版社,2003年,第34—37页。

② Chan K W, "Fundamentals of China's Urbanization and Policy," in *The China Review*, No. 1 (2010).

管理,并且以"职成教"机构为主要办学载体具体推进与开展农村转移劳动力培养工作,以企业的具体需求为重要依据,以企业的积极参与为重要发展推动力,所以从这一维度理解,关涉"职成教"发展的主体是政府、"职成教"机构和企业,"主体层"亦由这三方面力量构成。从新型城镇化建设与发展层面分析,新型城镇化离不开土地、人口、人才、产业、资源(主要指物力与财力资源)、市场等诸多要素的全方位支持和保障,但从新型城镇化与"职成教"联动的视角分析,新型城镇化以产业及其发展为重要支撑("产业"要素),以实现农村转移劳动力在城镇稳定就业、融入城镇发展为着力点和主要作用目标("农村转移劳动力"要素),并以城镇所具有的特定资源为重要条件和依托("资源"要素)推进其建设与发展,这些要素同样与"职成教"发展息息相关。为此,将"产业""农村转移劳动力"和"资源"选定为"要素层"的三大分析要素单元。

在新型城镇化与"职成教"联动过程中,农村转移劳动力既是"职成教"的对象,又是新型城镇化的核心要素,始终以纽带形式使"主体层"与"要素层"之间保持联系。于是,"主体层"与"要素层"之间形成了一个以农村转移劳动力为中心的两两关系耦合,即主要构成了"职成教"机构-农村转移劳动力-企业、资源、产业,政府-农村转移劳动力-资源、产业、"职成教"机构等交互关系,每一种关系组合中又由两两连接而成的"线"构成一个交互关系"面"。若将农村转移劳动力的培养过程当成一个动态的生成过程,这6种主要关系由于在农村转移劳动力加工与处理的过程中发挥的价值与作用不尽相同,便形成了合作面、开发面、保障面3个处于不同阶段的主要关系形态。由此,生成了一个建立在"主体层"与"要素层"基础上,把农村转移劳动力作为"层"连接纽带(中心),并由交互关系互相耦合组成的复杂关系系统,即层次耦合逻辑联动关系系统(见图3-7)。

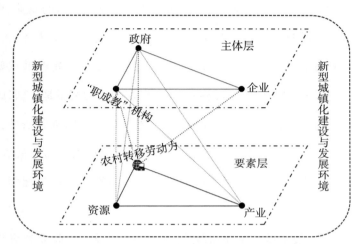

图3-7　新型城镇化与职业教育联动的层次耦合逻辑

第一,合作面关系形态主要由"职成教"机构-农村转移劳动力-企业三线构成的平面关系逻辑构成。"职成教"机构是农村转移劳动力的主要培养方,若想培养出契合企业需求的人才,与人才受用方围绕农村转移劳动力培养积极开展协同合作是必要保证。那么,在这种协同合作关系中,"职成教"机构根据企业需求与企业签订定向培训协议,通过按需定制为企业提供劳动力,同时为企业在岗在职农村转移劳动力素养更新或持续提升提供相关教育与培训;企业则为职业教育机构开展农村转移劳动力培养提供实训基地和指导性建议。如此,便形成"职成教"机构与企业之间以农村转移劳动力培养为连接纽带的协同合作关系。

第二,开发面关系形态主要由"职成教"机构-农村转移劳动力-产业或资源的关系逻辑组成。一方面,"职成教"机构-农村转移劳动力-产业构成的关系是:假定企业需求是相对微观的需求层次,城镇产业需求就是相对宏观的需求层次。在这一关系组合中，"职成教"机构要根据产业发展需要，尤其是要依据所在地区城镇产业构成及发展情况，开发与设置合适的专业、课程等，从而通过将农村转移劳动力培养成与产业发展需求相契合的人才，推进产业发展、转型与升级，进而为加快推进新型城镇化建设与发展提供重要支撑。另一方面，"职成教"机构-农村转移劳动力-资源构成的关系是："职成教"机构为了顺应新型城镇化的建设与发展，还需要依托一定的资源条件，尤其是要结合所在地区具有的资源禀赋，充分开发利用资源，组织与开展农村转移劳动力的教育培训活动，继而培养出与所在环境的资源条件相配套、适应的优质劳动力。

第三，保障面关系形态主要由政府-农村转移劳动力-职业教育机构、资源、产业等关系逻辑组成。就这些交互关系逻辑而言，围绕农村转移劳动力培养这一工作核心，政府始终以宏观管理者的角色呈现其中，主要通过完善顶层设计、制定相应的法规政策、加强执法治理等方式对职业教育机构开展农村转移劳动力教育与培训予以保障、支持与服务，同时也通过对农村转移劳动力的教育培训进行宏观指导，实现资源的优化配置，助推产业的转型升级与发展，进一步夯实新型城镇化的产业发展基础。

第四节　本章小结

本章的探讨明确了新型城镇化是对西方城市化和我国传统城镇化的发展与超越，其根本区别点在于坚持"以人为本，将人的城镇化作为核心"。对于新型城镇化而言，重要的不光是农民向城镇转移（即农民的"转"——主要指空间与职业的转移），更是新型城镇化的核心主体农村转移劳动力在城镇实现稳定就业和融入城镇发展,即实现更加稳定与幸福的城镇化。而农村转移劳动力是关涉新型城镇化建设与发展的核心主体,以人为核心实质上是以农村转移劳动力为核心。通过进一步分析新型城镇化核心主体农村转移劳动力的城镇化目标任务及发展现状,明确了提升广大农村转移劳动力素质,使其有能力在城镇实现稳定就业和融入城镇发展是推进"以人为本,将人的城镇化作为核心"的新型城镇化的重点目标任务,更是其高质量发展的重要体现和必要保证。而职业教育、成人教育作为农村转移劳动力人力资本积累与发展的两种最为紧密的教育类型,不但能为农村转移劳动力原有的人力资本转化拓展渠道,也可以为习得新的人力资本创造条件并提供可能性。结合第二章的分析可知,"职成教"根据各自的特点(侧重点)、差异、优势等提供培养培训协同服务,不断提升农村转移劳动力的人力资本价值,有利于实现其在城镇稳定就业、融入城镇发展。而"二教"在这一战略进程中组成协同体,服务农村转移劳动力城镇化,在推进新型城镇化建设与发展的同时,也为"二教"的协同发展提供了重要条件与机遇。本章对新型城镇化与"职成教"间的关系的分析表明,在总体上,新型城镇化建设与发展可为"职成教"提供存在与发展的空间,"职成教"又是新型城镇化建设与发展的重要支撑,相互之间存在着复杂的双向交互(联动)关系。从多维视角进一步分析,新型城镇化系统与"职成教"整体系统之间还存在着互动共生、主体交互、层次耦合等关系逻辑。本章对上述问题的探讨与分析,为"职成教"在这一战略进程中寻求协同辨明了根据与方向。

第四章　新型城镇化进程中"职成教"协同发展的问题

依据协同共生理论的观点,一个协同体应由协同单元、协同关系和协同环境等三大要素组成,其中,协同单元是构成协同体的基本要素,协同关系是协同单元之间(内部)相互作用的形式或相互结合的方式,协同环境是维系协同体平衡的重要外部因素或条件。协同单元、协同关系、协同环境三大要素之间相互影响、彼此作用,共同致力于推进协同体的发展。通过前述分析可以看出,在以农村转移劳动力为核心主体的新型城镇化战略进程中,职业教育与成人教育寻求协同共生、实现协同发展应是二者关系形态的理想状态。然而,围绕新型城镇化这一"职成教"共同聚焦的作用目标,在实然推进"职成教"协同发展的过程中,还面临协同单元异化、协同关系失范、协同环境困扰等生态之殇,制约二者走向深层次协同发展。

第一节　协同单元异化:"职成教"角色的迷失与错位

在新型城镇化进程中,职业教育、成人教育是组成协同体的两翼。为使"职成教"产生良好的协同效应,推进协同体形成良好的协同发展生态,继而更好地促进新型城镇化高质量发展,就要让职业教育、成人教育成为合格的协同单元。而目标定位作为一种对活动预期结果的主观设想,具有维系组织各个方面的关系、构成系统组织方向核心的作用①,它也是影响协同体中协同单元成为一个合格协同单元的关键所在②,因此在这一战略进程中开展协同服务需要有明确的目标定位。通过考察和审析"职成教"在服务新型城镇化建设与发展过程中的现状可知,"职成教"自身还存在定位或角色的迷失与错位,即存在协同单元异化的问题,它制约"职成教"成为合格的协同单元。为了解和把握协同单元异化的情况,以下将分别从职业教育、成人教育两大协同单元层面进行考察与探析。

一、协同单元异化之职业教育维度

在推进以农村转移劳动力为核心主体的新型城镇化的进程中,促进农村转移劳动力在城镇实现稳定就业和融入城镇发展,应是职业教育重要的"服务域"和"发展域"。但目前在服务农村转移劳动力城镇化建设与发展上,职业教育的目标定位不相适应,导致其角色迷失与错位,还不能被称为一个合格的协同单元,也影响与成人教育共同推进农村转移劳动力城镇化的合力(协同)效应的发挥。

（一）职业教育目标定位现状考察

当前,我国职业教育的目标定位(取向)现实情景可归结为以下两个层面。一是以职业学校教育为绝对核心。从当前我国的职业教育整体现状来看,职业学校教育是职业教育的绝对主体,它作为一种学历性质的职业教育形态,主要由初等、中等和高等层次的职业学校具体承担与组织实施,服务对象为职业学校中的在校生。对作为职业教育绝对主力的职业学校而言,职业学校教育(学历性职业教育)是其主要(甚至是全部)的职责、任务或目标追求,而本应是职业教育重要组成部分的职业培训,却往往不被重视。即便有

---

① 陈磊主编:《大学生职业发展教育》,重庆大学出版社,2018年,第93页。
② 姚奇富:《高职院校与县域发展的共生模式研究》,《教育发展研究》2016年第Z1期。

一些职业学校开展职业培训,但走访发现,针对农村转移劳动力群体开展的教育培训还非常有限。因此,具有丰富职业教育资源且处于优势地位的职业教育办学机构,还未能发挥和挖掘其应有的职业培训功能和潜力,对亟须教育培训的广大农村转移劳动力未形成有效作用。

笔者走访一些职业院校时,许多管理者、教师表示,他们目前的办学定位或教学重心是全日制学生的学历教育,非学历培训组织实施较少。一位受访的中职校长表示:"我们学校也开展培训,但是不多,针对农村转移劳动力等弱势群体开展的教育培训项目目前我校还没有,以后可能会根据情况或需要,再结合我们的专业及特色开展……据我了解,我们中职学校实施这方面培训的很少,高职可能相应就多一点吧。"(C2——47 岁,性别:男,广西壮族自治区某市中职学校校长。)为了进一步了解高职在这方面的情况,笔者走访了一些高职院校,其中一位主管培训的高职院校副校长这样表示:"我们学校的工作重心是根据经济社会发展的需要,将学生培养成高素质技能人才,目前是以学生的学校(学历)教育为主……我们学校每年开展的培训项目其实也不在少数,而对于您说的针对农村转移劳动力的'培训',我们之前也与政府合作,承担开展过相应的项目,一般都是根据他们的就业需求实施项目,如与市人社局合作,承办了几期厨师、厨艺(班),还有家政服务能力提升班。我们也承办实施过农村转移劳动力的再就业培训项目,但针对这一群体的培训项目数量不多,还是以企业事业单位的在职管理人员教育培训为主。"(C4——40 岁,性别:女,河北省某市职业技术学院主管教育培训的主任,已从事教育培训工作 7 年。)

二是教育教学方式普教化明显。职业教育之所以是职业教育,职教化特色(主要指根据职业要求,以就业为导向,针对教育培训对象的特征与技术技能培育需求,注重实践与技术实操,开展相应的教育教学)是其本质要求。这也是职业教育在服务农村转移劳动力城镇化发展过程中需要明确和坚持的基本要求,如此才能更好地为农村转移劳动力提供相契合的职业教育服务。通过对开展过农村转移劳动力教育培训工作的职业教育办学机构进行走访,并结合对参加过相应教育培训的农村转移劳动力的访谈,笔者了解到,在具体的教育教学过程中,普遍的问题是普教化明显,职教化较为欠缺。而这势必会对学习者技术学习的效果产生影响,也会影响学习者未来参加教育培训的积极性。

Z:贵校是否开展过农村转移劳动力教育培训项目?具体又是怎么开展的?(追问:如教育教学是怎么组织与实施的?)

C5:我们学校之前开展过几期针对民工的职业技能培训……如市政府给我们办了一个汽车维修技能提升班,培训时间是三周。我们根据项目情况,组织汽修专业的老师给他们上课,理论课占三分之二的课时,实践与见习实操占将近三分之一的课时。对于理论课,老师以课堂讲授为主,跟平时给我们学校的学生(该校全日制在校生)上课差不多;实践课放在最后约一周的时间里,老师课堂上适当讲一点,然后带着学生到我们学校的汽修车间,对着车子边操作边讲,接着留些时间,让他们自己操作熟悉。(C5——43岁,性别:男,某市交通职业技术学院主管教育培训的副校长。)

C9:我们学校承接了政府(笔者通过访谈了解到主要是人社部门委托)有关农村转移劳动力、城镇下岗职工、残疾人等群体的教育培训项目,像你说的民工(指农村转移劳动力),我们也时常面向他们组织实施一些项目，去年一年下来大概组织了十几期吧，有烹饪、厨艺技能培训班、茶艺、蛋糕制作技能培训班，也承接（政府委托）针对农民工群体的就业、职业技能培训班等一些教育培训项目……针对他们，目前主要是以在教室里头讲为主，将一些模型或者实物搬到课堂上给他们讲，讲如何操作，要注意什么，主要是讲技法……（C9——51 岁，性别：男，广西壮族自治区某市一家大型社会职业培训机构负责人。）

Z：您对曾参加过的教育培训的整体评价是怎样的？（追问：教学是怎样进行的？）

D19：总体来说，还凑合吧，学到了一些东西……但课上，（老师）讲了太多理论的东西了，也讲得比较生硬，这个挺不喜欢的，跟高中我那会儿上课似的，我们操作上弄得太少了。你看我本来是学蛋糕制作的，老师弄几个蛋糕放前头（讲台），弄些食材，然后对着讲了两三节课，其他的主要是在电脑上，对着 PPT 讲如何如何。我还是希望多些能操作的内容，即便条件做不到，也可以对着食材，多在教室里讲讲……（追问：如果你参加的总体感觉好，以后会更愿意参加吗？）培训质量好，肯定愿意去参加，不好肯定会影响以后参加的意愿。（D19——杨某，女，37 岁，学历：高中，现工作所在地：广西壮族自治区南宁市，已外出工作 20 年，曾参加过两次相关的教育培训活动。）

（二）职业教育角色迷失与错位的主要原因

职业教育作为一种以职业为主要对象的教育，其培养的人才是掌握特定或某一职业（群）所需要的技术（能）的职业人，其核心价值及使命应是技术（能）的培育、传承与创新，应是与技术关系最为紧密的一种教育类型。因此，职业教育对推进农村转移劳动力城镇化具有重要的价值与作用。而职业教育要想与成人教育在共同服务农村转移劳动力城镇化发展的过程中成为一个合格的协同单元,即为促进农村转移劳动力在城镇实现稳定就业的能力和融入城镇发展的素养的提升提供相契合的教育培训支持,继而推进新型城镇化建设与发展,就要先根据农村转移劳动力的特征及其城镇化目标任务诉求,依照自身的本质特征或特色,立足职业,强化对农村转移劳动力的技术培育。

但对相关文献进行研究,并对职业教育目标定位的现状进行上述考察后发现,整体而言,当下受工具化、适应论及教育教学普教化等影响的职业教育实践活动,在服务农村转移劳动力教育培训的过程中,大多已徒具基于职业而进行技术培育的"名"或"形",却淡忘甚至是丧失了基于职业而进行技术培育的"本"或"神",导致职业教育在服务农村转移劳动力城镇化过程中角色的迷失与错位。那么,导致这一问题的主要原因具体又是什么呢?

一是职业学校教育与职业培训共同推进的欠缺。尽管国家已经明确提出职业培训是职业教育的重要组成部分,职业学校要大力发展职业培训,但多数职业教育机构尤其是职业学校普遍未将职业培训作为自身发展的目标,对其也缺乏理性而深刻的认识,普遍认为职业学校办好职业学校教育即可,职业培训并不是他们的目标任务,职业培训可有可无的思想较为普遍。而且,就当前组织开展过教育培训的职业教育办学机构而言,其服务面还较为狭窄,办学的开放性普遍不强,职业教育办学类型还不能很好地适应农村转移劳动力教育培训的需求。这主要是因为职业教育对农村转移劳动力等社会人员的开放不足[1],无论是职业院校还是社会职业培训机构,走进或走向农

---

① 张鹏顺:《区域创新与职业创新研究》,合肥工业大学出版社,2012年,第59页。

村转移劳动力所在工厂、社区办学办班的都十分有限，这表明当前职业教育针对农村转移劳动力城镇化的服务面较为狭窄，开放性有待提高。同时，这种共同推进的欠缺也很大程度上使当前职业教育的目标定位窄化为职业学校教育。

二是职教化教育教学不足。当前，职业学校教育中普教化问题依然较为明显，通过上述考察也可以看出，在所开展的针对农村转移劳动力群体的培训中，职教化特色缺失，普教化特色较为明显。这种现象出现的根本原因在于缺乏自身的教育教学特色，照搬普教化。职业教育的应然状态是职教化发展，而实然状态是普教化明显，正是这种现象使职业教育在服务农村转移劳动力素质与能力提升的过程中产生角色错位。同时，这也一定程度上说明，当前我国职业教育的发展水平、质量有待提高，职业内涵彰显不足。难以夯实技术培育的基础，就难以为学习者提供与需求相契合的培训。

三是工具价值突出，人文关照欠缺。整体而言，当前我国职业教育（包含职业培训）的目标导向或定位体现了一种工具价值取向，这可从颁布的一些重要政策法规中看出来（表4-1）。诚然，将职业教育作为驱动经济社会发展的重要推动器，本身没有问题，这也是彰显职业教育特色，进行技术培育的重要基础。但若只注重职业教育的工具价值，就易忽视人自身发展的需要。近年来，无论是我国职业教育的发展理念，还是国际重要组织的职业教育理念、政府的职业教育政策，都逐渐更多地重视学习者的个人发展诉求、社会公平等问题，追求效率与公平统一①，也开始从人文价值上进行关照。因此，在职业教育服务以农村转移劳动力为核心主体的新型城镇化的过程中，面对城镇

---

① 和震、刘云波、魏明等：《中国教育改革开放40年》（职业教育卷），北京师范大学出版社，2019年，第124页。

化建设与发展要求,职业教育在目标定位上,在切实为经济社会发展服务的同时,也应注意调整,注重为农村转移劳动力的城镇生活、个人发展提供适切的机会和服务,即应适当关照现代性素养(尤其是职业道德)的提升与发展。然而,当前的一些职业教育机构在理念选择和发展上,将工具价值或经济效益作为服务农村转移劳动力城镇化过程中唯一的目标,忽视了对人文性价值的关照。

表 4-1　职业教育与培训相关的重要政策法规

时间	政策法规	具体内容
2002 年	《国务院关于大力推进职业教育改革与发展的决定》	以服务社会主义现代化建设为宗旨,培养数以亿计的高素质劳动者和数以千万计的高技能专门人才
2010 年	《国家中长期教育改革和发展规划纲要(2010—2020 年)》	大力发展职业教育……职业教育要面向人人、面向社会
2014 年	《现代职业教育体系建设规划》	现代职业教育是服务经济社会发展需要,面向经济社会发展和生产服务一线,培养高素质劳动者和技术技能人才并促进全体劳动者可持续职业发展的教育类型
2019 年	《国家职业教育改革实施方案》	落实好服务发展、促进就业的办学方向,对接科技发展趋势和市场需求……努力培养数以亿计的高素质劳动者和技术技能人才

C4:目前我校面向农村转移劳动力群体的培训项目数量不多,而您说的针对他们的素养提升组织开展的(项目)还很少,这可能需要成人教育方面发挥作用了。(C4——40 岁,性别:女,河北省某市职业技术学院主管教育培训的主任,从事教育培训工作已 7 年。)

C9:我们机构现在针对农民工素质提升的教育培训项目开展得少,好久之前有识字读文什么的,现在不需要也没了,我们主要还是针对就业开展职业技术、技能培训,其他方面的教育与培训还没有。(C9——51

岁,性别：男,广西壮族自治区某市一家大型社会职业培训机构负责人。)

Z：贵校是否到城镇社区组织开展教育培训？(追问：主要面向哪些人,教育培训的内容是什么?)

C4：也去过(社区),但说实话还是比较少的。我们之前和当地街道办合作,派我们的老师去社区,给社区居民开展一些基础性的技能培训,一个是针对就业开展的职业技能培训,讲讲职业知识什么的,这方面的对象以社区里年轻的、正在工作的人为主；另一个是针对老年人的,一般是退休赋闲在家的,给他们做插花、写字、作画等方面的培训,我们有老师在这方面不错,正好迎合了街道办的需要……不过面向的对象主要还是社区里的当地居民,像你说的外来民工就少了。(C4——40 岁,性别：女,河北省某市职业技术学院主管教育培训的主任。)

C9：目前我们还没到社区里去跟社区合作开展相应的项目。(C9——51 岁,性别：男,广西壮族自治区某市一家大型社会职业培训机构负责人。)

总体而言,虽然改革开放以来我国的职业教育与培训工作取得了很大成绩,但目前的办学定位或目标取向主要还局限在职业学校教育的范畴,非学历(职业)培训组织开展较少。其中针对农村转移劳动力的教育培训更是非常有限,面向农村转移劳动力的城镇化及其需求的教育培训活动或教育培训项目普遍缺乏。同时,职业教育的服务面较为狭窄,开放性不强,影响其与成人教育的合作与协同。也就是说,在服务新型城镇化核心主体农村转移劳动力的能力与素质的提升上,职业教育的目标定位都不同程度地存在偏离(差),导致角色迷失与错位,未形成相应准备,难以有效彰显和发挥职业教育作为核心协同单元的价值和作用。于是,职业教育在服务农村转移劳动力城镇化的过程中,呈现出与农村转移劳动力城镇化的需求不相匹配的服务样态。那么,若想在促进农村转移劳动力在城镇稳定就业的能力和融入城镇发展的素养的提升上提供相契合的教育培训支持,继而推进新型城镇化建设与发展,就要让职业教育根据农村转移劳动力的特征及其城镇化目标任务诉求,依照自身的本质特征或特色,也就是重点立足职业,强化对农村转移劳动力的技术培育。

二、协同单元异化之成人教育维度

了解和把握当前成人教育目标定位的现状,并分析其生成的原因,也是将成人教育培育成一个合格协同单元的重要前提。

(一)成人教育目标定位现状考察

当前,我国成人教育的目标定位(取向)现实情景,可以归结为以下两个方面。一方面是学历成人教育。通过了解发现,学历成人教育已经成为成人教育的主要内容,很多成人教育机构的主要职责任务或目标追求基本是办好学历成人教育,其中以专科、本科层次的学历成人高等教育为主,教育对象来源广泛,包含广大农村转移劳动力等社会各类群体和成员,但农村转移劳动力占比很小。事实上,在人们的普遍认知中,成人教育即为学历成人教育,将成人教育理解为一种以学历补偿为主的教育形式。[①] 如一位于 2017 年获得成人教育专科学历的农村转移劳动力这样理解成人教育:"如果你问我对成人教育的认识,我的感觉是'成人教育'就是'成人学历教育'。如果自己学历不够,或想获得学历,一般就去读成人教育,我和我女朋友都是读的这个成

---

① 唐燕儿、王利梅:《科学规划普通高校成人教育的发展方向》,《中国高等教育》2015 年第 6 期。

人函授(指成人学历教育及学习形式)。"(D5——张某,31 岁,性别：男,学历：大专,现工作地：广东省中山市,在外工作已 13 年。)通过进一步访谈了解到,通过成人教育形式获取本专科学历的农村转移劳动力普遍有同样的看法。另一方面是非学历成人教育。从目前的非学历成人教育发展现状来看,各种成人教育机构正在广泛开展针对成人的教育培训①,以在职在岗的教育培训为主。通过了解发现,非学历成人教育主要分为两个层面：一是针对各级党政系统、事业单位的干部的教育与素养提升而组织开展的教育培训项目,一般由高校下的成人教育机构或部门具体承担实施;二是针对弱势群体(包含农村转移劳动力)就业技能与素养提升而组织实施的教育培训项目,一般由人社部门组织实施,或由人社部门以"购买服务"的形式委托相关学校或社会成人教育机构具体承担实施。进一步了解发现,第二种针对弱势群体所组织开展的教育培训项目目前仍以就业导向为主,而针对市民(现代性)素养提升的教育培训项目较少,已不能满足农村转移劳动力城镇化建设与发展的需求。

可见,当前我国成人教育在推进农村转移劳动力城镇化建设与发展方面也存在一定的缺位与错位问题。这就意味着,为"推进以人为核心的新型城镇化"高质量发展,对成人教育而言,在开展和实施新型城镇化核心主体农村转移劳动力的教育培训工作时,其目标定位不应主要是学历成人教育。为促进农村转移劳动力在城镇稳定就业,在继续做好学历成人教育,服务好农村转移劳动力就业培训的同时,还应发挥成人教育的人文价值功能与作用,注重农村转移劳动力个人(城镇生存生活)素养的提升,尤其要及时补位,推进农村转移劳动力现代性素养的发展与提升,并且扩大教育培训对象的开放辐射面,逐渐对广大

---

① 孙江涛：《美国继续教育发展的成功经验及其对我国的启示》,《成人教育》2017 年第 3 期。

农村转移劳动力进行全覆盖。

（二）成人教育角色迷失与错位的主要原因

上述成人教育在服务农村转移劳动力城镇化过程中目标定位不相适应，导致成人教育角色迷失与错位，根源是成人教育的整体价值取向存在问题，即成人教育社会价值（即工具价值）取向较重，本体价值缺乏。教育价值的取向问题是教育领域核心的价值问题[①]，它是指教育价值主体（社会主体和本体主体）从满足自身生存和发展需要出发，对教育客体进行价值设定、价值预期时所表现出来的意向或倾向[②]。由此可以看出，教育的价值取向实质是一种主体选择性活动，是主体为了达到某种目的（或目标）而对教育本身及其功效所寄予或表达的心理意向。当前，成人教育在服务农村转移劳动力城镇化发展过程中表现出来的社会价值取向较重、本体价值缺乏的问题的原因主要可归结为几点。以下将重点从当前成人教育的整体价值取向进行探讨，窥见成人教育在服务农村转移劳动力城镇化过程中的价值取向的基本情况。

第一，成人教育价值的工具化取向占据主导地位。一方面，改革开放以来，国家将经济建设放在政府工作的中心位置，社会改革和各项事业的发展也紧紧围绕经济建设这个工作大局进行。在这种时代背景下，如同职业教育的工具价值取向的形成原因一样，成人教育的社会价值取向也愈发明显，占据着社会的主导地位。但由于过分强调经济的发展和对利益的追逐，成人教育价值同样被过分地赋予了功利的意义，忽视了人的人性化发展[③]，好在这种

[①] 檀传宝：《教育是人类价值生命的中介——论价值与教育中的价值问题》，《教育研究》2000年第3期。

[②] 邓文勇、车向清：《当前我国成人教育的价值取向及其未来走向》，《河北大学成人教育学院学报》2010年第1期。

[③] 杜以德、柳士彬：《成人教育基本理论问题研究》，第68页。

局面正在发生改变,如新型城镇化理念的提出,就是对人本身价值及其发展进行关怀的重要体现。另一方面,受我国传统文化和思想中的一些因素的复合作用,以及对我国优秀传统美德的曲解,一部分人的认识趋向了极端。例如,"国家的利益高于一切""集体的利益高于个人""先大家后小家"等思想本身没有错,但在实际生活中,一些人自觉或不自觉地走向了极端,误以为成人教育仅以服务社会为宗旨,更有甚者认为个人的价值是没有意义的。当然,成人教育的社会价值取向在以经济建设为先导的时代背景下,具有一定的现实依据和基础,并且在一定情景下是合理的。但是,在看到其合理的一面的同时,应尽量避免成人教育社会价值取向的极端化,尽量避免将成人教育视作社会服务的工具,忽视其本来的面貌。实质上,成人教育不应该脱离成人生活本身而追求知识,因为"知识人的世界是一个意义缺失的世界"[1]。与职业教育不同,成人教育学科的整体生态和服务宗旨还应是教会人体验生活,关怀成人的生命世界,并让人认识、理解生命,珍爱、尊重生命。[2]

第二,成人教育的重要作用和战略地位尚未取得全社会的共识。一方面,回溯我国成人教育的发展历史可知,成人教育为经济发展与社会稳定培养了一大批优秀人才,如为包括走向城镇工作和生活的农村转移劳动力在内的从业人员进行教育培训,可有效提升其工作效率,从而间接驱动经济发展;也可提升公民的思想道德、现代性素养等,从而对发扬社会民主、健全法制、推进安定团结与和谐产生重要的价值与意义。另一方面,尽管成人教育是我国教育体系的重要组成部分,但成人教育相对其他学科而言发展较晚,其理论根基、学科体系还不够扎实、完善,加上受传统思想观念的影响,人们认为

---

① 叶澜主编:《基因》,广西师范大学出版社,2009 年,第 100 页。
② 邓文勇:《论成人教育学科文化的价值及其发展取向》,《职教通讯》2016 年第 28 期。

成人教育仅是普通教育的一种延续和补充,很多人因此将其当成教育体系中的"二等公民",这很大程度上导致成人教育在现实情景中并没有体现出应有的作用和地位。随着职业教育的不断壮大和其作用的日益凸显,社会上便出现了如前所述的替代论、合并论等,更加重了其不被认可的程度。面对当下成人教育的生存困境,我们应顺应社会发展需要,从迷雾中透析其本质,从混沌中辨明其未来发展的方向。[1]

第三,成人教育面临着深刻的信誉危机。这实质上是上述两个问题的不同方面。目前人们过分强调成人教育的社会价值,忽视其本体价值[2],导致成人教育的价值遭受质疑,便自然会产生信誉上的问题[3]。20 世纪 90 年代之后,这一信誉危机就显得尤为突出。造成成人教育信誉危机的原因众多,笔者通过前述"成人教育目标定位现状考察"认为主要有以下几个原因。一是成人教育的管理体制和机构设置不太合理和灵活。总体而言,当前我国的成人教育(也包括针对农村转移劳动力的成人教育培训)的管理体制是国家统筹、分级办学、分级管理、通力协作。由于教育行政部门、各行业部门都参与管理,易出现条块分割、政令不一等问题。例如,以行业为主的"条条管理"和以地方为主的"块块管理",易导致"条块分割"的问题。此外,当前我国的成人教育办学机构基本由教育或经济行政部门组织和开办,如贴合农村转移劳动力就业培训的企业并不是办学主体力量,如此不仅易出现盲目办学,也易造成有限的社会教育资源的浪费,会给成人教育的信誉埋下危机的种子。二

---

① 吴遵民:《中国成人教育会终结吗?——新时期我国成人教育面临的重大危机与挑战》,《开放教育研究》2013 年第 4 期。

② 冯建军主编:《教育基本理论研究 20 年》(1990—2010),福建教育出版社,2012 年,第 224 页。

③ 陈正、曾青云:《现代成人教育学的本质探究》,《成人教育》2017 年第 11 期。

是成人教育的质量有待提高。质量是维系一个事物生存与发展的生命线。整体而言，当前我国成人教育质量并不理想，这既体现在服务质量上，也体现在办学效果上。与职业教育一样，受利益化、商业化等工具价值取向的影响，一些成人教育机构将成人教育，尤其是针对农村转移劳动力的教育培训当成获利的机器，而对实际效果以敷衍的态度对待，这不仅使得教育培训的效果不大理想，还会令学习者对成人教育及相应的教育培训失去信心，使人们产生"成人教育是混文凭或办学敛财的工具"的错觉，造成社会舆论对成人教育价值的信任危机。三是成人教育缺乏成人性。这个问题实际上体现为成人教育中难见成人。一个最为明显的方面是当前我国成人教育普教化，不以成人为主体、出发点来教育成人。[1] 换言之，这一维度产生的较为致命的问题可能是对成人的定位不清晰，落实到农村转移劳动力的成人教育中，体现为对农村转移劳动力这一主体没有清晰的界定，而采取普教化的脱离成人性的教育培训方式、内容，针对性和适应性较弱，继而造成成人教育价值的信任危机。这点在对曾参加过成人教育培训的农村转移劳动力的访谈的内容中得到了体现[2]，他们普遍认为参加的教育培训活动成人性较为欠缺，普教化较为明显。

第二节　协同关系失范："职成教"间协同欠缺与不足

协同关系是协同系统中不同协同单元之间相互作用的形式或相互结合的方式，主要反映的是协同单元之间（内部）物质、信息和能量等的互动交流

---

[1]　邓文勇：《论成人教育学科文化的价值及其发展取向》，《职教通讯》2016 年第 28 期。

[2]　在前述对职业教育目标定位现状的考察分析中，对相应访谈内容（如 C9、D19 等）已进行了呈现，这里不再重复，详见前述对应内容。

关系。在协同关系中,各协同单元之间的互动和相互作用必定是相互识别,相互适应,相互融合,彼此促进、推动的渐进过程。其中相互支持、相互促进,形成优势互补、共同推进、合作共赢的关系应是协同关系中的最优状态和有效模式。要注重协同单元之间的积极互赖和互利共进的协同形态,让各协同单元都可以在协同共力中获得自我进化的机会并赋予自身生命机体以正向生长的内生动能。要立足协同推进农村转移劳动力城镇化这一目标任务要求。在由"职成教"组成的协同体中,两者的协同关系通常体现了作为协同单元的"职成教"之间的相互作用或相互结合,主要通过"职成教"之间的协同合作意识、协同内在机制、协同育人平台(载体)等展现出来。但通过了解并综合分析发现,在服务新型城镇化建设与发展过程中,"职成教"之间还存在协同关系失范——协同欠缺与不足的问题,即在"职成教"组成的协同系统内部存在协同合作意识不强、协同内在机制欠缺、协同育人平台不足等问题,影响"二教"在协同推进实践中形成正向生长的内生动能,制约其在协同服务过程中形成适切的协同关系。

一、"职成教"协同合作意识不强

思想观念是行动的先导。[①] 在服务农村转移劳动力城镇化建设与发展的过程中,"职成教"协同合作实践的推进需要先在思想观念上形成合作共力的意识。当前,一些地方的"职成教"机构注重"拉"人、"圈"专业、"争"项目,各自处在服务农村转移劳动力城镇化的过程中,却缺乏协同合作的意识,忽视与对方的合作共赢。笔者在走访广西某市的一些"职成教"机构(包括该城市辖区内的一些职业院校、社会培训学校、成人高校、城镇社区学院等)后

---

① 向洪、邓洪平主编:《邓小平思想研究大辞典》,四川人民出版社,1995年,第184页。

发现，这些"职成教"机构在整体上有一种较为普遍的现象：无论是职业教育机构还是成人教育机构，相互之间都忽视与对方的合作共赢，合作的意识并不强，从而使"职成教"各自具备的资源、条件和特色优势等很难汇聚到一起，难以发挥"职成教"的协同效应。

对于"职成教"机构本身而言，它们并没有认识到在服务农村转移劳动力城镇化过程中相互之间的协同合作、共同育人对自身发展和推进新型城镇化的重要性。"职成教"机构仍在按原有的办学育人模式，各自为政①，独立开展对农村转移劳动力的教育培训，甚至无交流、无沟通、无任何合作。而当政府相应行政部门建立或推出针对农村转移劳动力的教育培训项目时，一些"职成教"机构为了获得相关的教育培训项目，往往会努力去"争"，以获取相应的利益。固然，获取能推进自身发展的教育培训项目本身是一种正常的生存策略或现象，但笔者进一步了解后发现，有些职业教育机构或成人教育机构并没有相应的专业资源或优势，最后"脱颖而出"，顺利"拿下"教育培训项目；而同城的其他职业教育机构或成人教育机构尽管有相应的专业资源或优势，但由于信息不对称或者其他一些因素的综合作用，最后没有获得该教育培训项目。在这种情形下，为了推进教育培训项目的有效进行和高质量发展，取得良好的效果，一个较为理想的选择应是"拿下"教育培训项目的职业教育办学机构或者成人教育办学机构与具有相应优势的办学机构进行优势互补、合作推进，但在现实情景中这往往只是一种美好的设想。那么为何会形成这一现状呢？除了政府统筹黏合不足之外，"职成教"机构之间的协同合作意识淡薄也是一个非常重要的原因。

---

① 李奕：《京津冀继续教育协同发展的机遇、挑战及对策——2016 年京津冀成人继续教育协同发展研讨会综述》，《开放学习研究》2016 年第 4 期。

　　在推进以农村转移劳动力为核心主体的新型城镇化建设与发展过程中，树立协同合作、共同育人的思想观念是"职成教"置身于这一战略背景下进行协同并实现协同发展的方向引领，在共同推进农村转移劳动力城镇化工作中发挥着方向指导和理念统领的作用。也就是说，树立协同合作的思想观念是决定协同合作质量、成效的起始条件。但有学者指出，遗憾的是，我们往往喜欢从教育（培训）的过程中找问题，却很少从教育（培训）设计的前端（即思想观念层面）查原因。① 所以，与农村转移劳动力的城镇化关系密切的职业教育、成人教育应围绕共同聚焦的作用目标，以这一共同作用目标为协同发展契机，积极探索和树立协同合作的思想观念。

　　Z：您对（职业教育或成人教育）办学机构在农村转移劳动力培养培训中进行协同合作怎么看？（追问：现状与前景、各自应负责做好什么等。）

　　C3：在这项工作中，与成人教育学校进行合作培养培训，我们还没做过。根据我的了解，这方面鲜有（学校）合作的吧，这种东西都是自己弄自己的，政府有项目了，能拿到就拿，拿不到也没什么……（中间追问：为什么说"拿不到倒也没什么"？）一来我们（针对农村转移劳动力的教育培训项目）做得少，二来做这种项目收益也相对小些。不过你说"职成教"学校之间在这项工作中进行合作，我看前景还是不容乐观，这很难去做……谁去协调、黏合，具体各自做什么，都需要研究和努力。但为了做好这种项目，我感觉进行合作还是可以的。（受访者停顿了一下，若有所

---

① 睦依凡：《观念更新：大学人才培养改革设计的价值引领》，《中国高等教育》2009 年第 12 期。

思）毕竟多交流、合作，各有各的长处，互通有无，可以把这项工作做得更好，也更有质量些吧，但这需要上级部门或政府加强协调、整合。目前基本都是各自干各自的，反正我看还没有你说的这种协同合作项目，至少大家都没有这种思想和意识。

C3：当然，要想做好这项工作，在有些事情上还是可以协同的嘛，就是各自做好各自的工作，职业教育给他们（农村转移劳动力）做好技术、技能培训，成人教育也可以在职后教育这块对他们多开展一些教育培训，尤其是在素质素养上，在一些非功利性教育培训上，可以好好发挥一下它们的功能和作用。这方面成人教育有很大潜力可挖，而且也应当发挥成人教育的作用。（C3——41岁，性别：男，广西壮族自治区某市一所高等职业技术学院的副校长，负责该校的教育培训工作。）

C16：我们倒有与职业院校进行合作的，在学历教育这块。但是在农村转移劳动力培训上还没得（没有）。我们跟政府部门直接合作搞了一些这方面的项目培训，目前没有跟职业院校在这方面进行合作。至于在这方面的合作前景，理想看是比较广阔的，但实际我看难，大家首先都没合作的意愿、意识吧，利益上、协调上也不好弄，而且"利"本来就小……对于农村转移劳动力培养培训，我认为职业教育要做好职前教育，我们成人学校要做好学历衔接，给他们提供学历教育，也同时做一些这方面的培训，提升他们的素质素养，发挥好我们成人教育的价值与作用。（C16——37岁，性别：男，广西壮族自治区某市一所成人高等学校负责成人学历教育与培训工作的部门主任。）

二、"职成教"协同内在机制欠缺

"协同内在机制"是使"职成教"在推进新型城镇化进程中实现协同发展的内在工作方式。这就意味着,围绕农村转移劳动力城镇化这一核心目标任务,要想在新型城镇化进程中实现"职成教"协同发展,必须对"协同内在机制"进行思考与设计。通过前述分析可知,为推进以农村转移劳动力城镇化为核心使命的新型城镇化建设与发展,光依靠职业教育或成人教育任意一方的作用很难达到目标,需要"职成教"共同建设、相互协调、共同促进。但从调研结果和相关文献分析来看,长期以来,在服务农村转移劳动力城镇化过程中,"职成教"本身缺乏协同合作的意识,相互之间未能建立协同的内在机制,制约了"职成教"在实践推进过程中形成良好的协同关系。

(一)"职成教"资源建设分散,尚未形成共建共享的局面

我国当前的农村转移劳动力教育培训市场形成了多种多样的"职成教"机构承担实施教育培训任务的局面。据了解,一般而言,根据市场需求,先由政府发起针对农村转移劳动力的公益性教育培训项目并向社会发布信息,然后由相应的职业教育机构或成人教育机构承担并实施。在具体实施过程当中,无论是职业教育机构还是成人教育机构,基本都是独立承担项目。但在新型城镇化建设与发展背景下,面对农村转移劳动力的城镇化需求,对于各种各样、来源不同的"职成教"资源,需要进行整合建设,从而将分散的现状转变为集聚合力,发挥整体的协同效应,共同发力推进农村转移劳动力城镇化高质量发展。而就当前"职成教"的农村转移劳动力教育培训资源建设而言,各自相关的硬件、软件建设并未形成统筹整合,基本处于一种分散甚至是重复建设的状态。

以广西南部某城镇中的职业学校、成人学校为例,虽然该城镇中的"职成

教"机构都具有一定的教育培训资源，其中也有一些"职成教"机构以政府购买服务的形式承担过农村转移劳动力的教育培训项目，但是各自在相应的资源建设上并未结合起来进行统筹规划，分散、重复建设的现象较为普遍，未形成共建共享的发展机制。如在家政服务专业建设上，该区域中的××职业学校、××成人学校（机构）都设有相应或相似的专业，也都开展了针对农村转移劳动力的家政服务教育培训项目。为了保障该项目正常进行，需要进行硬件、软件资源（如师资队伍、专业、课程）的建设，但由于缺乏沟通与协调，项目基本处于一种分散建设的状态，这往往造成重复建设。而倘若"职成教"机构之间建立共建共享机制，以协同服务新型城镇化核心主体的农村转移劳动力目标任务为导向，进行资源的共建共享，并将关于农村转移劳动力在城镇稳定就业的能力、融入发展的素养提升的相关教育培训资源、内容等进行整合，协同开展相应的教育培训项目，这样不仅能有效避免分散、重复建设的问题，也能为"职成教"协同开展农村转移劳动力教育培训创造有利条件。

（二）"职成教"服务推进分离，尚未形成协同促进的局面

一方面，农村转移劳动力在城镇稳定就业能力的培养，尤其是职业技能的提升需要发挥职业教育的作用，同时为了更好地服务农村转移劳动力稳定就业能力的培养，要发挥成人教育的作用，协同推进。另一方面，职业教育在培养农村转移劳动力就业能力的过程中应适当融入现代性素养教育元素，更要发挥成人教育的人文性价值作用，协同推进。然而，在服务农村转移劳动力城镇化过程中，"职成教"服务推进分离，未能形成协同促进的局面，这主要体现在以下两个方面。

一方面，在提升农村转移劳动力稳定就业能力上，通过前述分析可知，职业教育机构基本都是根据某一岗位技能开展相应的教育培训，很少将农村转

移劳动力融入城镇发展所需的现代性素养教育元素纳入教育培训课程中,也未借鉴或应用成人教育的一些优秀教育教学方法,这就会使教育培训内容、教育方式方法的对象适应性受到一定的影响。实质上,通过对农村转移劳动力进行访谈了解到,适当融入现代性素养教育元素不仅不耽误培训的时间,还能激发学习的兴趣、改善教学的效果,因为这些现代性素养教育元素也是他们当前融入城镇时迫切需要的东西。且采用适合成人的教学方法能有效激发农村转移劳动力参加教育培训的积极性和市场适应性。[①] 另一方面,在提升农村转移劳动力的融入发展素养上,成人教育应当与职业教育形成配合,尤其要发挥和拓展成人教育人文性的价值功能与作用,协同推进。但是在实际的推进服务与实践过程中,成人教育的目标导向是学历补偿教育和岗位培训,并未与职业教育形成协同,发挥自身的人文性价值功能与作用,也就是作为协同单元的成人教育功能价值"异化"了。总之,"职成教"在服务农村转移劳动力城镇化过程中,服务推进较为分离,还未形成协同促进、相得益彰的良好局面。

　　Z:若在教育培训中适当加入一些素养提升的教育内容或课程(如个人素养提升、城市生活知识等),您觉得怎么样?(追问:为什么?)

　　D2:加入这样的内容,我觉得挺好的,也都需要。我之前参加的几个技能培训班,基本都是针对自己从事的工作,学习技术,讲怎么熟悉、熟练操作。如果像您说的,适当加一些个人素养提升的内容,我想应该都很愿意吧,反正我是觉得挺好的。如果能学到技术,还能在个人修养、

---

① 车向清:《把握成人学习特点走出成人教育教学"普教化"影照》,《职教通讯》2011年第3期。

素养上提高一下，何乐而不为呢？……我认为适当加入这些，应该不会影响技术培训的，可能效果还会更好呢，毕竟积极性高嘛。（D2——杨某，29 岁，性别：男，学历：高中，现工作地：浙江省杭州市，在外工作已11 年，曾参加过 3 次教育培训活动。）

（三）"职成教"效果评价欠缺，尚未形成协同反馈的局面

在"职成教"组成的协同系统内部，对"职成教"协同发展效果的评估与反馈是"职成教"在服务农村转移劳动力城镇化过程中不可或缺的一个环节①，也是体现良好协同关系的一个重要标志。国务院 2019 年 2 月 13 日印发的《国家职业教育改革实施方案》中提出，要打造一批优秀职业教育培训评价组织，加强督导评价②，这进一步表明对"职成教"协同发展效果进行评估与反馈同样十分重要。但是就现状来看，在"职成教"之间围绕农村转移劳动力进行的教育培训，还很少对协同发展的效果进行评估与反馈。

一般而言，无论是承担农村转移劳动力教育培训的职业教育机构，还是成人教育机构，"拿下"相应的教育培训项目后会根据政府机构的要求和教育培训计划，在规定时间开展相应的教育培训活动，完成项目后便给学员发放结业证书或相应的技能（资格）证书。最后承办机构一般需要将教育培训的实施材料与组织情况等向政府中牵头的行政部门上报，相应部门审查后再向承办机构拨付实施该教育培训的经费，项目最终完成。从这一项目组织与实

---

① 王良春、冯旭芳等：《基地+联盟：技术技能人才协同式培育的实践探索》，浙江大学出版社，2017 年，第 62 页。
② 国务院关于印发《国家职业教育改革实施方案》的通知，http://www.gov.cn/zhengce/content/2019-02/13/content_5365341.htm。

施的基本流程来看，行政部门（外部）需要加强对承办过程的监管与评估（在后续的"软性"环境保障部分会进行分析），"职成教"机构自身（内部）也要对教育培训项目的效果进行把握或评价。而在内部对效果的把握或评价较为欠缺，主要是由于"职成教"机构自身普遍未形成效果评价的意识，也没有什么具体的评价标准、办法。对于承办项目的"职成教"机构而言，努力"拿下"项目是最主要的工作任务，而组织与实施的过程不是重点，甚至是"走过场"。有位曾参加相应教育培训的农村转移劳动力表示："我本来是怀着很高的热情，也是克服了很大的困难，才来参加这次教育培训的，但是在学习的过程中感觉他们（指职业教育机构或成人教育机构）组织这个（培训）更多是走过场，效果并不大好……"（D3——池某，32 岁，性别：女，学历：高中，现工作地：浙江省温州市，在外工作已 15 年，曾参加过 1 次教育培训活动。）这也很大程度上反映出一些"职成教"机构并没有形成效果把控的意识。另外，通过进一步了解发现，在"职成教"开展的一些教育培训项目中，其项目目标内容设计较少从城镇化的维度进行考量与评估，如仅以就业或某一岗位的职业技能培养与提升为导向，而未能从服务对象农村转移劳动力的稳定就业能力、融入发展素养两个层面进行权衡与综合考量。但是，在新型城镇化背景下，要协同开展针对农村转移劳动力的教育培训活动，相应的"职成教"机构就应在协同体内部注重效果把控与评价，此外，还应根据协同服务的两大目标任务，建立相应的协同反馈机制。

Z：贵校在开展或完成相应的农村转移劳动力教育培训时，是否对其质量进行过把控或自评？（追问：如果有，具体又是怎么做的？）

C3：这个，我们也会看效果怎么样……（犹豫而未具体地说）我们在这种老师的选任上，是根据项目或内容情况，组织比较好的老师去讲。（C3——41 岁，性别：男，广西壮族自治区某市一所高等职业技术学院的副校长，负责该校的教育培训工作。）

　　C8：质量把控上也做了些工作，像让上课的老师讲好课，对于学生反馈不好的，我们下次就调整更换。（C8——37 岁，性别：男，广西壮族自治区某市一所社会职业培训机构教育培训工作的负责人。）

三、"职成教"协同育人平台不足

在由"职成教"组成的协同系统内部，为建立良好的协同关系，除了二者需要在协同意识、协同机制层面加强建设之外，协同单元之间物质、信息和能量互动交流、彼此作用的重要载体——协同育人平台，也需要进行积极建设或运用。但是，在服务农村转移劳动力城镇化过程中，关涉"职成教"协同育人的有效平台尚不足，主要体现为"职成教"集团组建较少、城镇社区和网络载体运用或建设不足，这会影响"职成教"协同服务农村转移劳动力城镇化的广度、深度和效度，制约"职成教"之间形成良好的协同关系。

（一）"职成教"集团组建较少，资源融通共享平台较为有限

"职成教"资源是二者协同发展的重要物质基础和力量源泉。通过第二章分析可知，"职成教"之间在教育资源上存在着较强的互补性，这也是形成协同共生的基础性条件。为推动二者协同发展，实现二者的资源整合，促进融通共享是主要手段与方式。整合的目的是实现资源的优化配置，使整体达到最优。[①] 一般而言，资源整合是让不同来源或不同内容的资源进行有机融

---

① Marais M A, "The Allocation of Resources to Education in South Africa," in *South African Journal of Economics*, No. 1(1984).

合,使整体和部分具有较强的柔性、条理性、系统性和价值性,并生成新的资源的一个复杂的动态过程,它属于一种优化配置的决策,也是一种战略调整的重要手段。① 集团化是指让若干单位、组织或个体通过一定的方式集而"团"之,通过整合或优化各自的资源,使之发挥"团"的优势。② 由此看出,组建"职成教"集团是实现"职成教"资源优化配置,促进"二教"资源融通共享的有效途径。

然而,通过查阅相关的文献资料并结合调研了解到,我国"职成教"集团组建较少,"职成教"资源融通共享平台目前还较为有限。并且,对已组建的"职成教"集团进行深入分析发现,其中以服务农村转移劳动力城镇化为目标导向的教育培训项目还较少。下面以北京丰台区职业与成人教育集团为例。第一,该集团的基本情况。丰台区职业与成人教育集团成立于 2017 年 4 月 19 日,主要由区域内的职业教育机构(如职业教育中心学校)、成人教育机构(如丰台职工大学、北京广播电视大学丰台分校、丰台区职工中等专业学校)等组成。新组建的"职成教"集团在丰台区内共有"一校十一址",占地面积 11.4 万平方米,建筑面积 5.94 万平方米,教职工共计 422 人。③ 第二,该集团的主要功能。成立"职成教"集团是丰台区建设学习型城区的特色之一④,集团秉承"职成教"一体、全面服务终身教育的理念,在区教工委、教委领导下,充分聚合区域内行业企业、高校、科研机构、协会及社会团体中的"职成教"资源,开展包含职业高中、中专、成人中专、成人大专、成人本科等的不同层面的

---

① 田秀萍:《职业教育资源论》,光明日报出版社,2010 年,第 15 页。
② 孙小芙:《教育集团化运作的探讨》,《上海教育科研》2005 年第 12 期。
③ http://bj.people.com.cn/n2/2018/1023/c389095-32192314.html.
④ http://edu.gmw.cn/2017-04/19/content_24246528.htm.

学历教育活动，也兼具社会职业培训和成人素质、素养提升教育功能，如组织开展针对辖区内社会人员的职业培训、素质提升教育活动。第三，该集团的发展定位。该集团面向高端技能人才培养、区域产业转型升级和学习型城市建设，逐步建立和完善现代"职成教"人才培养体系、市民终身学习服务体系和区域产业发展服务体系，形成中高等教育学历衔接、职业教育与成人教育融合的综合性"职成"教育，从而使之成为该区乃至北京市市民终身学习的服务基地、"职成教"一体化发展的示范基地。

可见，在形式及架构上，这一"职成教"集团的组建为该区域内的"职成教"资源融通共享、协同育人搭建了良好的平台，也为在全国范围内组建相似平台树立了良好范式。但据参与该集团组建的专家表示，从农村转移劳动力城镇化的需求及服务来看，其还存在以下一些不足。首先，类似形式的"职成教"融通或一体化平台在全国范围内还很少，目前丰台区"职成教"集团在全国范围内应属于真正意义上的首家。要促进"职成教"资源的有效整合，更好地服务人民的各类教育与培训需求，如在服务农村转移劳动力城镇化发展上，各地区还应加大、加快该类"职成教"集团的组建。其次，该"职成教"集团的服务对象（或开放性）有待拓展。在学历教育层面，虽然有部分农村转移劳动力参与成人高等学历教育，但目前该"职成教"集团主要面向职业教育学生、企事业单位在职在岗工作者，对农村转移劳动力的开放较为有限；在非学历教育层面，以服务区域内居民、在职在岗的企业或政府机构、事业单位人员为主，而为流入（或居住在）辖区内的农村转移劳动力举办的教育培训活动较少，尤其是针对农村转移劳动力市民素养提升的教育性项目或内容极为缺乏。

（二）城镇社区利用不足，制约协同育人的效能

为适应学习型社会、学习型城市与社区的建设与发展要求，一些"职成教"机构已开始将办学延伸至城镇社区，为社区居民开展一定的教育培训活动。但总体而言，其办学总量、规模较为有限，广度、深度还有待拓展。首先，在社区群体覆盖上，从一些"职成教"机构在城镇社区组织开展的教育培训情况来看，主要面向的群体是城镇当地居民，而为居住生活在相应城镇社区的农村转移劳动力提供的教育培训活动较少。其次，在教育培训内容上，主要分为两类：一是在就业技能、规范、权利义务、职业道德等内容上对社区居民进行宣传教育，如与人社部门合作走进社区，为社区居民开展就业基本知识讲座，宣传国家的就业相关政策、要求与规范等；二是针对社区居民的生活需求开展相应的教育培训活动，如开展心理健康、思想道德、现代生活必要技能等方面的教育培训，但针对某一行业或具体工种开展的就业、职业培训活动较少，受众也基本以城镇当地居民为主。为社区内的农村转移劳动力群体开展的以城镇融入发展性素养为内容的教育培训活动十分有限，如人际交往、价值观、生活方式等方面的教育培训活动。

通过进一步了解发现，"职成教"机构在城镇社区这一平台开展的教育活动也并未形成协同合力。从应然上分析，农村转移劳动力所在城镇社区应是"职成教"实现协同、为农村转移劳动力组织开展教育培训的重要场域。因为对农村转移劳动力而言，城镇社区是其转移至城镇后生存生活的主要"据点"，是促进农村转移劳动力融入城镇发展[①]，与城镇居民融合、和谐相处的

---

① 刘亮、高汉、章元：《流动人口心理健康及影响因素——基于社区融合视角》，《复旦学报》（社会科学版）2018 年第 4 期。

有效载体①，除了企业这一场域之外，它也是与农村转移劳动力心理距离最近的场域，这就意味着农村转移劳动力更愿意在所在社区就近接受教育与培训。而且，如今很多城镇社区都建立了一定规模的社区学院②，从其服务对象、功能、内容综合分析，其大多应属于社区成人教育机构，或具备这一性质。这也为职业教育与成人教育协同培养农村转移劳动力创造了有利条件。但从城镇社区学院建设的情况来看，其条件与实力等较为薄弱，滞后于新型城镇化建设与发展需求，同时也不像美国社区学院那样，属于一个独立的办学实体。从其功能来看，为社区内农村转移劳动力服务的新市民教育的功能薄弱，未能为农村转移劳动力实现职业非农化和角色市民化发挥其应有的作用。③ 职业教育机构目前仍以开展学校学历教育为主，一方面开放性尚且不足，走进城镇社区开展的教育培训活动总量还较少；另一方面与城镇社区学院协同开展的农村转移劳动力教育培训也较为欠缺，基本的情形是社区学院自主组织开展教育培训活动，较少与职业学校合作，职业学校即便走进社区开展相应的活动，一般也是通过社区行政管理部门（如街道办）来开展，较少与社区学院合作或利用社区成人教育资源开展相应的教育培训活动。

（三）信息化建设不足，网络协同育人有待拓展

当前我国的教育信息化发展神速，并将拓展应用包括信息和通信技术在内的现代学习技术作为着力发展的重要手段。④ 自《教育信息化十年发展规

---

① 李东泉、方浩：《社会资本视角下社区治理促进社会融合的实证研究——以成都市肖家河街道为例》，《重庆社会科学》2019 年第 7 期。
② 袁贵仁主编：《中国教育》，北京师范大学出版社，2013 年，第 124 页。
③ 雷培梁：《人的城镇化进程中的教育发展问题研究——以福建省为例》，第 139 页。
④ 陶孟祝、高志敏：《国际成人教育发展趋势透析》，《河北师范大学学报》（教育科学版）2019 年第 1 期。

划（2011—2020 年）》《构建利用信息化手段扩大优质教育资源覆盖面有效衔接机制的实施方案》发布以来，职业教育设立了 56 个专业教学资源库，国家开放大学优质网络课程达 3.3 万门、总量达 60TB。此外，国家教育资源云服务体系初步形成，已为 86 万名学习者开通网络学习空间，全国师生空间开通数量已达 3 600 万个，407 万名教师应用空间开展网络教研，326 万名教师应用空间开展教学，带动了教育理念变革和模式创新。企业系统开发与主流教材配套的基础性资源得到鼓励，平均每天产生近 3 家在线教育公司，在线职业教育规模逐年上升，教育（培训）管理信息化也在全面推进，学校"一校一码"、学生"一人一号"正在成为现实。① 可见，我国当前的教育信息化建设取得了很大成就。而且从世界范围来看，在 2015 年召开的信息与通信技术会议与国际教育信息化大会上通过的《青岛宣言》也特别声明，为了在 2030 年之前实现全纳和公平优质的教育以及终身学习目标，必须利用包括移动学习在内的信息通信技术，强化教育体系、知识传播、信息获取、优质和有效的学习，提供更高效的服务。② 这就意味着，为满足广大农村转移劳动力的"职成教"需求，营造良好的教育与学习环境，必然要注重对现代学习技术的拓展与运用，注重信息化建设。

　　但是对相应文献资料进行进一步分析发现，上述教育信息化建设主要是指学校教育，重点是基础教育、高等教育层面，而对职业教育、成人教育的信息化建设涉及较少，也未能将关涉农村转移劳动力群体的教育培训的信息化建设纳入整个教育信息化推进进程当中去。而且就整个教育信息化建设而言，令人困扰的是，教育信息技术的实际应用远没有达到预期，尤其是教学、

---

① http://old.moe.gov.cn/publicfiles/business/htmlfiles/moe/s5889/201505/187465.html.
② http://101.96.10.63/unesdoc.unesco.org/images/0023/002333/233352m.pdf.

课程、管理之间尚未实现深度融合，未落地坐实。此外，线上教学资源对线下教学资源的简单移植、线上教学内容呈现的技术运用瓶颈、在线学习平台低水平重复建设以及使用密度的相对不足、师生信息技术素养的相对低下以及对在线学习成果认定缺乏热度等问题，都需要在未来的整个教育（培训）信息化建设中得到重视和改进。① 由此推之，农村转移劳动力教育培训信息化建设更是如此，问题更为突出。这在一定程度上反映出信息化与农村转移劳动力教育培训融合不深，"职成教"的教育培训资源未能在网络这一重要平台上得到有效整合，也就是说"职成教"未能在网络这一现代性平台上形成协同育人的合力。网络的快速发展及其在教育培训领域中的广泛应用不仅为"职成教"协同培养农村转移劳动力带来了新机遇，也要求"职成教"在服务农村转移劳动力城镇化过程中积极利用这一载体开展协同育人。

另外，为助力"职成教"形成良好的协同关系，需要在"职成教"之间形成互通对接的"立交桥"，也就是建立连接农村转移劳动力升学、成长的"立交桥"。但当前"职成教"之间的交流衔接还不够顺畅。② 新型城镇化建设以及产业技术创新的不断发展，对农村转移劳动力的技能、知识水平和学历层次提出了新的更高的要求。而通过前述分析可见，当前农村转移劳动力的文化、技能以及现代性素养整体较低，已与劳动力市场需求有了较大的差距。对于职业教育而言，由于其自身内部的中高职衔接还不通畅，加上受传统观念和专业、课程对接等问题的影响，其在具体的中高职对接实践中依然任重

---

① 高志敏、朱敏、傅蕾等：《中国学习型社会与终身教育体系建设："知"与"行"的重温与再探》，《开放教育研究》2017 年第 4 期。
② 国家发展改革委社会发展司、上海市教育科学研究院编著：《中国职业教育发展战略及制度创新研究》，中国计划出版社，2015 年，第 169 页。

道远①,特别是职业教育体系还主要停留在高职专科层次(高职本科较少)②,这也较大程度阻碍了中高职衔接的通道。因此,面对一大批农村转移劳动力,尤其是年轻一代农村转移劳动力对技能、文化和学历提升的巨大需求,"职成教"之间更应积极协同,加强交流沟通与衔接。而"职成教"之间的交流衔接还不够顺畅,学分上难以互认、课程上难以互选、师资上难以互聘、设备上难以共享,"职成教"之间仍然存在层次上、价值上、机制上的不对接、不通畅。③ 这样的状态或格局对于农村转移劳动力,尤其是城镇化需求较为迫切的年轻一代农村转移劳动力而言,在获取就业技能、学历和综合素质提升上也将形成很大的阻力。

Z:贵校的信息化建设情况如何? 是否向农村转移劳动力等社会人员开放或免费提供教育培训资源?

C1:我们现在正在根据国家和市政府的信息化建设相关要求,建设数字化校园,推进教师信息化素养、教育教学设施、课程资源等的网络信息化的建设,开发了一些线上教育教学资源和平台……但跟基础教育、高等教育比起来,我们还有很大距离,毕竟在整体上,对它们(指基础教育、高等教育)的重视程度不一样,我们本身的经费也有限……我们也有一些教育资源挂在学校主页上,免费向包括农村转移劳动力在内的校外人员开放,但是总体上比较少,资源开放量也挺有限的,目前主要还是针

---

① 周文清:《现代职业教育"四位一体"人才培养"立交桥"的建构与运行》,《职业技术教育》2018 年第 16 期。

② 孙粤文:《断裂、整合、再造:高等职业教育层次高移发展建构》,《职业技术教育》2015 年第 25 期。

③ 孔令来:《职业教育与成人教育有效衔接策略研究》,《天津职业院校联合学报》2018 年第 6 期。

对我们本校的学生进行建设和开放使用。（C1——北京某中职学校校长、研究员。）

第三节　协同环境困扰："职成教"协同保障环境缺失

在新型城镇化进程中推进"职成教"协同发展需要适宜的条件。相对于协同单元、协同关系而言，协同环境作为一种外生的基本调控机制，尽管其不可抗拒，但其在某些情景下对协同单元、协同关系的影响可能是决定性的。所以，营建一个良好的协同保障环境才能更好地激发协同单元的内生活力，维系协同关系的平衡。协同环境可分为"硬性"环境和"软性"环境，其中"硬性"环境主要体现为支撑协同发展的物质条件与基础，"软性"环境主要表现为保障协同发展的政策制度条件。① 然而，在"职成教"协同推进以农村转移劳动力为核心主体的新型城镇化建设与发展过程中，"职成教"协同的"软""硬"性环境还存在不同程度的缺失或不足，尚难以支撑二者形成深层次的协同发展生态。

一、物质基础薄弱，"硬性"环境亟待改善

在一个协同系统形成的初期，一般需要侧重基础设施、设备等方面的"硬性"环境的建设，良好的"硬性"环境是协同体发展的基础条件和重要前提。那么，作为协同单元的"职成教"，要想在推进新型城镇化建设与发展的过程中发挥出良好的协同效应，实现协同发展，进而成为新型城镇化建设与发展

---

① "硬性"环境是一种相对性概念，虽然其在表现形式上体现为支撑事物发展的物质条件与基础，但在实际中"软性"环境往往是"硬性"环境建设的重要支持条件或影响因素。本书为了体现协同环境的差异性和分析的需要，将"软""硬"性环境分类、分开探讨。

的重要支撑,也需具备一定的物质条件与基础。通过第二章对新型城镇化与"职成教"整体系统之间互动共生关系逻辑的分析可知,足够的"硬资本"(物力资本和财力资本)投入是必要保证,其中经费投入是关键——经费是办教育最根本的保证,它为教育提供最基本的物质条件,没有一定量的教育经费投入,基本的校舍、教材、设备等办学条件便不能保证,教育事业举步维艰,更谈不上提高教育质量和人才规格。① 实质上,经费投入不足始终是影响"职成教"发展的一个重要因素。

　　总体上,无论是职业教育还是成人教育,相对于基础教育和高等教育来讲都是非常薄弱的,而"职成教"又是直接为当地经济社会及农村转移劳动力城镇化服务的,如果不把对应的"职成教"扶持好,经济社会、农村转移劳动力的发展是不太可能的。虽然国家一直强调要重视对农村转移劳动力教育培训的财政投入,从而为加快推进农村转移劳动力城镇化提供有力支持,但从目前支持农村转移劳动力城镇化所需的资金的现状来看②,关涉农村转移劳动力教育培训的"职成教"资金的缺乏显而易见,而要将"职成教"培育成支撑农村转移劳动力城镇化的重要战略协同单元,并形成良好的协同关系,光依靠单一的政府财政投入与支出还难以支持,亟须拓展资金来源渠道。但由于"职成教"本身的弱势,加上农村转移劳动力群体特征较为复杂,各界对其关注度较低,包括政府和企业在内的社会各界对农村转移劳动力教育培训所关涉的"职成教"建设与发展的资金支持的力度还较弱,"硬性"保障环境亟待改善。

　　第一,政府对农村转移劳动力城镇化所需教育培训的公共财政投入不

① 叶向东等:《人类未来的希望——蓝色教育》,中国经济出版社,2005 年,第 80 页。
② 刘慧:《供给侧改革视域下新生代农民工市民化继续教育研究》,《广州广播电视大学学报》2017 年第 4 期。

足。一方面，我国的教育财政投入总量较为有限，各类教育的经费投入不均衡。总体上，我国教育的实际财政投入总量虽已于 2012 年达到 GDP 的 4%，步入后 4% 时代，投入总量也在逐年增长，但与世界平均投入水平相比还有较大差距，4% 也仅是一个"及格线"，远不能充分满足需求。并且，我国各级各类学校人数达 2 亿多，教育规模十分庞大，其发展所需经费也大，主要是由中央财政拨款支持，因而投入总量上仍然不足。另外，不同教育类型、不同群体、不同地区的教育投入都存在较大差距，不均衡问题较为突出，如基础教育、高等教育的投入要远大于"职成教"的经费投入，学校教育要远大于农村转移劳动力教育培训的经费投入。另一方面，地方政府对农村转移劳动力"职成教"工作的重视程度不够，如尚未制定农村转移劳动力教育培训的具体规划以及配套政策，支持该项活动的投入机制也未能建立起来。没有政府给予的专项教育培训经费①，又缺乏社会捐助，接受农村转移劳动力就业的企业也出于利益最大化的考虑而削减甚至不安排教育培训经费，以至于农村转移劳动力教育培训难以推进与发展，严重制约农村转移劳动力的城镇化进程②。通过调研了解到，有些地方领导和相关部门对农村转移劳动力的"职成教"工作仅停留在口头上，具体教育培训的组织与开展难以落实，导致农村转移劳动力的教育培训处于一种比较松散的状态。正因为一些地方政府、企业对农村转移劳动力的教育培训工作不够重视，当下的农村转移劳动力教育培训因缺少政府的宏观统筹和企业的安排，出现只图利益、不重实际的教育培训机

---

① 唐可、秦凤艳：《我国农民工职业培训的政策支持与实施效能》，《现代远程教育研究》2010 年第 2 期。
② 张军霞、陈鹏：《新型城镇化进程中农民工职业培训的政策供给与制度变革》，《职教论坛》2017 年第 7 期。

构乱收费、发假证现象。政府对农村转移劳动力教育培训经费投入不足,导致承担农村转移劳动力教育培训工作的"职成教"机构(尤其是社会上的各类"职成教"机构)缺少相应的资金支持,办学条件较差,缺乏教育培训所需的设施、设备、教材和高质量的师资队伍等基础性条件。相应的优质教育资源的不足会严重影响农村转移劳动力"职成教"工作的有效开展,更难以支撑"职成教"协同推进。

第二,社会对农村转移劳动力城镇化所需的教育培训的支持十分有限。从目前农村转移劳动力教育培训的经费来源情况来看,社会(如企业、个人、团体等)对农村转移劳动力教育培训的支持(主要以社会捐助的形式)匮乏。另外,农村转移劳动力教育培训事业在我国属于一项社会公益性事业,学费收入相对较低,开展项目合作等取得的收入也十分有限,而本应作为农村转移劳动力教育培训组织与实施的重要主体的企业,通过上述分析也可以看出,其往往出于经济利益等的考量,不愿为农村转移劳动力就业技能和市民素养提升提供经费支持。[1] 可见,当前社会层面对农村转移劳动力教育培训所关涉的"职成教"建设与发展的资金支持十分有限。经费投入不足、来源单一会造成教育培训内容较为单一,在实际开展过程中,一些承担农村转移劳动力教育培训工作的"职成教"机构讲求形式,不顾实效,也一定程度上影响了"职成教"作用的发挥,而且会制约"职成教"在组织开展农村转移劳动力教育培训工作中所需的资源存量,并易固化"职成教"及其所承担的农村转移劳动力教育培训对政府的过度依赖。客观上,这还可能会遏制"职成教"通过面向市场和协同服务新型城镇化建设实现自我超越与发展的机会。

---

[1] 和震、李晨:《破解新生代农民工高培训意愿与低培训率的困局——从人力资本特征与企业培训角度分析》,《教育研究》2013 年第 2 期。

　　第三，财政转移支付制度不完善。通过了解发现，目前农村转移劳动力受教育培训的机会不平等。以南部某发达省份为例，在农村转移劳动力教育培训费用分担上，拥有该省户籍的农村转移劳动力在参加相应的教育培训时基本可以免费，而非本省户籍的农村转移劳动力想要参加同一教育培训项目时，费用往往需要由自己承担，对想参加又未就业的外省农村转移劳动力而言，要自己付费去参加相应的教育培训，心理上会有很大的负担，也更有难度。[①] 而农村转移劳动力所在企业又不愿花钱对其进行培养，更害怕培养后劳动力跳槽，使投入"打水漂"。承担农村转移劳动力教育培训的相关"职成教"机构很多是自负盈亏，组织开展这项活动收入又不多，也就难以继续扩大投资和教育培训规模。加上政府经费投入不足，也难以有更多的资金投入。尽管存在一定的资金投入，设立了一些教育培训项目以推进农村转移劳动力"职成教"工作的开展，但总体数量与规模较为有限，尚难以满足当前加快推进新型城镇化建设与发展的战略诉求。这种投入与成本分担所呈现的问题，根本在于当前我国的财政转移支付制度主要是以户籍人口为依据的，但这种制度已与新型城镇化建设发展的要求不相适应。中央政府通过政策"请客"，让大量的农村劳动力不断转移至城镇，而包括教育培训在内的公共服务财力支持又主要由流入地政府"买单"，这种做法让流入地政府很是为难，甚至是抱怨。[②] 近年来，尽管随着我国居住制度改革，农村转移劳动力通过居住证的办理可以享受与城镇居民同等的城镇公共资源与服务，但是我国当前的财政

---

① 谢建社编著：《农民工社会工作的理论与实践——来自粤穗社工服务经验》，中国社会出版社，2015 年，第 85 页。
② 褚宏启：《新型城镇化与教育行政职能转变——城镇化进程中的教育行政改革》，《教育学报》2015 年第 6 期。

转移支付制度实际仍以户籍人口为主要参照依据。因此,对户籍属于农村却又在城镇就业的农村转移劳动力而言,在财政转移支付保障上难以真正享受到相应的城镇公共资源与服务——当大量的农村劳动力从农村转移至城镇就业与生活时,流入地政府并未增加相应的经费投入(教育培训上的经费投入亦是如此)。正因如此,由于缺少必须的经费或财力保障,加上不断有大量的农村劳动力转移至城镇,因此会有巨大的公共经费压力,流入地政府在为农村转移劳动力等群体提供均等、优质的公共服务上往往欠缺足够的动力和能力。因此,为保障关涉农村转移劳动力城镇化的"职成教"工作顺利开展与实施,也为"职成教"协同培养培训农村转移劳动力提供良好的财力条件,还应改革完善相应的财政转移支付制度。

　　Z:贵市在政府层面对农村转移劳动力教育培训的投入力度如何,具体投入情况是怎样的?是否有其他渠道支持?

　　B4:座谈时,人多我不好说,他们领导讲得都挺好的,说我们做了挺多有关教育培训的工作,怎么开班,怎么做的。我们市在农村转移劳动力教育培训上经费还是挺多的,这点是没错,但是还没广泛用起来,要是真用起来,肯定是不足的,我们这儿那么多民工,就按三分之一来进行培训,现在的经费就少得可怜了。我刚说的经费多,就是因为实际开班来的人少,很多人不知道(宣传不到位),也有很多人不愿意来……(追问:为什么不愿意来?)效果不好啊,具体我也不好多说什么。至于是否有其他渠道,目前就政府投入这一个……而且实际在组织教育培训活动时,我们主要还是以本地户口的人为来源对象,外来的很少。如果我们的投入经费真用、用好的话,总体缺口是很大的,光靠政府投入,我看要支撑起来是很难的。(B4——某市人社局办公室管理人员,参与当地对包括农村转移劳动力在内的群体的教育培训工作。)

二、政策制度缺失,"软性"环境保障不足

随着"职成教"协同系统发展并逐渐走向成熟,"软性"环境便开始取代"硬性"环境(这并不意味着后者不重要或不需要),逐渐转变为保障"职成教"协同发展的核心要素。综合相关的研究并通过调研了解到,在"职成教"协同推进以农村转移劳动力为核心主体的新型城镇化建设与发展过程中,还存在管理体制不顺、主体联动不畅、质量保障不足的"三不"问题,制约着"职成教"协同效应与作用的发挥,影响二者走向深层次协同发展。

(一)管理体制不顺

体制是制度形之于外的具体表现和实施形式。教育管理体制指现代国家为履行其教育职能而建立的由机构、规范以及运用的手段等一系列要素构成的整体;换言之,教育管理体制是国家管理本国教育事业时的制度化的途径和方式,这其中包括通常所说的教育行政体制,也包括学校领导体制。[①] 在协同推进以农村转移劳动力为核心主体的新型城镇化建设与发展的过程中,关涉农村转移劳动力教育培训的"职成教"协同的管理体制与教育管理体制有相似之处,也有不同的地方,有的归属于教育管理体系之内(教育部门管属),有的则独立于教育管理体系之外(如劳动部门管属)。那么,针对农村转移劳动力城镇化的"职成教"协同的管理体制,实质上是"职成教"的农村转移劳动力教育培训工作中的领导管理系统与机构设置,具体包括"职成教"

---

① 张斌贤主编:《现代国家教育管理体制》,上海教育出版社,1996年,第1页。

协同系统中相关管理机构层级间及同层级内部的机构设置、权限划分和隶属关系,以及国家采取的集中或分散的管理方式等多方面的内容。其核心问题是在"职成教"协同工作中,中央政府和地方政府之间,以及"职成教"管理部门和"职成教"办学机构之间的权限划分。因此,在"职成教"协同推进农村转移劳动力城镇化过程中,理顺"职成教"协同的管理体制才能推进这项事业的良性发展,才能促使"职成教"形成良好的协同发展生态,而管理体制不顺畅便会制约管理功能的发挥——较为分散的管理易造成各个相关部门互相掣肘、相互牵制和争利等弊端。

　　通过考察分析我国"职成教"协同的管理体制可知,在实际推进过程中,围绕农村转移劳动力就业(职业)培训、市民素养提升等,中央至地方各级的教育、人社、经济、司法、民政、文化等部门都有相关的机构或组织牵头,开展相应的教育培训活动。由于所涉部门众多,这里仅以教育部门和人社部门为例①进行分析。在教育部门中,全国的"职成教"工作主要由教育部下辖的职业教育与成人教育司统筹规划、综合协调和宏观指导与管理,具体主要由城乡社会教育处、高等继续教育处负责成人教育工作(亦包括对教育部门中各类"职成教"机构所承担的农村转移劳动力群体教育培训相关工作的宏观管理);各级地方政府部门也分别设置了对应的统筹管理部门,如省级政府(教育厅)下辖的职业教育与成人教育处、市级政府(教育局)下辖的职业教育与成人教育科、县级政府(教育局)下辖的职业与成人教育股,分别负责本省、本市、本县的职业教育、成人教育的宏观管理工作。主要包括拟定"职成教"发展规划和评估标准,负责"职成教"教学管理、专业设置与调整工作,职业学

_____

①　目前教育部门、人社部门是"职成教"管理的两大主体。

校、成人学校和社会力量办校的设置、撤并的审核、报批工作,牵头管理办学工作,等等。结合笔者对职业教育与成人教育司有关负责领导、市教育局分管副局长的访谈可知,针对农村转移劳动力的教育培训工作,教育部门会根据需要牵头组织开展相关工作,一般交由职业学校和成人学校(或相应的办学机构)承担实施。

而人社部门比教育部门更复杂,在国家层面有人社部下的农民工工作司协调全国农民工(即农村转移劳动力)的教育培训工作。省一级在人社厅下设立了农民工工作处,负责拟订农民工工作的综合性措施和规划,推动农民工相关政策的落实,协调解决重点难点问题,也负责与农村转移劳动力的教育培训相关的工作,如将安全生产、法规知识等纳入农民工技能培训内容等;也有职业能力建设处,负责拟订城乡劳动者职业培训政策、规划,指导开展技工学校教育和职业技能培训等工作;还有省职业培训指导中心,对本省职业培训相关工作进行管理。市一级则一般由市人社局统筹建立面向城乡劳动者的职业培训制度,并由人社局下的职业能力建设科具体负责拟定本市城乡劳动者就业培训措施,组织实施技工院校及职业培训机构的发展规划和管理规划,指导、规范职业技能鉴定和技术等级岗位考核评审(鉴定)工作,核发职业资格证书和职业技能培训合格证书,综合管理全市职业技能培训、鉴定(考核)工作,承担职业能力建设工作,负责就业培训行政许可和行政审批项目等。

通过上述对教育部门、人社部门相关职能及其对应工作的大体分析可知,无论是教育部门、人社部门还是其他部门,皆涉及农村转移劳动力教育培训相关工作。尽管各部门开展的教育培训工作针对性或导向不尽相同,且出台了一定的政策措施,但无论是在相应的教育培训项目建设,还是在教育培训活动实际开展的过程中,各个部门往往各自为政、独立操作,管理上处于一种较为松散的状态,易出现交叉管理、政出多门,甚至管理真空的现象。如针对农村转移劳动力的市民素养教育,虽然教育部门具有管理成人教育的职能,但通过了解发现,实际较少对这一群体的市民素养教育予以关照。可见,当前我国针对农村转移劳动力教育培训的管理部门虽多,各自也都出台了一些政策与措施,但"你管、我管,多管却往往是难管"。这表明在推进农村转移劳动力城镇化过程中,"职成教"协同管理的体制还不顺畅。管理体制不顺不仅会导致条块分割、力量分散、低水平重复办学等问题,也会使"职成教"的各级各类学校、教师、设施设备、教学资源等无法有效整合①,难以实现良好的资源互动和共享。而且还出现了学历证书、职业资格证书、技术等级证书等"政出多门"的现象,也出现了教育部门主要管职前却职后缺位、人社部门主要管职后却力量不足等问题。② 也正是在这种分散管理的体制下,部门相对分割,缺乏合作,不同部门的教育培训资源能被"职成教"有效利用的较少,这不仅造成资源的重复建设和浪费,更难以达到 1+1>2 的协同效应。总之,针对农村转移劳动力城镇化的"职成教"工作缺乏统一、有序和有效的管理体制,而政府作为管理主体,在一定程度上还存在缺位、越位和错位的现象③;"职成教"管理组织之间也没有形成良好的沟通与对话,呈现出条块分割、多头管理、职能交叉等问题。而"职成教"协同管理体制不顺,会导致"职成教"协同服务新型城镇化时的功能、作用难以发挥,协同价值受到制约。

---

① 陈昭玖:《产业转型背景下农民工就业问题研究》,中国农业出版社,2013 年,第 115—116 页。
② 翟海魂、柳靖:《规律与镜鉴——发达国家职业教育问题史》,北京大学出版社,2019 年,第 113 页。
③ 吕一中等:《我国职业教育办学体系及管理体制研究》,中国经济出版社,2014 年,第 141 页。

Z：当前"职成教"的架构、职责是怎样的？都有哪些部门在开展（负责）农村转移劳动力教育培训工作？一般农村转移劳动力教育培训工作交由哪些机构来具体承担实施？

B1："职成教"的总体架构说起来比较复杂，也比较多，你可以看看我们网站的介绍，其中对我部的"职成教"架构及其职责有比较详细的介绍……一般农村转移劳动力教育培训工作由各种类型的办学机构在承担实施，比如职业教育这块，有中职、高职，也有高校中负责职教的学院或部门，还有社会职业培训学校，都在开展相应的工作；在成人教育这块，主要有成人学校、高校中负责成教的学院（如继续教育学院）、社会的成人培训学校，还有一些社区学校或社区成校等。（B1——主管"职成教"的行政部门的副主任，熟悉全国整体的"职成教"工作。）

B2：我们人社部门里头，做农村转移劳动力教育培训的有好几个，像农民工工作司在协调统筹，还有其他部门也有做这个的，像职业能力建设、职业培训指导等部门也做一些这方面的工作……（B2——人社部某处副主任，编审，负责职业技能鉴定及职业培训等工作。）

B9：在农村转移劳动力教育培训这块，好像很多部门在做，像人社局、教育局，还有各类学校，像技工学校、社会职业培训学校等，但人社局做的多一些，他们主要负责组织工作，教育局这块做得倒很少……（B9——广西壮族自治区某市政府中负责教育培训工作的副区长。）

（二）主体联动不畅

随着新型城镇化建设与发展的深入推进，围绕农村转移劳动力城镇化这一目标核心，"职成教"协同发展面临的问题将更加复杂多样。为在这一目标进程中推进"职成教"协同发展,除了要在政府层面理顺"职成教"协同的领导管理系统与机构设置(管理体制)之外,还迫切需要各个相关主体的积极参与,加强主体间的联动与合作,即需要政府和相关行政部门统筹领导、"职成教"分工合作、企业与社区积极支持,形成各个联动作用主体协同合力的局面,这是"职成教"实现协同发展的重要前提。从治理层面审视,主体联动的问题实质上属于管理体制的进一步细化,要从治理层面探讨关涉协同的各个联动作用主体的行为方式,并通过某些途径来调节各联动作用主体的行为①,从而通过各个联动作用主体的协同治理,共同推进农村转移劳动力"职成教"工作的有效开展与实施。治理要发挥作用就要依靠多种利益和责任主体的参与以及相互发生影响的互动。②

　　从第三章对新型城镇化与"职成教"的应然关系逻辑的分析可以看出,"职成教"协同主要关涉政府、"职成教"机构和企业三大联动作用主体。而农村转移劳动力迁移至城镇后,虽然他们所在的城镇社区并不是协同联动的主体,但其作为农村转移劳动力重要的生活闲暇区,也是农村转移劳动力进行"职成教"活动一个不可或缺的场域,更是上述三大联动作用主体交织与作用的一个重要场域。因此,为了分析的需要,这里将其也作为一个联动作用主体进行探讨。然而通过考察了解到,在协同推进新型城镇化过程中,除了上述所说的协同管理体制未厘清之外,还有这些问题:各个主体之间职责、角色不彰,缺乏参与的积极性与主动性,未建立各方合作的相应机制,缺乏协同

---

① 邓文勇:《职业教育与新型城镇化的联动逻辑及实现路径》,《中国职业技术教育》2019 年第 27 期。

② Stoker G,"Governance as Theory: Five Propositions," in *International Social Science Journal*, No. 155(1998).

治理的合力，处于一种主体联动不畅，即共存现状下的非合作共治样态。具体体现在以下几个方面。

1. 政府及相应部门的管理主导地位不突出

主要体现为参与上重视不足，保障上职能定位失措。首先在参与上，政府对关涉农村转移劳动力教育培训的"职成教"工作重视不足。政府及相应部门作为政策、法律、战略的导向者、设计师①，无论是在新型城镇化战略的设计和实施上，还是在"职成教"协同开展的农村转移劳动力教育培训工作中，都发挥着必不可少的统筹与服务功能。但政府及相应部门还存在重视不够的问题。笔者通过 2017 年在广西某市政府的挂职学习了解到，当地政府根据国家和省级政府的新型城镇化建设与发展规划，制订了相应的年度新型城镇化建设工作方案，其中也提出要使农村转移劳动力基本职业技能培训覆盖率达到 80%，并且将加快农村转移劳动力市民化进程作为新型城镇化年度建设的重点工作内容之一。但是在制订新型城镇化建设具体工作方案时，未能将关涉农村转移劳动力职业技能培训的"职成教"建设纳入统筹考虑，也没有更为具体的推进措施，相关的"职成教"配套政策与设施未建立起来，如农村转移劳动力"职成教"还没有制度化，"职成教"发展水平较为有限。通过查询并分析东部沿海某发达省区的《××省 2018 年推进新型城镇化建设重点任务》可知，总体情况基本与国家年度新型城镇化建设重点任务要求一致，都明确了要走以人的城镇化为核心，以提高质量为导向的新型城镇化战略道路，并继续将加快推进农业转移人口的市民化作为首要战略工作重点，不断提升新市民融入城市的能力。然而，进一步分析其建设规划可知，重点依然局限

①　朱德全、徐小容：《职业教育与区域经济的联动逻辑和立体路径》，《教育研究》2014 年第 7 期。

于户籍城镇化,也就是还专注在提升人口的城镇化率上,而对其就业能力的培养,尤其是市民化所需的素质提升重视不足,并且未将关涉农村转移劳动力教育培训的"职成教"建设纳入整体统筹,仅是提出要落实农村转移劳动力的职业技能提升计划、制定推行终身职业技能培训政策,对于如何实施、选择什么样的内容进行推进,并未明确或具体化,尤其是对承担农村转移劳动力教育培训的主体——"职成教"机构如何协同更少提及。

其次在保障层次上,政府及相应部门自身职能定位失措。一是难以做出客观、公正、及时的决策。农村转移劳动力群体庞大、流动性较强,又分散在城镇各个角落、各个行业,对其实施教育培训的管理部门众多,各个联动作用主体之间的关系也十分复杂,对政府及相应的管理部门来说,充分、准确地掌握和处理这一群体的教育培训需求,理顺各个相关主体的关系,并客观、公正、及时地做出相应的决策并非易事。二是把握不当。通过了解政府推进农村转移劳动力教育培训的现状可知,把握不当主要体现为两点:参与相应工作不够和过度参与(政府的参与不够在上述分析中已论及)。而过度参与主要体现为一些地方政府及相应的行政管理部门往往在制定决策时,忽视"职成教"和农村转移劳动力城镇化的发展实际。不相适应的政策措施会干预"职成教"之间及其与其他主体的协同合作,影响"职成教"及其他主体在农村转移劳动力培养培训上的协同联动。

2. "职成教"机构的教育培训主体作用不凸显

在应然层面,"职成教"机构是承担以农村转移劳动力城镇化为目标导向的教育培训的办学与实施主体。但在协同推进以农村转移劳动力为核心主体的新型城镇化建设与发展的过程中,无论是职业教育机构,还是成人教育机构,其办学与实施主体的作用并未得到有效发挥。

一是在职业教育机构层面，农村转移劳动力职业教育主要分为学历职业教育和非学历职业培训两个部分。借助 2019 年 9 月由教育部、人社部等六部门共同发布的"百万扩招"政策红利，农村转移劳动力有了更多、更广泛的机会参加学历职业教育，目前学历职业教育工作主要由高职院校承担。农村转移劳动力可以以半工半读、工学结合的学习与培养形式参与学历职业教育。农村转移劳动力若有学历职业教育诉求，除了理论上可以参加高考进入高职院校学习之外，还可以借助"百万扩招"计划凭借考核成绩免试入学。这对普遍"半途失学"、想学得一门技术考试能力又较弱的农村转移劳动力而言，无疑是一个很好的机会。但是"百万扩招"的政策毕竟有一个时限。而且，总体而言，职业教育机构尤其是较为切合需求的中等职业教育办学机构，还未对农村转移劳动力广泛开放。职业培训目前在国家政策中已经明确属于职业教育的范畴，要建立人人都能参与的职业教育和培训体系。各类职业教育机构也逐渐重视开展职业培训，职业培训因此在职业教育中得到很大发展。但同时要看到，职业培训总量在职业教育工作中的比例还较小。从群体覆盖而言，通过前述对"协同单元异化之职业教育维度"的分析可以看出，农村转移劳动力所占比例较小，职业教育机构所开展的以农村转移劳动力城镇化为目标导向的职业培训也非常有限。

二是在成人教育机构层面，农村转移劳动力成人教育主要分为学历教育和非学历教育两个部分。农村转移劳动力的成人学历教育主要由普通高校下的成人教育机构承担。[①] 普通高校成人学历教育主要包括以函授、业余教育形式为主的成人高等教育和网络教育两个部分，目前成人高等教育和网络

---

① 目前独立办学的成人高校承担成人高等学历教育的已不到 10%，而且农村转移劳动力参加的成人学历教育也基本以高校举办的为主，因此这里主要探讨高校成人学历教育。

教育已呈齐头并进之势。① 农村转移劳动力若想提高学历层次,一般可通过参加成人高考、自考等形式进入成人学历教育。据了解,成人高等教育和网络教育是当前农村转移劳动力在寻求学历提升上的主要选择。但是,通过对成人学历教育招生情况、相关研究文献的检索发现,在高校开展的成人教育(学历和非学历成人教育)主要是成人高中后或大学后各种形式和类型的高等学历和非学历成人教育,而对于很多学历未达要求,又有学历提升需求的农村转移劳动力而言,这种"面向"是一种障碍和困扰。在非学历教育层面,成人教育机构面向城镇社区中的农村转移劳动力开展的成人培训亟待拓展。目前成人教育机构开展的非学历教育主要面向具有一定学历层次的城镇当地居民或企业在职在岗中高层,针对农村转移劳动力的服务面、覆盖面亟待拓展。而在市民素养提升方面,成人教育的应然价值和作用更加缺失。对于很多成人教育机构而言,学历成人教育目前仍然是其主要工作,非学历培训尽管受到国家的重视,也在逐渐拓展,但针对农村转移劳动力群体的市民素养拓展与提升等培训,在整个成人非学历教育培训市场所占比例非常低。以笔者之前工作的高校②为例,成人学历教育(以成人学历高等教育为主)是该校成人教育工作的核心,虽然非学历领域持续升温,办学中心逐渐向其倾斜,但很少有针对农村转移劳动力的非学历教育培训项目实施与开展。可见,拥有传统成人学历教育与非学历教育培训资源优势的高校,未能发挥在农村转移劳动力教育培训上的主体作用,在农村转移劳动力教育培训领域的发展空

---

① 根据教育部 2021 年教育统计数据分析。
② 笔者曾工作的高校在该省综合实力排名第二,成人学历教育规模全省第一(2013—2022 年年招生量均破万),成人非学历教育培训位于全省前列,在成人学历与非学历教育培训方面具有一定的代表性。

间还很大。具有丰富和优质的成人教育资源的高校很少开展农村转移劳动力的教育培训，北京某高校负责教育培训工作的副院长（在该校教育培训学院工作已有20余年）道出了其中的缘由："当前我们主要面向企事业单位的管理人员举办教育培训，针对农村转移劳动力的培训，我们办得很少，以前办过，但现在不办了，也不愿意办了。主要还是基于经济效益的考虑，不划算……"

在应然层面，"职成教"机构无疑是承担农村转移劳动力城镇化教育培训的办学与实施主体。但在推进新型城镇化进程中，从协同治理的视角审视，立足共同聚焦的作用目标，一方面"职成教"机构针对农村转移劳动力的教育培训主体作用不凸显，影响二者协同的深度和广度；另一方面，通过前述分析可以看出，"职成教"的合作化程度、与其他主体的协同度较低。在"职成教"之间的合作化程度方面，二者都缺乏协同合作，各自独立操作、各自为政，合作化程度还较低，未建立适切的协同关系。而在外部协作，即与其他主体的协同合作上，协同推进的程度普遍不高。

3. 企业、社区的教育培训参与度较低

在"职成教"协同推进农村转移劳动力教育培训的过程中，还需要企业、社区等主体的共同参与。但这些力量对这一工作的积极性或参与度较低。在企业层面，企业为了保障生产的正常运转，追求利益最大化，希望员工能全勤、全工作时段参与生产，在让员工花时间去参加教育培训和继续工作创造价值的取舍中必然重视后者而轻视前者，结果往往是企业为了让处于基础地位的普通员工——农村转移劳动力投入更多的时间在生产上，不愿其参加教育培训活动，更不愿花费金钱主动为其组织和开展相应的教育培训活动。从笔者之前在企业以普工身份工作时的观察体会来看，企业只会在农村转移劳动力入职企业正式上岗之前，为了加快提升农村转移劳动力的岗位适应性、降低安全风险,组织开展短期的岗位技能与要求培训,之后作为普工的农村转移劳动力虽然也会参加在职在岗的教育培训,但只是这一群体当中的少数,如选派其中的技能突出者在企业或"职成教"机构进行培训。而市民素养方面的教育活动,则更少有企业开展或支持。如此,即便很多农村转移劳动力有较强的意愿参加"职成教"学习①,但面对这样的环境,加上其本身经济条件有限,也很难付诸行动。

在社区层面,通过前述分析可知,目前城镇社区对迁入、居住在其中的农村转移劳动力开放性不够,社区开展的教育培训活动基本是面向城镇社区本地居民的,居住在社区中的农村转移劳动力较少参加。理论上说,城镇社区作为农村转移劳动力除企业之外较为理想的一个教育培训场域,尤其是农村转移劳动力工作之余会在城镇社区参加以现代性素养提升为内容的教育活动,不仅深受大多数农村转移劳动力喜欢,而且也是有效的。② 很多农村转移劳动力也表示,在工作之余(如周末或晚上)参加他们居住生活的城镇社区里面就近开展的相应的教育培训活动,既方便也不影响养家糊口,如果还能提升就业技能,掌握一技之长或提升综合素质,那么他们很愿意参加。但较为遗憾的是,目前针对农村转移劳动力群体开展教育培训活动的城镇社区较少,还存在开放性不够的问题。

　　Z:我们的社区学校,主要面向的对象是哪些人?包含住在社区里头的外来务工人员吗?一般教育培训的内容是什么?

① 邓文勇:《新生代农民工就业难的原因及对策探究》,硕士学位论文,曲阜师范大学,2011年,第18页。
② 邓文勇:《新生代农民工培训意愿及其实现策略探究》,《职教通讯》2014年第4期。

C11：我们社区学校主要是面向本社区的居民，当然包括他们（指农村转移劳动力）了，但他们很少来的，他们流动性比较大，也不好统计，他们自己参加的积极性也不高，所以实际主要还是面向当地居民。内容主要有两大块：一个是短期技能培训，我们与一些学校合作（据进一步了解，与该社区学校合作的主要是高校，"职成教"机构较少）；一个是老年、休闲式的教育，内容是修身养性的教育，主要目的是陶冶情操。（C11——黄某，男，46岁，广西壮族自治区某市一社区学校负责人，从事社区教育管理工作13年。）

Z：若就近（如在您所居住的社区里）提供教育培训，您愿意参加吗？（追问：为什么？）

D21：这个很好啊，很方便。我知道有些教育培训在市里的学校（在本市的一所高校中）进行，离我这儿比较远，想参加，但最后我还是打了退堂鼓。如果在我住的地方，那我就肯定更愿意参加了。但是到社区里头来开班的，好像没有。而且，它（通过进一步了解，是指D21居住地的一所社区学校）也基本不对我们开放啊，你看参加学校培训的人，都是附近社区的人（指当地人），很少有我们这样的去参加的。（D21——张某，男，25岁，学历：高中，现工作所在地：广东省珠海市，已外出工作8年。）

（三）质量保障不足

教育培训质量是教育培训的生命。[1] 提高教育培训质量已成为国际社会

---

[1] 乌兰：《中国城市化进程中统筹城乡就业问题研究》，中国经济出版社，2015年，第216页。

的共识。① 若想让"职成教"实施的农村转移劳动力教育培训项目在产出或结果上能达到预期的质量效果,就需实现农村转移劳动力教育培训质量管理的规范化。但当前"职成教"机构承担或实施的农村转移劳动力教育培训项目缺乏有效保障,质量普遍较低。

1. 质量欠缺的体现

通过考察承担农村转移劳动力教育培训的"职成教"机构可以发现,"职成教"机构的质量意识尚未牢固树立,未能把提升农村转移劳动力教育培训的质量视为自身发展的重要基础和对人民与政府负责的使命。就目前的教育培训市场而言,一些"职成教"机构有获取项目的激情,但总体上缺乏注重教育培训质量的理性。② "职成教"机构为获取更多、更广泛的发展资源和条件,固然不必忌讳资源、资金的需求,但作为教育培训机构,不应盲目或不顾自身条件地为谋取发展资金去获取项目,而应对教育培训项目,对学习者的学有所获、学有所成负责。尽管新型城镇化的深入建设与发展对"职成教"提出了新的更高的教育培训要求,国家和政府也逐渐重视农村转移劳动力的教育培训工作,提出了一些相关的教育培训目标与项目计划,但需要并不等于培养好了,教育培训的质量成为"职成教"协同育人过程中不可回避的重要问题。不论是就政府提出相应教育培训项目的初衷、愿景而言,还是就广大农村转移劳动力参与相应的教育培训学习而言,大家都希望有质量保障,获得良好的效果。因此,无论是对承担农村转移劳动力教育培训的职业教育还是

---

① 吴雪萍、郝人缘:《中国职业教育的转型:从数量扩张到质量提升》,《中国高教研究》2017 年第 3 期。

② 区晶莹、俞守华、高雅婧:《农民工技能培训效果分析——以广州市番禺区为例》,《职业技术教育》2014 年第 25 期。

对成人教育而言,农村转移劳动力教育培训的质量都是不能放弃的。

与商品质量相仿,高质量的教育培训项目往往对学习者具有很大的吸引力。① 新型城镇化的核心是以人为本,对以教化育人为根本使命的职业教育、成人教育而言,在推进新型城镇化过程中,要以农村转移劳动力为本,以让农村转移劳动力有能力在城镇稳定就业、融入城镇发展为核心使命。没有对农村转移劳动力主体地位的认识、对其主体要求的重视,很难称得上以农村转移劳动力为本,就难以围绕农村转移劳动力城镇化的发展要求、主体特征施教育人。当我们参观一些"职成教"机构并观看其宣传片后,可能会有这样的感觉:有些"职成教"机构总体的硬件条件(至少在宣传片、宣传册或网上的新闻界面上)看似不错,项目质量也尚可。但实际状况如何?曾经参与学习的农村转移劳动力或许最有发言权。从一些曾参加过教育培训的农村转移劳动力的反映来看,总体而言,当前教育培训的质量不尽如人意,如对于体现教育培训质量的教学方法(主要以师讲生听为主)普遍不大满意,这些方法并没有体现出成人性特征。而质量不高,不仅与以人为本的教育本质相悖,也是对有限教育培训资源的一种浪费,更会降低学习者对未来教育培训的期待和信心。

质量还体现在教育培训的针对性和实效性上。目前,从对以农村转移劳动力为对象开展的教育培训活动的需求来看,农村转移劳动力对基本的文化知识、就业技能、城市文化、现代价值观等方面的教育培训有着较为迫切的需求,这对推进农村转移劳动力在城镇稳定就业、融入城镇发展,从而加快推进新型城镇化高质量发展具有十分重要的意义。但一些"职成教"机构组织开

① Buhl M, Andreasen L B, "Learning Potentials and Educational Challenges of Massive Open Online Courses (MOOCs) in Lifelong Learning," in *International Review of Education*, No. 64(2018).

展的教育培训普遍缺乏公民与社会、健康与法律、城市生活常识等方面的内容,已难以满足农村转移劳动力城镇化的诉求。而且,从目前农村转移劳动力参与相应教育培训活动的情况来看,一次都未曾参加的占调查总数的61.2%。[①] 通过进一步对农村转移劳动力进行访谈了解到,参与相关教育培训活动的意愿较低的原因还有教育培训内容质量不高、缺乏足够的吸引力等。

　　Z:您对曾参加过的教育培训的整体评价是怎样的?(追问:为什么?您觉得有哪些地方还需要改进?)

　　D15:反正我参加的那次培训,总体感觉不咋样,效果不咋好。老师就知道照着书本讲,我听了几堂课就没去听了。我觉得开这样的(培训活动),要做好点的话,老师要选得好点,少讲,多搞点实际操作,让我们多练习操作。不然,质量效果不好,我才不去浪费时间呢。(D15——汤某,男,26岁,学历:初中,现工作所在地:浙江省金华市,已外出工作10年,曾参加过1次技术培训。)

　　D2:从我参加的3次教育培训来看,有一次我感觉很不错,老师讲得很好,收获很大,在实操上也学了不少。但是另两次,总体感觉一般,有一个还凑合,另一个就离我预期差不少。这两个老师有一个共同的毛病,就是讲的理论多了些,而且跟给高中生上课似的,尤其是第2次,我看是数控车床加工工艺技术培训,就去参加了,结果不仅理论讲得多,还离我要学的技术有点距离。(D2——杨某,29岁,性别:男,学历:高中,

---

① 邓文勇:《人口产业结构变动趋势下的新生代农民工教育培训应对》,《现代教育管理》2017年第7期。

现工作地：浙江省杭州市，在外工作已 11 年，曾参加过 3 次教育培训活动。）

2. 质量欠缺的原因探析

提高农村转移劳动力教育培训质量是保持这一事业发展的重要条件，是办好让农村转移劳动力满意的教育和建设人力资源强国的必然要求，也是新型城镇化进程中推进"职成教"向深层次协同发展的一个必要条件。而建立相应的质量保障体系，是全面提高其质量的关键所在。[1] 从上述的调查了解与分析可以看出，当前市场上针对农村转移劳动力开展的教育培训活动（或项目）普遍质量不高。尽管原因较为复杂，但有学者指出，主要是还未建立相应的质量保障体系。[2] 而统管农村转移劳动力教育培训的（政府）行政部门在相应质量保障体系建设上的缺位是导致这一问题的主要原因[3]，这一点在对"职成教"服务农村转移劳动力教育培训实践的考察与分析中也得到了体现。究其根本，应是相应的行政（管理）部门未对农村转移劳动力教育培训质量评估有足够的重视，如在监管上缺乏对关涉农村转移劳动力教育培训的"职成教"机构的考评或评估；并且有研究也认为，在政府或相应的行政管理层面，还未统筹制定出相匹配的质量考评程序、标准等。[4] 因此，农村转移劳动力教育培训市场上的质量标准参差不齐，甚至一些承担该任务的"职成教"机构在具体的教育培训实施过程中，由于统管行政部门没有明确的考评标

---

① 郑轩主编：《国家战略："十三五"国家发展与规划目标》，东方出版社，2016 年，第 212 页。
② 丁静：《新生代农民工职业技能提升研究》，《河南社会科学》2016 年第 8 期。
③ 吕春燕、邵华：《地方政府在农民工培训中的责任》，《辽宁行政学院学报》2010 年第 4 期。
④ 乌兰：《中国城市化进程中统筹城乡就业问题研究》，第 216 页。

准、规范与要求,因而其教育培训的严肃性不足,随意性较强。而农村转移劳动力"职成教"工作是一项公共属性较强的事业,政府及相应的行政部门作为统筹管理和出资主体,也理应统筹或主导建立相应的质量保障体系①,以保障该项事业的良性发展。

第四节　本章小结

根据本书主旨,并结合前述第二章、第三章的探讨与分析可以看出,在推进以农村转移劳动力为核心主体的新型城镇化建设与发展过程中,为实现"职成教"协同发展,需要将"职成教"统一起来研究,也就是"职成教"应以协同系统(又称协同体)的形式,通过协同合力,服务和促进农村转移劳动力城镇化建设与发展。但当前,"职成教"在寻求协同并推进农村转移劳动力城镇化方面仍困境重重,未能形成良好的彼此促进、相互配合、共生共荣的协同发展局面。依循协同共生理论的观点,协同单元、协同关系和协同环境是协同系统的三大要素。然而,通过调查并结合相关的文献综合分析发现,一是在协同单元层面,存在协同单元异化——"职成教"角色迷失与错位的问题,作为两大协同单元的职业教育和成人教育还不能成为合格的协同单元,也就是说影响"职成教"协同发展的这一内部性且又是前提性、基础性的条件未形成有效准备。二是在协同关系层面,存在协同关系失范——"职成教"间协同欠缺与不足的问题,影响了"职成教"在新型城镇化建设与发展过程中形成良好的协同关系,这一影响协同发展的关键性问题尚待着力解决。三是在协同环

---

① 朱德全、徐小容:《协同共治与携手共赢:职业教育质量治理的生成逻辑与推进机制》,《西南大学学报》(社会科学版)2016年第4期。

境层面,存在协同环境困扰——"职成教"协同保障环境缺失的问题,这一必不可少的外生调控机制的欠缺,使得"职成教"难以形成深层次的协同发展生态。本章的分析为探寻并建构新型城镇化进程中"职成教"协同发展的行动路径及措施提供了现实依据。

第五章 新型城镇化进程中"职成教"协同发展的推进

新型城镇化战略的提出,为"职成教"协同发展提供了良好的条件和契机。然而,围绕并利用这一战略机遇破解"职成教"协同发展面临的问题与障碍,使"职成教"协同发展的目标从应然最终走向实然,并促进形成良好的协同发展生态,不仅是推进以人为核心的新型城镇化建设与发展的重大战略诉求,也是推动"职成教"协同发展的内在要求。依循协同共生的三维分析理论框架,"职成教"若想在新型城镇化进程中实现协同发展,培育合格的协同单元是基础,建构适切的协同关系是关键,营建良好的协同环境是重要条件,"三管齐下"是推进新型城镇化进程中"职成教"协同发展的重要策略(图 5 - 1)。综合前述分析,为更好地促成并保障新型城镇化进程中的"职成教"协同发展,可从以下几个维度探寻解决之道及措施。

第一节 培育合格的协同单元:明确"职成教"的角色与定位

职业教育、成人教育作为现代教育制度中的两种重要形式,既是连贯教育阶段、构成终身教育的重要组成部分[①],也是推进以农村转移劳动力为核心

---

① 吴遵民:《改革开放 40 年中国终身教育的历史回顾与展望》,《复旦教育论坛》2018 年第 6 期。

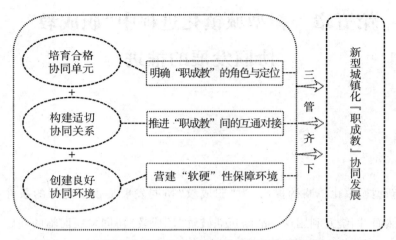

图 5 - 1　新型城镇化进程中"职成教"协同发展的路径构建框架图

主体的新型城镇化发展的重要动力。大力发展"职成教"有助于农村转移劳动力能力和素质的提升，是加快推进新型城镇化进程、成就高质量城镇化的重要保证。而若想在新型城镇化进程中推进"职成教"协同发展，就要让职业教育、成人教育这两大协同单元的培育处于基础性地位。要想将"职成教"培育成合格的协同单元，发挥和彰显"职成教"服务新型城镇化发展的战略价值与作用，根本在于明晰"职成教"的性质和解决好"职成教"在推进新型城镇化进程中的办学定位问题。[①] 从前述相应问题分析可知，倘若"职成教"的性质不明、办学定位不准或者不当，便会出现角色的迷失和错位，其功能就难以发挥，价值也难以彰显，这样的"职成教"很难称为合格的协同单元。因此，为将"职成教"培育成合格的协同单元，应明确性质、正确定位，并使其各尽其责。具体而言，根据对相应问题的分析，并结合第二章对职业教育本质内涵的探讨，在协同服务新型城镇化建设与发展的过程中重点应注意以下两个问题：对职

---

① 姚奇富：《高职院校与县域发展的共生模式研究》，《教育发展研究》2016 年第 Z1 期。

业教育而言,需巩固"技术培育"之价值基础;对成人教育而言,需强化生命关怀之价值立场。

一、职业教育需巩固技术培育之价值基础

对职业教育而言,明确性质和进行目标定位是其服务农村转移劳动力城镇化建设与发展的重要前提,也是与成人教育做好协同服务的必要准备。作为区别于成人教育以及其他教育的一种教育类型,职业教育的性质和目标定位应得到明确:职业教育既姓"职"又姓"教",但先应姓"职"。为此,在服务农村转移劳动力城镇化,尤其是在提升农村转移劳动力在城镇稳定就业的能力的过程中,职业教育应注重"职业"内涵①,并且应明确职业教育的目标。通过对相应问题的分析可以看出,这也是巩固职业教育技术培育之价值基础②的基本要求。

(一)明晰职业教育的性质

随着创新驱动发展战略的大力推进,我国的经济结构调整和产业转型升级不断加快,各行各业对技能型人才的需求更为迫切。而以产业为重要支撑的新型城镇,其发展正在由"体力"城镇化逐渐向"智能"城镇化转变。③ 职业教育的重要地位和作用也将越发凸显。为服务好新型城镇化建设与发展,不断提高职业教育水平并强化对农村转移劳动力的职业技能教育与培训,已成为当下一个重要的课题。毋庸置疑,职业教育的重要性提高已成为客观趋

---

① 胡欣红:《职业教育应注重职业内涵》,《光明日报》2019 年 2 月 27 日第 16 版。
② 对于何为技术培育,已在第二章"职业教育本质内涵的特异性解析"中进行了探讨;而对于要注重职业内涵,明确职业教育目标是巩固技术培育的价值基础,也已在第二章"职业教育本质内涵的特异性解析"、第四章"协同单元异化之职业教育维度"中进行了相应的呈现与分析,这里不再展开讨论。
③ 吴志强、杨秀、刘伟:《智力城镇化还是体力城镇化——对中国城镇化的战略思考》,《城市规划学刊》2015 年第 1 期。

势，但受缚于传统人才观念、职业教育体系不健全、人才培养市场适应性不高，尤其是职业教育特色不强等多重因素，我国当前的职业教育总体上仍旧处于"叫好不叫座"的尴尬境地。那么，如何破局？有学者指出，应立足职教的"职业"二字做文章，彰显职教特色，走契合自身特征的"内涵式"发展道路，这样做的关键在于要提升职业教育的质量。① 也就是说，其中的一个重要前提是明晰职业教育的性质并做好相应定位。在服务新型城镇化的过程中亦是如此。

通过前述对职业教育角色异化问题的分析看出，现代职业教育不仅要让受教育者掌握职业、岗位所需的技术技能，也要让其学习立足城镇所需的文化知识与现代性素养。但若在具体的职业教育实践中过于注重理论知识的学习，不免有"去职业化"之嫌，就会偏离职业教育的特性品格；反之，若过分注重技能化培养，也易致使职业教育窄化为职业或就业培训，失去长远发展的后劲。因此，如何在培养人才或劳动者的过程中平衡好受教育者的技能学习和文化知识学习，成为提高职业教育质量的第一要义②，也是职业教育在通过巩固其技术培育之价值基础来服务农村转移劳动力城镇化时需要处理好的重点、难点问题。有鉴于此，结合农村转移劳动力城镇化的能力与素质提升诉求，为办好职业教育（将其培育成一个合格的协同单元），可从以下几个方面进行着力，即先在职业教育整体层面，加强师资建设、做好贯通、注重企业参与，从而以职业教育质量提升为重要条件，彰显职业内涵，巩固其技术培育之价值基础，继而为使其成为一个合格的协同单元奠定良好的基础。

首先，应以师资建设为重点支撑职业教育内涵式发展。无论是职业教育

---

① 胡欣红：《职业教育应注重职业内涵》，《光明日报》2019 年 2 月 27 日第 16 版。
② 同上。

本身,还是针对农村转移劳动力城镇化的教育与培训工作,前提都是有大量且充足的教师支持,特别需要既可言传也能身教的教师,不能仅会纸上谈兵,还应具有一定的实操能力和经历。"职教20条"中明确指出,在职业教育中"双师型"教师(指既具有理论教学能力又有实践教学能力的教师)在所有的专业课教师中的占比要超过50%,并且要根据具体的专业情况建设一批国家级职业教育教师教学创新团队。为达成这一目标,推进职业教育以及农村转移劳动力教育培训高质量发展,从而为培育一个合格的协同单元打下坚实的基础,应尽快落实国家改革的相关要求,注重师资建设并采取切实措施推进:积极从具备三年以上企业工作经历并拥有高职以上学历的人员中选聘教师;建立健全职业教育机构自主聘任兼职教师的办法,推动企业工程技术人员、高技能人才和职业教育机构教师双向流动。①

其次,应以渠道贯通为要点推进职业教育内涵式发展。若想办好职业教育,其中一个核心条件是在受教育者的培养中做到贯通,而实现人才的成长与发展,渠道贯通是关键。② 在推进农村转移劳动力城镇化过程中,职业教育要扩大开放及覆盖面,拓展农村转移劳动力的成长与发展渠道。应着眼于农村转移劳动力培养的全过程,在内部要逐渐打通中职、高职到本科,甚至是本科到研究生的人才成长与发展的"立交桥";在外部要尽快打通与其他教育,尤其是与成人教育的人才协同培养的"立交桥";在总体上,要尽快打造以资历架构体系为支柱、以个人学习积分卡制度为基石、以混合式学习方式为阶

---

① http://www.gov.cn/zhengce/content/2019-02/13/content_5365341.htm.
② 胡欣红:《职业教育应注重职业内涵》,《光明日报》2019年2月27日第16版。

梯的职业教育"立交桥"[①]；并应逐步启动、推广实施"1+X"证书试点，推进学历和职业证书互通[②]。

再次，应以企业参与为动力促进职业教育内涵式发展。职业教育培养的人才应直接面向企业，而且我国的新学徒制度明确提出要通过"企校双师"的模式开展人才培养——实施"招工即招生、入企即入校、企校双师联合培养"。"职教20条"中也指出，要进一步推进产教融合校企的"双元育人"，让企业深度参与到职业教育中来，培育数以万计的产教融合型企业，推动建设300个具有辐射引领作用的高水平专业化产教融合实训基地。[③] 同理，为提高农村转移劳动力的就业率、职业技能的企业适应性，职业教育在培养农村转移劳动力，尤其是在提升农村转移劳动力在城镇稳定就业的能力的过程中，要强化与企业的合作，协同育人，并加强与企业要素的对接。根据农村转移劳动力的特点，技能的培养应以企业（或与企业合作）提供的短期培训及系统的在职培训为主。

（二）明确职业教育的目标

在培养农村转移劳动力的过程中，为巩固技术培育之价值基础，尤其应对接好农村转移劳动力城镇化中的优先目标任务，即让其具备在城镇稳定就业的能力，还应明确职业教育在这项工作中的目标。因为在职业教育培养农村转移劳动力的过程中，建立明晰的教育目标是重要前提条件——教育目标

---

① 邓文勇、陈醒：《终身教育视域下职业教育"立交桥"的架构及推进路径》，《职教通讯》2019年第11期。
② 徐国庆、伏梦瑶：《"1+X"是智能化时代职业教育人才培养模式的重要创新》，《教育发展研究》2019年第7期。
③ http://www.gov.cn/zhengce/content/2019-02/13/content_5365341.htm.

统领教育实践和过程①,将目标重心调整为职业教育对农村转移劳动力进行就业、职业技能教育培训的实践和过程,才能在这一过程中巩固好技术培育之价值基础。为契合这一要求,应强化职业教育实践(职业)目的课程②——注意让接受职业教育的农村转移劳动力通晓所从事或即将从事的职业的要求,树立符合个人兴趣和能力的职业理想,使其走上适切的职业与发展路径。因为课程建设是职业教育立身和发展的基础所在。③

当然,通过第三章对农村转移劳动力城镇化需求的分析可以看出,置身于以推进农村转移劳动力城镇化为目标导向的新型城镇化背景下,不应忽略文化目的,要注意将文化目的嵌入课程,即要在对农村转移劳动力进行充分的职业调查后,使其学习当前或未来将要从事的职业的文化,形成富有个性的(职业)文化。这也是农村转移劳动力形成现代性素养的一种重要形式和内容。对于职业教育而言,技术培育,也就是上述所说的职业目的,是职业教育培养农村转移劳动力时的核心任务。而文化目的则可通过技术培育路径来实现,可附着或嵌入对农村转移劳动力的技术培育的过程当中,也就是说职业教育的文化目的应是职业目的的附属。这契合职业教育的本质特征,也是当前职业教育文技并重理念的一种积极体现。农村转移劳动力通过职业教育学习职业知识和技能不仅为了适应城镇的工业制度,在城镇实现稳定就业,还为了成为一个具有现代性素养,能主宰自己命运的、全面发展的人④,这也是教育的根本使命。那种将职业教育与文化(人文)教育分割开来,认为职

---

① Yakubu S, Sowunmi G, "School Plant Planning: A Prerequisite for the Attainment of Educational Goals and Objectives," in *Journal of Education and Practice*, No.18(2017).
② [美]弗里曼·伯茨:《西方教育文化史》,王凤玉译,山东教育出版社,2013年,第535页。
③ 俞启定:《论制约我国职业教育发展的主要矛盾》,《国家教育行政学院学报》2017年第8期。
④ 沈小碚主编:《职业教育导论》,西南师范大学出版社,2017年,第143—144页。

业教育只教技术的思想观念本身有悖于当前我国新型城镇化建设以及社会发展的原则和精神。为践行这一目标要求,职业教育应确立一个以农村转移劳动力为中心的发展范式,避免走向狭隘或工具主义的泛滥,应更加关注农村转移劳动力的体面就业、城镇社会参与和个人的全面、可持续发展①,并从单一经济价值转向多重社会与个人效益,如社会公平、个性发展、现代性素养提升、民主参与等。

除此之外,职业教育作为一种跨界的教育类型,为进一步与成人教育协同推进农村转移劳动力城镇化的建设与发展,应积极做好与成人教育的跨界协同②,如开展跨界职业培训和企业培训,为新型城镇产业、企业培养中级工、高级工;开展跨界成人教育,利用职业教育(特别是职业学校教育)的资源积极参与农村转移劳动力的教育培训,帮助农村转移劳动力创业就业,并要注意走进农村转移劳动力所在城镇社区,参与社区成人教育,努力建设重要的社区成人教育中心,协同服务新型城镇化建设与发展。

二、成人教育需强化生命关怀之价值立场

在新型城镇化建设与发展过程中,核心主体农村转移劳动力城镇化的主要目标任务是促使其有能力在城镇稳定就业和融入城镇发展。在与职业教育协同推进农村转移劳动力在城镇稳定就业的同时,在促进农村转移劳动力融入城镇发展方面,成人教育也具有重要使命。在这一目标任务推进过程中,让成人教育回归并强化生命关怀之价值立场,是践行以人为本,将人的城镇化作为核心的新型城镇化发展理念的重要体现,也是彰显成人教育本体价

---

① 和震、刘云波、魏明等:《中国教育改革开放 40 年》(职业教育卷),第 127 页。
② 姜大源:《跨界、整合和重构:职业教育作为类型教育的三大特征——学习〈国家职业教育改革实施方案〉的体会》,《中国职业技术教育》2019 年第 7 期。

值的应然要求。

（一）生命关怀：成人教育的本体价值取向

成人教育价值取向是指成人教育的价值主体（社会主体和个体主体）从自身生存与发展需要出发，对成人教育的客体进行价值设定、价值预期时所表现出来的意向或倾向。其中，成人教育的本体价值取向是指成人教育以促进成人本身的发展为价值目标——主张成人教育要从成人自身的生存发展需要出发，开发成人的潜能，满足成人自我实现的个性发展需要，以促进成人生活质量的提高和成人个性的发展。[①] 简言之，成人教育的本体价值取向以关怀成人的生命为标尺，注重成人自身的发展需求。[②] 可将其置于农村转移劳动力城镇化建设与发展的情境下探讨。一方面，对属于成人的农村转移劳动力这一主体而言，成人教育的价值服务表现为促进农村转移劳动力的个性发展和潜能开发，进而促进农村转移劳动力的全面发展，使其达至生命的完满。可以说，这种价值取向是回归成人教育价值本真品质的一种体现，即关怀成人生命本身的发展。另一方面，在这种取向氛围下，对成人教育服务的对象农村转移劳动力而言，他们的学习更多地应是一种非追逐外在价值与效益的学习，应是为了达成自身的发展和生命的完满而进行的学习，而这也契合"坚持以人为本，将人的城镇化作为核心"的新型城镇化发展的根本要求。

随着社会的发展与进步，人类的发展已不再只是为了社会整体的发展，具有生命的人也逐渐成为关怀的焦点，而新型城镇化的发展理念则是回归人这一主体的又一很好的例证。就成人教育而言，其价值不只是为社会服务，对成人生命的关怀也是其基本的义务。区别于其他学科，成人教育学科文化

---

① 杜以德、柳士彬等：《成人教育基本理论问题研究》，第 54 页。
② 邓文勇：《论成人教育学科文化的价值及其发展取向》，《职教通讯》2016 年第 28 期。

的价值品质除了关照社会发展，根本还在于关怀成人生命本身的发展，即关心成人人性的发展和人格的完善。① 当前，虽然成人教育的社会价值取向依然是主流，但稳定和谐、不断发展的社会赋予其新的发展意义，更加激发了其应有的使命——关怀成人生命的发展。可见，这种价值取向具有浓厚的人文主义色彩，它是以人为本的价值理念，以注重成人自身的生命性发展需求为前提，注重促进成人的全面发展。② 通过第二章对成人教育本质内涵的分析可知，这其实也是成人教育自身应达到的本来面貌，是回归成人教育本真品格的体现。因此，无论是置身于新型城镇化建设与发展背景下，还是置身于当前及未来的成人教育发展取向中，成人教育都应逐渐还原它本来的面貌，回归成人教育的本体价值——关怀成人生命的发展。③

（二）迎接成人教育本体价值回归的策略建议

面对成人教育本体价值的发展趋势，以及农村转移劳动力城镇化发展的需求（尤其是其融入城镇发展的现实需求），为迎接并强化成人教育的本体价值（回归），使成人教育成为一个合格的协同单元，进而为新型城镇化发展提供相契合的服务，根据成人教育特征及对相应问题的分析，可从以下几个层面着力。

第一，在政府层面——逐步完善相关法规措施，为本体价值的回归提供法律保障。首先在法制上，应建构合理的法律法规，彰显成人教育的地位和价值。成人教育的地位和价值要想真正得到全社会的普遍尊重和重视，前提

---

① Paterson R, "Adult Education and the Individual," in *International Journal of Lifelong Education*, No. 2(1987).
② 邓文勇：《论成人教育学科文化的价值及其发展取向》，《职教通讯》2016 年第 28 期。
③ 同上。

是相关法律法规能给予该学科相应的社会地位。① 因此应逐步完善相关的法律法规体系,彰显其应有的地位,同时积极提供政策措施支持,加强成人教育及相关学科的建设,提高成人教育的软实力。其次在组织机构建设上,应建立有效并顺应社会发展大趋势的成人教育组织和机构。良好的成人教育学科的建设离不开足够且有效的成人教育组织机构的支持,因此在遵循国家和政府法律法规的基础上,应加强、保障成人教育组织和机构的建设,为本体价值的回归提供组织机构保障。另外,还应建立健全相应的鼓励和优惠政策,为社会力量参与成人教育的建设创造良好的法规政策环境。

第二,在社会层面——寻求广泛支持,营造良好的社会氛围,促进本体价值的回归。成人教育社会涵盖面广,影响因素复杂众多,而其本体价值的回归需要积极触发并把握社会中的关键因素,吸引社会的参与和支持。在社会层面,根本在于寻求社会力量的广泛支持。成人教育的建设和发展离不开社会力量的关注和关心,尽管当前社会价值取向占据主导地位,但成人教育价值的本真品质是关怀成人生命的发展,其发展的取向也将更多地体现为关怀成人生命本身。为此,成人教育及其学科的建设和发展需要大量的经费支援,政府除了不断加大对成人教育建设和发展的经费支持外,更应积极引导、鼓励社会力量的投入和参与②,这样才更有条件去促进本体价值的回归;在社会舆论上,应以政府为主导,为本体价值回归营造一个良好的社会舆论环境,通过各种方式方法进行教育和宣传引导,让全社会的人普遍认识到未来社会

---

① Maubant P, Roger L, Lejeune M, et al. , "History and Perspectives of Adult Education and Professional Teacher Education: Between complicity, distance, and recognition," in *McGill Journal of Education*, No. 1(2011).

② Acker D, Gasperini L, Education for Rural People: What Have We Learned?, *Journal of International Agricultural and Extension Education*, No. 1(2008).

的发展更重要的是关注个体生命的成长,同时还需注意为成人教育创建良好的社会信誉,让社会自然形成对成人教育本真价值的认同。如此,才能让社会逐渐认可、接受并信任成人教育,成人教育也才能为助力农村转移劳动力城镇化提供更好的支持和服务。

第三,在人的层面——转变观念,共同努力,迎接本体价值的回归。这里的人既包含作为成人教育服务对象的成人,即普遍意义上的社会中的成人(包括广大农村转移劳动力),也包含成人教育的专家学者,以及普通成人教育工作者,本体价值的回归和凸显离不开他们的共同努力。首先,在思想观念上,应正确认识,转变观念,改变"成人教育或成人教育学科只为社会发展服务,不为人自身发展服务"的畸形思想和错误观念。成人教育不只是为社会发展服务,也是为成人自身发展服务,其更重要的宗旨应是注重成人人性化的发展和强调人格、人性的完善(当然也包括市民素养的提升)。① 其次,在理论研究上,成人教育工作者,尤其是成人教育理论研究者,应加强和深化成人教育理论研究,完善成人教育学科的理论体系。② 成人教育虽已是一个学科,但相比其他学科还显年轻,其理论架构需要成人教育工作者不断强化和丰富③,这样才可逐步消减人们对成人教育及其学科价值的怀疑,为本体价值的回归创造理论条件。再次,从实践层面来说,在实际社会生活中需逐渐落实本体价值的回归,而不只局限于理论上的认识和突破。一定程度上而言,理论知识基础是学科发展的基本条件,但如果在实践和行动中未曾落实,

---

① 宁靓:《"本性回归"视角下我国成人高等教育内涵式发展探析》,《中国成人教育》2018年第5期。
② 郑淮、马林、李海燕:《成人教育基础理论》,中山大学出版社,2015年,第151页。
③ 全国教育科学规划领导小组办公室:《全国教育科学"十五"规划学科发展报告》,教育科学出版社,2008年,第262页。

不去尊重人性、人格的发展或培养,那么本体价值取向关怀成人生命的发展也仅是空谈。

第四,在成人教育自身层面——明确成人教育的目标定位。这也是成人教育在与职业教育协同推进农村转移劳动力城镇化过程中必须明确的核心问题。随着我国城镇化建设的深入推进,高质量城镇化发展的诉求越发迫切。虽然城镇化是我国经济增长和社会发展的巨大引擎,城镇化本身也可在一定程度上吸纳更多的农村劳动力向城镇聚集且实现就业,但要想让作为新型城镇化核心主体的农村转移劳动力在城镇实现稳定就业、融入城镇发展,尤其是在城镇寻求再就业,实现高质量的城镇化发展目标,就必须以让其获得适切的教育培训为前提。但是,在以人为本,将人的城镇化作为核心的新型城镇化建设与发展的要求下,这种教育培训不同于传统城镇居民的上岗培训,更不只是职业培训,农村转移劳动力的城镇化关涉的城镇稳定就业不仅体现为职业能力的增强,还体现为职业形式与内容的转换,并且伴随着市民化角色的本质演变,还需要重点加强对农村转移劳动力的生命关怀。这就要求成人教育促进农村转移劳动力城镇化的目标定位是"高着眼、低起点"。在成人教育开展的教育培训活动中,"高着眼"主要是指:(1)应强化农村转移劳动力的市民意识;(2)应提高农村转移劳动力的市民素质①;(3)应提升农村转移劳动力的职业技能;(4)应培养农村转移劳动力的岗位竞争意识和职业发展能力,从而通过教育培训让农村转移劳动力以职业转移带动身份认

---

① 张占斌、丁德章、黄锟主编:《城镇化进程中农民工市民化研究》,河北人民出版社,2013 年,第 288 页。

同、角色转换①。"低起点"主要是指农村转移劳动力在走向城镇生存生活时，其本身的市民意识、综合素质及非农职业技能等整体相对较低，因而成人教育在对其进行教育培训时，为切实取得效果，首先应根据农村转移劳动力的实际需求设计教育培训内容与课程；其次应根据农村转移劳动力的学习特点实施教育培训；再次应努力抓好农村转移劳动力的学习参与率及实效性，使其学有所得、学有所用，从而为促进其在城镇稳定就业、融入城镇发展发挥切实作用。②

第二节 建构适切的协同关系：推进"职成教"间的互通对接

通过前述分析可知，在推进新型城镇化的进程中，"职成教"之间，也就是"职成教"所组成的协同系统（协同体）内部如何协同并实现协同发展的问题还没有得到妥善解决，矛盾聚焦在二者的协同关系上。这一矛盾归根结底主要是"职成教"之间到底应以什么样的方式或途径建构一个适切的协同关系，继而通过形成良好的协同关系促进"职成教"协同发展。这是这一战略背景下推进"职成教"协同发展的关键性条件，也是困扰新型城镇化进程中"职成教"协同发展的大难题。而走出闭塞，谋求开放，通过理念引领、机制联结和载体助力建构适切的协同关系，是"职成教"协同体实现协同发展的重要途径。倘若用一个字来定义，那就是"通"。从一定程度而言，"通"是"职成教"协同发展的重要内涵，"互通"则"互利"，"畅通"则"共荣"。结合前述对相

---

① 谢棋君、林志聪、严仕彬：《新生代农民工发展的双解项研究——基于融入城市与回归乡村并进的省思》，《西安电子科技大学学报》（社会科学版）2018 年第 3 期。
② 黄陈：《新型城镇化背景下成人教育促进农业转移劳动力再就业》，《成人教育》2017 年第 4 期。

应问题的分析,为建构一个适切的协同关系,可尝试以下路径及措施。

一、理念支撑：树立协同的思想观念

在推进以农村转移劳动力为核心主体的新型城镇化建设与发展进程中,要实现农村转移劳动力城镇化的目标,无疑需要在思想观念上做出相应转变,即要树立"职成教"协同的观念,以开放畅通的态度促成"职成教"协同发展的新局面。为此,应当重点注意以下几个问题。

第一,"职成教"的办学或育人主体应转变观念,提高协同育人的意识。首先,要转变办学理念和农村转移劳动力教育培训的思路。"职成教"办学或育人机构管理者要根据新型城镇化建设与发展的战略诉求,具备开放合作和协同育人的战略眼光,努力引领开展相互合作办学,协同参与农村转移劳动力教育培训及其项目的建设。[①] 其次,"职成教"办学机构应坚持"走出去"与"引进来"相结合的育人与发展道路,积极借助农村转移劳动力教育培训合作办学与协同育人这一契机,充分利用相互之间的优质教育教学资源,努力寻求农村转移劳动力教育培训合作,取长补短,从而发挥1+1>2的协同效益,以达成对自身的超越,助力新型城镇化实现跨越式发展。再次,"职成教"办学机构应共同研制教育培训方案。为提高协同育人的市场适应性,"职成教"应根据新型城镇化的发展要求及趋势,在政府及相应行政机构的统筹下,共同研制针对农村转移劳动力的教育培训方案。也就是要及时将新型城镇化建设与发展中出现的新技术、新工艺、新规范纳入农村转移劳动力教育培训的具体育训标准和内容中去,并共建教育培训专业、课程内容的评估与动态调整机制,适时调整与更新相关专业、课程内容。同时,"职成教"办学机构要深

---

① 高文兵等:《跨学科协同教育研究——多学科大学人文社会科学的育人功能》,高等教育出版社,2015年,第178页。

化产教融合、校企合作,依据农村转移劳动力的成长、发展规律及其岗位、职业的现实需求,建立校企双导师制和实施弹性学制,强化校企一体化育人,进一步提升人才培养的市场契合度。

第二,"职成教"在协同推进农村转移劳动力就业、职业技能提升的同时,要融入城镇市民现代性素养提升的育人理念,从根本上重视"职成教"协同,并积极发挥"职成教""以技能立城、以素养容城"的育人价值与功能,打破"职成教"各环节、各要素之间的壁垒,通过相互协作、协同配合,强化对农村转移劳动力的培养。另外,在具体协同服务形式选择上,在针对农村转移劳动力的职业教育中应积极开展具有成人教育形式的活动,拓展职业教育的社会服务功能,如与成人教育相结合,为农村转移劳动力提供生活技能、文化修养、职业培训与再就业培训等方面的课程,增加农村转移劳动力的生活趣味并加深其城镇社会参与。针对农村转移劳动力的成人教育也应借鉴职业教育的方式,培养高素质的劳动者和城镇市民。[1]

第三,参与合作的"职成教"办学机构应与所在政府形成协同,共同推进农村转移劳动力教育培训合作办学(育人)项目的建设。首先,参与合作的"职成教"机构应积极依托所在地政府,在政府统筹指导下,强化与(尤其是当地)政府的战略合作,共同推进农村转移劳动力教育培训及其项目的建设。其次,政府也应加强保障与支持——尤其是主管"职成教"的教育行政机构应根据新型城镇化战略的要求,将"职成教"及其协同培养农村转移劳动力作为"职成教"合作及发展的重点,甚至是优先方向,并提供相应的政策、资源和资金支持。与此同时,当地政府也应积极借助"职成教"协同合作办学机构,通过整合和集聚

---

① 钱继兵:《职业教育与成人教育的差异及融合趋势》,《继续教育研究》2017 年第 12 期。

"职成教"的各类教育资源及能力,协同提升农村转移劳动力适应城镇化的能力和素质,从而为推动当地乃至区域新型城镇化建设与发展提供丰富、强劲的人才动力。

此外,为促进"职成教"协同系统与新型城镇化的联动,提升"职成教"培养农村转移劳动力能力与素质的适切性,依据前述对互动共生关系逻辑的分析,无论是职业教育还是成人教育,都应树立与新型城镇化互动共生的发展观念,为推动"职成教"与新型城镇化互动共生联动提供理念支撑。在具体实践中应认识到,没有互动共生就会影响"职成教"与新型城镇化间的协同联动,制约二者的联动发展。

二、机制联结:构建协同的内在机制

若想让"职成教"协同有效进行,构建"职成教"协同的工作机制是必要条件。而要设计好"职成教"协同机制,应围绕农村转移劳动力城镇化这一目标核心,重点把握好职业教育和成人教育的两个基本要素:一是要找出在推进农村转移劳动力城镇化的进程中,"职成教"相互作用、相互制约和互动共生这种双向关系的实现途径;二是要在协同服务农村转移劳动力城镇化的过程中,推进"职成教"同步发展,以求实现"职成教"之间的双向融合、相互渗透、相互依存,继而使二者在交流、认同与融合中达到协同联动的目的,最终为提升农村转移劳动力城镇能力与素质、加快推进新型城镇化进程做出更大贡献。基于对前述相应问题的探讨,具体应重点构建以下三个机制(见图5-2)。

(一)搭建共建共享机制:在共建共享中黏合协同

根据协同理论的观点,职业教育、成人教育两大系统协同效应的发挥是由职业教育、成人教育的协同作用决定的,其一个基本的原则是既"协"又"同",通过"职成教"共同发力,才可彰显二者组成的整体系统的整体性功能

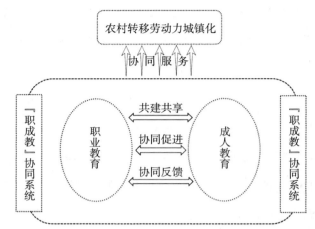

图 5-2　农村转移劳动力城镇化目标导向下的"职成教"协同内在机制

优势,也才能体现出 1+1>2 的协同效应。① 因此,在共同推动新型城镇化发展的过程中,"职成教"协同发展的一个核心要求便是搭建共建共享机制。实质上,在新型城镇化这一战略背景下,"职成教"协同发展并不是将职业教育系统、成人教育系统进行简单混合或简单累积相加,而是要立足新型城镇化的核心目标任务,注意把握好尺度、逐层推进,并从简单的教育资源协同发展到核心内容协同,最终实现两者全面协同。为搭建共建共享机制,从而在新型城镇化进程中实现"职成教"协同发展,具体应着重解决好以下几个问题。

首先,实现"职成教"资源的共建共享。在"职成教"服务共同聚焦的作用目标上,为达到良好的协同效应,从而更大程度地提升农村转移劳动力教育培训工作的实效,在总体上应将职业教育和成人教育的相关硬件资源(如校舍、设备等)建设、软件资源(如师资队伍、学科及专业)建设结合起来,并进行统筹规划。其次,实现"职成教"内容的共建共享。要以关注农村转移劳

① 蔺雷:《解开"协而不同"的三把钥匙》,《清华管理评论》2015 年第 3 期。

动力在城镇稳定就业、融入城镇发展为导向,将分散在职业教育、成人教育两类教育系统中的农村转移劳动力在城镇稳定就业的能力、融入城镇发展的素养的相关内容予以整合,构建起满足在城镇稳定就业、融入城镇发展诉求的内容,并将其纳入职业教育与成人教育共建共享资源体系。再次,实现"职成教"目标的共建共进。"职成教"协同发展的一个共同核心目标是将广大农村转移劳动力培养成具有良好的就业、职业技能并拥有良好市民素养的新时代产业工人、真正的城镇现代市民。在目标引领下,要以农村转移劳动力为本,将农村转移劳动力城镇化作为核心的序参量,把农村转移劳动力的能力和素质的提升作为新型城镇化背景下"职成教"服务的主要出发点和归宿。

（二）创建协同促进机制：在协同促进中强化协同

在新型城镇化进程中促进"职成教"协同发展需区别于过去将"职成教"进行简单相加的做法。要围绕这一战略背景,通过"职成教"协同,将"职成教"的结合视为一个新的组织的生成,继而对这个新组织的各个方面在理论、实践层面予以积极探索,以便实现农村转移劳动力教育培训成果的最大化。要通过这种新建的组织及相应的积极探索,更好地服务农村转移劳动力的职业能力和融入城镇发展的素养的培养,并逐渐达到一种理想的效果。具体而言,要整合"职成教"各自的优势和资源,使其互补互鉴、彼此促进并实现充分结合,以协同服务的形式①,在农村转移劳动力教育培训中增强其在城镇稳定就业的能力、提升其融入城镇发展的素养,使"职成教"在共同服务新型城镇化的核心目标任务中形成有机统一的整体(也就是本书一贯倡导的"'职成教'协同体")。

---

① Thorpe A, Prendiville A, Salinas L, et al., "Anatomy of Local Government/design Education Collaboration," in *The Design Journal*, No. sup1(2017).

　　让"职成教"立足新型城镇化这一共同聚焦的作用目标，在"职成教"组合生成的新的整体系统内部实现协同发展，尤其是实现"职成教"教育培训内容的丰富完善、教育培训方法的整合利用、双方教育系统内的教师队伍的合作与协同，有利于处理好"职成教"整体系统中农村转移劳动力教育培训所涉及的理论与实践、能力与素养、物质与精神的关系，有助于使"职成教"系统及其各部分功能之和大于整体功能，从而达到通过"职成教"协同（以教育培训为整合、融合的形式载体）提升农村转移劳动力在城镇稳定就业、融入城镇发展的能力与素质的预期效果。职业教育作为"职成教"新组成的整体系统之重要"一翼"，并非仅限于培养农村转移劳动力在城镇稳定就业的能力，还需要注意在培养过程中依据新型城镇化发展的要求，根据融入城镇发展的迫切诉求，在城镇生产生活方式上与成人教育形成协同，打通合作培养新思路、挖掘新方法、开发新途径。成人教育在关注农村转移劳动力在城镇稳定就业能力的培养，积极利用职业教育的资源、借鉴职业教育的方法提升农村转移劳动力职业技能的同时，更应利用自身资源，与职业教育形成协同，发挥自身人文性教育意蕴，即要回归并强化自身的本真价值——关怀成人的生命，着力于农村转移劳动力融入城镇发展所需的现代性素养的培养与提升。除此之外，还需加强与"职成教"系统外部的协同促进。[1] 根据协同理论的观点，在"职成教"共同致力于推进新型城镇化发展的过程中，"职成教"通过结合而生成的新的系统若想转变以往较为无序的合作状态，从无序转化为有序，除了要让"职成教"两大系统在内部协同作用外，还要让外部环境提供物质、能量、信息

---

① 邹军、姚秀利、侯冰婕：《"双新"背景下我国城市群空间协同发展研究——以长三角城市群为例》，《城市规划》2015 年第 4 期。

等保障,以实现"职成教"系统在外部协同促进。①

(三)构建协同反馈机制:在协同反馈中夯实协同

"职成教"在内涵特质、外延边界、实践运行上存在着一定的逻辑分殊,属于两个不同的教育子系统。但在新型城镇化背景下,在共同服务农村转移劳动力城镇化的过程中,"职成教"具有共同聚焦的教育对象、作用目标,又是相互交叠的两个教育子系统,这就为"职成教"建立协同反馈机制打下了良好的基础并提供了必要的前提。在新型城镇化进程中推进"职成教"协同发展,对其协同发展的效果进行评估、检查,其目的是通过总结协同服务过程中的经验和不足,及时发现存在的问题,并给予相应反馈,从而有助于"职成教"之间形成良好的协同关系,更好地在协同实践中形成良性的发展生态。

从过程分析可知,协同发展的评估是终点也是起点,这就需要及时地做出反馈。② 在新型城镇化进程中推进"职成教"协同发展,围绕农村转移劳动力城镇化这一核心目标,构建针对"职成教"协同发展效果的反馈机制,通过运用反馈信息调整协同,有利于使"职成教"协同发展达到更好的水平。在构建协同反馈机制时应注意,"职成教"协同的效果最终是通过"职成教"协同服务的对象农村转移劳动力在城镇稳定就业的能力、融入城镇发展的素养体现出来的。所以,对"职成教"协同发展效果进行评估,应包括在城镇稳定就业的能力、融入城镇发展的素养两个层面。应通过对这两个层面的要素开展考评,总结和肯定成绩,找出差距与不足,进一步明晰"职成教"协同的要求与最终目的,及时调整、修正"职成教"协同可能遇到或存在的问题。而对于具

---

① 对于协同促进外部条件的支持,在后续关于协同环境创建的内容中将展开探讨。

② Evans C, "Making Sense of Assessment Feedback in Higher Education," in *Review of Educational Research*, No. 1(2013).

体的实现途径,在"职成教"协同系统内部,无论是职业教育层面还是成人教育层面,都应适应信息化、智能化时代发展的趋势,搭建面向农村转移劳动力教育培训全过程的,基于大数据分析的质量监控、跟踪、反馈和对外发布等机制①,从而为切实提高"职成教"协同服务农村转移劳动力能力和素质提升的效果提供有力保障。

三、载体助力：搭建协同的育人平台

载体是作为协同单元的"职成教"相互结合的重要方式,是"职成教"协同推进农村转移劳动力城镇化不可或缺的重要因素之一。建设并借助一定的载体是"职成教"形成有效协同关系的重要手段。② "职成教"要根据农村转移劳动力城镇化的诉求及特点,积极探寻和运用与农村转移劳动力学习特征相契合的载体,构筑具有整合性、协同性的育训平台,提升其在城镇稳定就业的能力和融入城镇发展的素养,继而助力"职成教"形成良好的协同关系。

（一）广泛组建"职成教"集团，促进"职成教"资源融通共享

应根据新型城镇化发展的战略要求,围绕农村转移劳动力城镇化这一核心使命,将职业教育、成人教育协同发展的相关资源进行优化(重新)配置,以凸显"职成教"整体的功能价值及作用,并寻求二者资源配置与新型城镇化战略需求的最佳结合点,这有助于激发"职成教"的协同效应,进一步提升协同发展水平。而组建"职成教"集团是实现"职成教"资源优化配置,促进"二教"资源融通共享的有效途径。③ 为此,应广泛组建"职成教"集团,以促进

---

① 马勇：《问题与路径：供给侧改革视域下的高校继续教育转型发展》,《继续教育研究》2017年第5期。

② 邹军、姚秀利、侯冰婕：《"双新"背景下我国城市群空间协同发展研究——以长三角城市群为例》,《城市规划》2015年第4期。

③ 张岩松等：《新时期高职院校创新发展研究》,东北财经大学出版社,2017年,第171页。

"职成教"资源的融通共享。

2005年10月《国务院关于大力发展职业教育的决定》明确指出,职业教育要走集团化办学的路子,这成为自此之后我国职业教育事业的一项重要发展战略。随后,各类职教集团不断成立,逐渐形成并积累了丰富的发展经验。① 借鉴和利用职教集团的模式及建设经验,积极组建"职成教"集团,有利于实现"职成教"资源优化配置、共享双赢,推动"职成教"共同发展。这里所指的"职成教"集团,为突出服务农村转移劳动力城镇化的特征,主要是指从服务新型城镇化战略出发,为使新型城镇化的主体对象农村转移劳动力有能力在城镇稳定就业、融入城镇发展,以职业技能和市民素养教育与培训为主要内容,在政府及相关行政部门的协调推动下,将农村转移劳动力所在区域内各种"职成教"资源进行有机联合而组建起来的教育培训合作团体。

为组建和利用好"职成教"集团,一要以促进农村转移劳动力在城镇稳定就业、融入城镇发展为目标,对相关"职成教"资源实行整合和配套,积极挖掘和利用,借鉴前面所探讨的北京丰台区"职成教"集团的模式,广泛组建"职成教"集团,积极实现农村转移劳动力学习资源开放、共用、共享——要进一步使"职成教"在教学资源方面加强分工、合作与共享,在农村转移劳动力教育培训资源建设方面加强开放与通用。二要集中农村转移劳动力所在区域内的"职成教"资源优势,对关涉农村转移劳动力城镇化发展的教育培训项目进行合作创新和联合攻关,并在政府及相关行政部门的协调下,共同商讨制定一体化的配套政策及措施。尤其要根据农村转移劳动力城镇化的需要设置丰富多样的课程,建设满足其在城镇稳定就业、融入城镇发展的需要的多

① 刘晓、石伟平:《职业教育集团化办学治理:逻辑、理论与路径》,《中国高教研究》2016年第2期。

样化学习资源。"职成教"集团组建的一个基本原则,简言之,就是以农村转移劳动力所在区域的各种"职成教"办学机构为互通互联的资源节点,联结各方面的学习资源,构建农村转移劳动力职业与成人教育学习资源库和学习平台。同时,还应按照"取自各方、用于各方"的原则,为各种"职成教"办学机构、行业企业、农村转移劳动力学习者等提供高质量的教育与学习资源和公共服务。

（二）积极利用城镇社区,提升"职成教"协同育人的效能

城镇社区具有丰富的社区（成人）教育资源,加强针对社区教育和终身学习的服务是新时代职业教育的重要使命。为协同做好成人教育与农村转移劳动力的培养培训工作,职业教育应转变观念,摆脱"教育培训仅局限在学校内"的认知,让职业教育积极拓展、深入社区①,利用丰富的社区（成人）教育资源（如校舍、场地、场馆、机构、人员等）,为农村转移劳动力开展以职业技能提升为主要内容和目标的职业教育活动。为强化"职成教"之间的协同关系,提升在城镇社区协同育人的效能,可依据农村转移劳动力在新型城镇集聚的特征和推进新型城镇化日益增长的"职成教"教育培训需求,尝试创设一批基于新型城镇、对接一个或多个临近新型城镇的社区"职成教"学院。新型社区"职成教"学院可根据具体条件与需求新建,也可在原有成人教育机构的基础上组建,还可依托并整合区域内高校下的职业教育学院、成人教育学院在分区城镇创建分部,从而使其成为"新型城镇在技能人才培养、在职人员培训、进城民工培训、社区民众终身学习等多方面需要的服务中心"②。

这种社区"职成教"学院可分为两种类型或功能取向。一种是为配合新

---

① 郝俊杰:《现代职业教育体系下的教师职能定位》,《无锡职业技术学院学报》2016 年第 2 期。
② 唐智彬、石伟平:《新型城镇化背景下的职业教育发展：特征、问题与对策》,《中国职业技术教育》2015 年第 30 期。

型城镇化建设与发展,为提升包括农村转移劳动力在内的群体的职业技能而开展的教育培训活动,此类教育培训活动有助于新型城镇经济社会的发展与进步、居民祥和等。另一种是为提升社区所辖范围内包括农村转移劳动力在内的民众的市民化素养而开办的教育培训活动,包括新技术、新知识的培训,科技人员的继续教育,在职人员的岗位培训,农村转移劳动力所需的文化修养、健身保健知识的教育培训,等等。这两类具有不同目标或功能导向的教育培训活动属于同一个过程的两个方面,在具体的实施过程中没有明显的界线将二者完全区分开来。在城镇社区开展的教育培训活动成为社区民众(包括农村转移劳动力)就业技能、市民素养提升的引导力的同时,也渗透到城镇社区经济社会发展的各个维度,成为助力新型城镇化建设与发展的重要推力。[1] 由此,配合成千上万个新型城镇而创设的新型社区"职成教"学院,便可与新型城镇的特色产业体系一样,支撑并不断推进新型城镇的良性发展。而这种"职成教"内部的结合方式,既是职业教育利用成人教育资源开展贴合农村转移劳动力需求的教育活动的一种有效途径,又是成人教育利用或引入职业教育优势开展成人教育活动的一种有效组合模式。从另一个层面分析,通过城镇社区这一载体推进"职成教"协同培养农村转移劳动力,并以高质量、契合农村转移劳动力需求的教育培训项目进社区为契机,让更多的农村转移劳动力感受教育培训(尤其是职业培训)的价值与作用,可有效拓展职业教育的影响力,进而让更多的人参与职业教育、成人教育学习。

(三)积极借力网络载体,丰富"职成教"协同育人新平台

网络是继传统的报刊、广播电视等媒体之后的新兴大众传播媒介[2],也是

---

[1]　邓文勇:《社区成人教育与社区发展的互动及其实现》,《职教论坛》2010 年第 4 期。
[2]　刘沐阳:《新媒介影响下的校园媒体》,《新闻传播》2011 年第 5 期。

传递信息、丰富知识和增长技能，并在一定程度上影响人的思想观念、价值规范的一种重要方式与途径。① 在教育领域，现代信息技术（尤其是人工智能技术）的拓展与应用正在重构着教育生态和环境，网络正成为个体获取知识、学习技能的重要场域。与传统的教育方式或媒介相比，网络新媒体具有以下几个特质：一是信息内容更为丰富，传播的内容超过报纸杂志、广播电视等传统媒体；二是传播方式交互性更强，网络教育与学习模糊了教与学的边界，学习者可通过网络方便快捷地实现信息查询和内容获取；三是视觉冲击力更强，集声音、视图、动画等于一体，可利用计算机、视频、音频等技术，实现声像合一、图文并茂，给学习者带来更大、更强的冲击和震撼。② 对广大农村转移劳动力而言，他们可能没有电脑，但一般都有手机，也更喜欢用手机获取资讯。这为提升农村转移劳动力的就业技能、现代性素养，推动"职成教"协同服务提供了新契机。

因此，为助力协同推进农村转移劳动力城镇化，"职成教"还应积极借力网络这一重要载体，加强合作，推进协同网络平台建设，丰富"职成教"协同育人新平台。而为使网络协同育人平台契合教育培训对象的学习需求，提升专业、课程以及相应教学的实用性、契合度或针对性，首先应利用现有的"职成教"资源及其服务平台，根据农村转移劳动力流动性大、较为分散、工作时间长等特点，构建面向农村转移劳动力的优质网络学习公共服务平台，创建"线上与线下相结合、学历与非学历教育并重、工作学习一体化"的农村转移劳动力教育与培训新模式；并在条件允许的情况下积极建设与专业课程配套的虚

---

① 王淑梅：《网络文化对当代青年人文素养的渗透与影响》，《兰州学刊》2012 年第 8 期。
② 陈乾奕：《新媒体环境下的信息传播探析》，《新媒体研究》2018 年第 8 期。

拟仿真实训系统、实时双向交互式现代远程教学系统等①；尤其要根据农村转移劳动力的工学矛盾，将面授时间放在晚上与周末，开发大量适应其教育与学习需求的线上课程（根据其学习特点，以短课程、小课程为主）②，并采用课上授课和课下自学相结合、长训和短训相结合的教学方式③。其次，应利用现代信息（智能）技术，尝试建设网络教学与面授教学、个性化（自主）学习与师徒传承（协作）学习、理论学习与实践实训学习等相结合的混合式教学模式④，以满足智能时代学习范式智能化转变的现实需求。再次，应鼓励和支持"职成教"办学机构共同开发适应农村转移劳动力现实需要的在线教育培训资源，探索建设并积极应用基于智能手机的移动教学服务模式，从而为农村转移劳动力时时、处处便捷地进行个性化学习提供支持。此外，"职成教"还应加强微媒体体系建设与合作，利用农村转移劳动力当前颇为喜欢的微信、QQ 等媒介，组建相应的微信公众号或微信群、QQ 群，打造微教育网络新平台，将微媒体的传播力、感染力转化为农村转移劳动力"职成教"工作的影响力和渗透力。可通过协同制作微视频，将枯燥的理论知识点进行创造性转换，并用突出城市文明与城镇生活文化的短视频等网络资源与产品感染农村转移劳动力，这既可增强其对城镇的认同感，还可在潜移默化中促进其现代性素养的生成。

---

① 《教育部　中华全国总工会关于印发〈农民工学历与能力提升行动计划——"求学圆梦行动"实施方案〉的通知》，http：//www. moe. gov. cn/srcsite/A07/zcs_cxsh/201603/t20160324_235014. html。

② 翟帆：《高职扩招为职教向类型教育转型提速》，《中国教育报》2019 年 11 月 12 日第 9 版。

③ 陈昭玖：《产业转型背景下农民工就业问题研究》，第 37 页。

④ 何爱霞、刘雅婷：《城镇化进程中农民工从结构到实质融入的教育培训问题》，《现代远程教育研究》2017 年第 1 期。

第三节　创建良好协同环境：营建"软硬性"保障环境

在以农村转移劳动力为核心主体的新型城镇化建设与发展的目标情境中，为使"职成教"呈现出良好的协同发展样态，还需营建积极正向的协同环境。在一个协同系统中，协同关系是协同单元之间（内部）相互结合、彼此作用的方式或形式，协同环境则是维系协同系统平衡的重要外部因素，也是协同单元之间的协同关系得以存在与发展的外生基本调控机制。只有创建出一个良好的协同环境，整个系统才能实现协同促进。协同环境主要分为"软性""硬性"两种。因此，为着力营建"软硬"兼具的保障环境，支持新型城镇化进程中"职成教"协同发展，应注意做好以下两项基础性工作。

一、营建"硬性"保障环境：加强物力与财力资本源保障

"职成教"协同推进新型城镇化建设与发展，无疑需要一个良好的"硬性"保障环境。在"以人为本，将人的城镇化作为核心"的新型城镇化理念下，若想通过"职成教"协同提升农村转移劳动力城镇化所需的能力和素质，无论是"职成教"工作的开展还是其相应硬件设施的建设都需要大量的经费投入。若想营建一个良好的"硬性"保障环境，为"职成教"协同发展提供坚实的物质条件与基础，就要重点做好"物力与财力资本源"保障，即要在经费投入上做出积极回应和有力保障。对此，应重点解决以下几个问题。

（一）各级政府应加大对农村转移劳动力"职成教"工作的投入保障

推进农村转移劳动力城镇化，即让农村转移劳动力有能力在城镇实现稳定就业、融入城镇发展是当前新型城镇化建设与发展的核心目标与任务要

求。政府作为国家和社会公共服务的主导者或者说主要提供者①,承担"职成教"推进农村转移劳动力城镇化的过程中的经费投入与成本分担的主体责任,这也是政府的应有职责。这就意味着,要坚持以政府为主导,各级政府应根据新型城镇化发展对农村转移劳动力培养的要求,逐步提高财政性经费投入比重②,加大农村转移劳动力"职成教"工作的投入保障,切实改善"职成教"机构的办学条件,努力补上教育体系中的这个"短板"。首先,应根据农村转移劳动力"职成教"工作的"弱势"情况,对农村转移劳动力"职成教"工作实行特殊政策,建议国家和各级政府(尤其是农村转移劳动力流入地政府)对此项工作给予专项经费支持,专款专用。其次,要推进教育培训平民化,国家给予补贴,帮助农村转移劳动力尤其是年轻一代农村转移劳动力进行技能和素养的提升③,同时要关注家庭经济困难的农村转移劳动力学习者,给予其费用减免和生活补贴,进一步激发其参与教育培训的动力。再次,应立足新型城镇化发展实际,根据对农村转移劳动力规模及其教育培训需求的综合预测,从所在城镇取得的经济收入中提取相应经费,设立专项教育培训基金,并根据流入地城镇经济增长情况,逐步提高相应经费支持的比例。另外,应注意将政府统筹的公共资源适度投向农村转移劳动力的教育培训,推动政府公共资源人均投入增量向"职成教"承担的农村转移劳动力教育培训倾斜,通过这种"增量调适"的措施使农村转移劳动力学习者的人均公共资源存量逐步接近基础教育、高等教育学生,促使这项工作中的教育培训资源配置与其他

① 金红磊:《政府职能的让渡与拓展——基于公共物品的提供》,《经济体制改革》2005 年第 4 期。
② 杨进:《不忘初心,踏实推进职教发展》,《光明日报》2016 年 12 月 27 日第 14 版。
③ 《教育部 中华全国总工会关于印发〈农民工学历与能力提升行动计划——"求学圆梦行动"实施方案〉的通知》,http://www.moe.gov.cn/srcsite/A07/zcs_cxsh/201603/t20160324_235014.html。

教育形式中的公共资源配置一样适度均衡。

（二）建立健全农村转移劳动力"职成教"经费投入与成本分担机制

一方面，应按照分类、分级的原则，明晰各级政府在农村转移劳动力"职成教"工作中应承担的经费投入与支出责任①，如中央政府应主要担负起跨省流动农村转移劳动力教育培训所需的经费与成本，并以整体投入的形式拨付，同时还应注意对各省区市相关的重点项目建设给予一定比例的补助。各省级政府应主要负责所属省域内各市县农村转移劳动力教育培训所需的经费与成本，并对农村转移劳动力流入地相关的教育培训项目给予补助。农村转移劳动力流入地政府（一般指市县级政府）在得到中央、省级政府经费支持的同时，应主要承担起因农村转移劳动力流入而引发的"职成教"建设责任，尤其是具体的教育培训项目建设等的经费与成本。另一方面，应注意发挥政府统筹作用，广纳经费，建立起政府、企业、个人等多元主体参与的经费投入与成本分担机制。② 除了上述所说的政府应担负的主体责任之外，作为社会有机体的重要组成部分，企业和农村转移劳动力个人也应在教育培训需求中承担一定的成本分担责任。③ 例如，农村转移劳动力所在企业应根据新型城镇化建设与发展的需求，积极履行企业责任，加大对农村转移劳动力在职在岗教育培训的投入力度，并积极参与社会捐赠或农村转移劳动力教育与学习的资助等体现企业社会责任的活动。除此之外，还应强化用人单位对农村转移劳动力的岗位培训责任，对不履行培训义务的用人单位，应按国家规定强

---

① 雷培梁：《人的城镇化进程中的教育发展问题研究——以福建省为例》，第 170 页。

② 邓文勇：《职业教育与新型城镇化的联动逻辑及实现路径》，《中国职业技术教育》2019 年第 27 期。

③ 范先佐：《城镇化背景下县域义务教育发展问题与策略——基于 4 个省（自治区）部分县市的调研》，《华中师范大学学报》（人文社会科学版）2014 年第 4 期。

制提取职工教育培训费,用于政府组织的相关公益性培训。① 对农村转移劳动力自身而言,为将个人城镇化的梦想和对美好生活的向往变成现实,应本着对自己的梦想和更高的生活追求负责的态度,积极参加职业与成人教育活动,加强自身的职业技能、现代性素养,并承担一定(部分)的成本费用。② 简言之,上述探讨的这种经费投入与成本分担机制遵循"谁受益谁分担"的原则,采用的是"三个一些",即"政府支持一些、社会赞助一些、农村转移劳动力个人分担一些"的办法。

(三)改革完善关涉农村转移劳动力教育培训的财政转移支付制度

在总体上,要与当前的户籍制度改革相配套,尽快建立以包括广大农村转移劳动力群体在内的常住人口为主要依据的财政转移支付制度,并逐渐强化财政转移支付与农村转移劳动力城镇化的衔接,促使职业教育、成人教育等公共服务实现农村转移劳动力全覆盖。在具体层面,要积极探索中央政府直接补助农村转移劳动力个人的财政转移支付形式或办法。一是中央政府应统筹全国财力,为每个农村转移劳动力建立账户,使其无论转移至哪个城镇都能让自己享受公共服务的权利得到异地接续、实时保障,从而让中央政府对农村转移劳动力教育培训的经费投入落到实处;二是可参照国外的相关做法,如在农村转移劳动力教育培训领域,建立跨地区结算使用的教育培训券制度③,不论农村转移劳动力流入哪个地区,参加职业教育还是成人教育,都可通过教育培训券进行跨地区、跨教育形式结算。如此,不仅能在一定程

---

① 财经网:《中国拟强制提取职工培训经费》,《职业技术教育》2009 年第 24 期。
② 曾晋莹、李锡元:《农民工培训由谁买单》,《农村经济与科技》2008 年第 8 期。
③ McVicar D, Polidano C, "Course Choice and Achievement Effects of A System-wide Vocational Education and Training Voucher Scheme for Young People," in *Educational Evaluation and Policy Analysis*, No. 4(2018).

度上缓解农村转移劳动力流入地政府财政的教育培训投入压力，也能激发农村转移劳动力异地流动时参加教育培训的积极性。

二、营建"软性"保障环境：强化体制、治理与质量建设

在新型城镇化进程中寻求"职成教"协同发展，除了需要建设良好的"硬性"保障环境之外，还需做好"软性"保障环境建设。在前述分析基础上可知，为营建一个良好的"软性"保障环境，应从以下几个层面着力。

（一）从无序到有序：理顺"职成教"协同的管理体制

当前，我国针对农村转移劳动力教育培训的部门与机构众多，实践中各自为政，多互不关联，难以实现相关教育培训资源的整合优化，也难以实现有效衔接与沟通。这不仅造成资源的巨大浪费，也易导致农村转移劳动力教育培训脱离城镇产业、企业需求。"职成教"工作关涉新型城镇化的建设与发展进程，涉及多个领域和近 3 亿的农村转移劳动力群体，因此迫切需要调整和完善其管理体制。政府作为强力部门，应以制度规范为核心①，积极发挥农村转移劳动力"职成教"工作的政府服务效能，理顺"职成教"协同的管理体制，加强对农村转移劳动力"职成教"工作的统筹、协调和指导。

首先，应由政府主导组建专门的管理机构，将各种针对农村转移劳动力的教育培训并入一元的职业与成人教育培训体系，并成立相应的咨询专家组，对这项工作进行专门研究和统筹指导。也就是应将农村转移劳动力教育培训（培养）的管理职能交由一个政府部门，可以由国务院成立新机构，这也符合国务院关于政府部门机构和管理体制改革的宗旨，如建立由政府教育行政部门主管、各有关部门和社会团体参加的跨部门农村转移劳动力教育培训

---

① 邓文勇：《职业教育与新型城镇化的联动逻辑及实现路径》，《中国职业技术教育》2019 年第 27 期。

协调委员会(或领导小组),统筹、规划和协调农村转移劳动力"职成教"工作。① 国际上,英国政府在机构改革中就曾几次将关于教育、劳动就业、技能等的部门进行合并并统管技能型人才培养,澳大利亚则实施了"教育与培训一体化管理"的体制②,这些都为我国农村转移劳动力培养的管理体制改革提供了一定参考。同时,还应由教育部联合人力资源社会保障部等相关部门,主导建立全国性的农村转移劳动力教育培训信息服务平台,其主要职责是根据市场需求,动态发布国家及各地区相关政策信息,及时发布"职成教"协同组织、实施或开展农村转移劳动力教育培训的相关情况和"职成教"资源的开放信息等,并鼓励各地教育行政部门以委托、联合建设等方式,搭建服务本地区农村转移劳动力的教育培训信息服务平台和移动客户端,从而为本地农村转移劳动力提供丰富的教育培训资源和相应的支持服务。"一元"管理体制的优势在于资源整合和协同运作③,可使关涉农村转移劳动力教育培训的"职成教"工作在同一个管理架构下运行。

其次,农村转移劳动力流入地政府及"职成教"行政主管部门应尽快统筹出台农村转移劳动力教育培训的相关条例及具体实施办法④,尤其要注意凸显农村转移劳动力教育培训的公益性,通过建立健全政策制度保障,多部门联合出台规划,推进农村转移劳动力教育培训的整体性和规范性,有效引领农村转移劳动力教育培训的发展。为此,农村转移劳动力流入地政府应针对

① 袁贵仁主编:《中国教育》,第 131 页。
② Raynauld J, Martel C, Villiot-leclercq E, et al., "Towards an Integrated Management System for Education and Training Processes," in *International Journal of Technologies in Higher Education*, No.3(2009).
③ 李政:《价值转向与制度变革:2030 中国职业教育发展软环境研究》,《现代教育管理》2017 年第 5 期。
④ 缪建东:《论中国成人教育的科学发展》,《中国成人教育》2011 年第 1 期。

农村转移劳动力的学历提升和非学历培训需求，并根据当地产业发展现状、规划和经费来源，遴选本区域内"职成教"院校，确定学历教育招生专业和计划、非学历培训项目与规模。"职成教"院校在现有政策制度框架内，在学历教育维度，要扩大开放范围，可采用成人高考、自考、网络教育自主招生、推免等方式择优录取农村转移劳动力；在非学历培训维度，要加强与企业、社区的联动与合作，积极开展非学历培训。各地政府、社区、企业等要与"职成教"办学机构积极联动，做好生源发动、推优推免、组织实施等工作，尤其应鼓励在农村转移劳动力较为集中的代表性行业或农村转移劳动力较多的大中型企业创建农村转移劳动力职业与成人教育学习与实训中心，尽可能贴近实际，为广大农村转移劳动力提供便捷、广泛的学习条件和机会。

再次，应由政府主导建立"职成教"服务农村转移劳动力城镇化发展促进会，搭建"职成教"服务农村转移劳动力城镇化发展公共服务平台，形成流入地政府统筹管理、教育行政部门分类指导、各类"职成教"机构主要实施、相关企业积极参与的合作办学及管理服务制度。而在具体的政策制度制定上，一方面应对"职成教"服务农村转移劳动力城镇化发展的指导思想、工作目标、体制机制，以及各利益主体的权责、利益进行明确和保障，从而通过政府及"职成教"行政主管部门在政策制度上的引导与支持，进一步保证"职成教"服务农村转移劳动力城镇化工作的有效开展与实施。另一方面，为进一步保障农村转移劳动力教育培训的内容契合新型城镇产业、企业发展要求，规范其教育培训规格，应由"职成教"主管部门和劳动主管部门（人力资源和社会保障部门）以分工合作的方式，对农村转移劳动力教育培训进行重新定位，以新型城镇及其产业、企业发展和农村转移劳动力自身的素养提升为基准，开展规格不同的教育活动，对各种职业教育机构、成人教育机构（包括企业培训）予以优化整合，通过政府统筹推进，构建覆盖农村转移劳动力首次教育培训、进修教育培训和转岗教育培训的规格不同并相互沟通衔接、关联紧密的"职成教"协同体制，促成农村转移劳动力在城镇就业与再就业，实现劳动力市场需求与个人全面发展的互利共赢。①

另外，在政府的政策制度保障层面，应构建关涉"职成教"及农村转移劳动力城镇化的财政资金整合的长效机制。② 即要以政府为主导，将各种渠道的相关资金整合后统筹使用，尤其应瞄准农村转移劳动力城镇化的关键点或重点环节进行整体投入。同时，还应通过进一步探索建立社会各类资本支持农村转移劳动力教育培训的财政奖补机制，激发社会各界持续关注和支持农村转移劳动力教育培训发展的动力，尤其要给予长期投入农村转移劳动力"职成教"工作的各社会主体更多财政支持、优惠政策等，从而在政策制度上进一步引导和撬动社会各种资本投向农村转移劳动力的"职成教"工作。

（二）从共存到共治：构建多主体共治的治理体系

通过前述分析可知，基于农村转移劳动力城镇化的"职成教"工作是一项系统工程，必然需要各关涉主体或力量的积极参与并寻求合作共治。发挥和激发各个联动主体的作用和主动性，弥补每个联动作用主体作为有限理性者在客观上的缺陷，构建适应需求的多元主体合作共治的治理体系，应是"职成教"协同推进农村转移劳动力城镇化从共存到共治，从而走向理性"善治"的制度化选择。③ 根据当前农村转移劳动力"职成教"的协同现状及发展要求，

---

① 邓文勇：《职业教育与新型城镇化的联动逻辑及实现路径》，《中国职业技术教育》2019 年第
　　27 期。
② 陈池波等：《财政支农资金整合问题研究》，武汉大学出版社，2015 年，第 2 页。
③ 褚宏启：《教育治理：以共治求善治》，《教育研究》2014 年第 10 期。

这一治理体系应是由政府、职业教育机构、成人教育机构、企业、社区等多元联动作用主体组成的一种网络化合作共治的治理体系，其中各关涉主体或力量在这一治理体系当中对应的主要角色分别是"主导、主体、主体、参与、参与"，即一个"主导"，两个"主体"，两个"参与"（见图 5 - 3）。

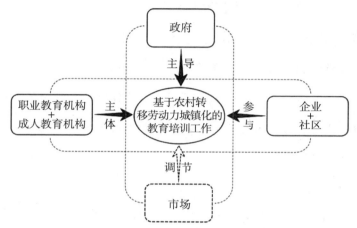

图 5 - 3 多主体共治的治理模式基本框架图

为保障该治理模式有效运行，按照治理理论的描述，还需要"静态"和"动态"两个层面的配合，其中在"静态"层面，需要对"职成教"协同推进农村转移劳动力城镇化关涉的各个联动作用主体之间的关系进行界定和明确，并创建该治理模式的基本理论框架；在"动态"层面，主要是支持为使该基本理论框架有效运行而采用的多重网络化实践运行机制。实质上，治理的本质是它专注于治理机制。[①] 因此，结合对前述问题的分析，为构建多主体共治的治理体系，使"职成教"在共同聚焦的作用目标中由共存现状下的非协同样态转化为共治形态下的协同样态，应从"静态"和"动态"两个层面建构相应的路径及措

---

① 冯翔：《教育信息化 2.0 背景下的教育资源治理：理念与路径》，《中国远程教育》2019 年第 12 期。

施。在"静态"层面,第二章、第三章中已经对相关联动作用主体之间的关系及其在推进农村转移劳动力城镇化中的角色进行了相应界定或明确。这里重点就"动态"层面的运行机制进行探讨。政府、"职成教"机构、企业、社区等联动作用主体在该治理体系运行中所扮演的角色和发挥的作用不尽相同,这就决定了在推动这一治理体系运行的过程中要建立的运行机制主要由以下几个部分组成。

第一,建立政府主导机制。要围绕农村转移劳动力教育培训这一重要工作核心,以"职成教"为主要教育培训载体,建立以关涉农村转移劳动力教育培训的各级政府及相关行政部门为主要管理主体的主导机制。而治理所要创造的结构或秩序不能由外部强加①,其注重的是治理机制而不是政府的权力和控制。② 也就是说,政府要注意做好顶层设计,以善治为导向,充分发挥政府的"元治理"作用③,强化对农村转移劳动力"职成教"及其协同工作的引导与统筹服务,即各级政府和相关行政部门除了要理顺前述已探讨的"职成教"协同的管理体制之外,还应逐渐从"管理"视域中的"行政事务"转向"治理"视域中的"公共事务"④,从"元治理"层面为农村转移劳动力的教育培训做好顶层设计,发挥相关规划与政策制度体系制定、教育培训公共产品供给与市场秩序维护、质量评估与监管等宏观统筹服务性职能,并对各个合作共

---

① Kooiman J, Van Vliet M, "Governance and Public Management," in K. Eliassen and J. Kooiman (Eds), *Managing Public Organisations: Lessons from Contemporary European Experience* (2nd ed), Sage, 1993, p. 64.

② 冯翔:《教育信息化 2.0 背景下的教育资源治理:理念与路径》,《中国远程教育》2019 年第 12 期。

③ Jessop B, "Governance and Metagovernance: On Reflexivity, Requisite Variety, and Requisite Irony," in Henrik Bang, ed., *Governance as Social and Political Communication*, Manchester University Press, pp. 101-116.

④ 李柯柯、查吉德:《多元主体共治视域下高职院校校企合作机制研究》,《高等职业教育探索》2018 年第 3 期。

治主体的权责、利益等进行明确和保障，尤其要强化助薄扶弱、保障公平层面的政府主导责任，从而进一步引导、支持与保障农村转移劳动力"职成教"及其协同工作的正确方向和顺利实施。在具体的工作实践中，各级政府应转变思维方式，真正从思想意识上将农村转移劳动力"职成教"工作视作我国教育事业发展的重要组成部分，认识到农村转移劳动力教育培训的公益性及其对促进新型城镇化建设与发展的重要作用。一方面，各级政府及相关行政主管部门在统筹规划教育事业发展的过程中要目光长远，正确认识并根据"职成教"在新型城镇化发展中的战略价值与意义，将农村转移劳动力城镇化教育培训纳入当地城镇经济社会发展规划、教育（尤其是"职成教"）事业发展规划。在政府层面，还应逐步提高"职成教"的地位，给予"职成教"应有的重视和足够的资源支持，使其与其他教育（如基础教育、高等教育）具有同等的发展空间，并要以科学的战略思维和发展理念引领"职成教"服务新型城镇化战略。① 另一方面，要认真落实有关农村转移劳动力的教育培训鼓励与扶持政策，促进农村转移劳动力教育培训的健康发展，并要根据"职成教"的特殊性，摒弃直接套用普通教育发展方式的做法，认真研究、制定契合该项工作发展规律的政策制度、管理办法和办学措施。

第二，建立"职成教"机构主体机制。这里的"职成教"机构是指组织与实施农村转移劳动力教育培训的"职成教"办学机构，是农村转移劳动力教育培训的主要载体和相对应的人力资源服务主体。为推动该治理体系的有效运行，更好地发挥并彰显其对新型城镇化建设与发展的功能和价值，为新型城镇化建设与发展提供相契合的人力资源保障，应建立"职成教"机构主体机

---

① 李兴洲、卢海红：《继续教育的国际经验》，《北京师范大学学报》（社会科学版）2010 年第 1 期。

制。在总体要求上,"职成教"除了要积极响应国家新型城镇化战略,重视并加强农村转移劳动力教育培训,除了发挥办学主体的职责(这在前述的协同单元层面已探讨),还应注重制度化治理。一方面,在职业教育、成人教育组成的协同系统内部,在全国范围或一定区域内(主要指省级范围)应组建起由农村转移劳动力教育培训委员会主导、相关"职成教"机构协同、相关主要专家教师和农村转移劳动力参与的治理机制,以激发"职成教"协同系统内部自我治理的效能。另一方面,在强化内部治理的基础上,应创建由"职成教"机构等主要办学主体具体组织推动,政府、企业、社区等其他联动作用主体平等参与、协同合作的多元化治理机制,进一步强化和彰显"职成教"机构在协作承担或组织农村转移劳动力教育培训工作中的使命担当和社会回应性。

第三,建立企业、社区参与机制。一是在企业维度,建立企业参与机制。这一机制主要指企业出于对自身利益的关心或对农村转移劳动力教育培训所蕴含的利益的认同,针对这一事业发展采取具体行为的一种过程与方式。①如在以农村转移劳动力培养培训为重要使命的"职成教"工作中,企业应为"职成教"办学机构提供积极指导和用工需求信息反馈,参与相关措施制定,提供教育培训基地,等等,有条件的企业还可在员工生活区建立农村转移劳动力活动场所,开展多种形式的业余文化(教育)活动,丰富农村转移劳动力的精神生活,助力其融入城镇发展。企业既是农村转移劳动力就业的主要载体,也是与"职成教"机构协同育人的重要力量,这就决定了企业协同参与农村转移劳动力教育培训的地位和作用。所以,企业应积极与其他联动作用主体形成协同,参与合作共治。二是在社区维度,建立社区参与机制。城镇社

---

① 马永红、陈丹:《企业参与校企合作教育动力机制研究——基于经济利益与社会责任视角》,《高教探索》2018 年第 3 期。

区具有丰富的教育资源，也是农村转移劳动力在城镇生存生活的主要"据点"之一。在上述探讨的建构适切的协同关系的过程中，城镇社区是推进"职成教"间互通对接的重要场域和助力"职成教"协同育人的重要平台，这一治理体系的有效运行，离不开城镇社区的参与。为助力"职成教"协同培养培训农村转移劳动力，并更大程度地发挥、拓展其教育培训价值与功能，城镇社区应在政府的引导推进下，不断提升与"职成教"办学机构等主体在农村转移劳动力培养培训过程中的协作程度，在协同合作育人过程中充分体现和发挥其作用，同时还应与合作共治主体共享信息、技术、知识、人力、物力等资源。例如，城镇社区可以提供场地、设备、社区工作人员等，职业教育机构或成人教育机构（或二者协同的组织形式，如前述提出的新型社区"职成教"学院）可与企业协作设置课程、让专家教师（包括专业理论教师、实践指导教师）进入社区服务等，政府则可根据农村转移劳动力的教育培训需求做好审批或安排相应的教育培训项目进社区，并以购买服务的形式支持和保障此项合作工作的有效开展与实施。

另外，为切实用足用好相关政策，还需注重宣传引导。政府、"职成教"机构、企业、社区等各种联动作用主体要形成协同，加大对农村转移劳动力培养培训工作的宣传力度，广泛运用广播电视、网络多媒体等渠道帮助广大农村转移劳动力熟悉相应的培养培训政策、了解其价值作用及各类教育培训项目的内容。同时，为保证农村转移劳动力这一人力资源的供需匹配，上述各个联动作用主体还应注意紧密结合市场需求，即要以市场需求（主要指新型城镇化建设与发展进程中涉及的企业用工需求、城镇市民化素养需求等）为导向，通过市场的辅助性调节，更好地激发和保持各大联动作用主体参与合作共治时的活力和市场适应性。

（三）从低质到高质：建立协同育人质量保障体系

要想立足新型城镇化建设与发展的需求，营建良好的"软性"保障环境，支撑"职成教"协同推进农村转移劳动力城镇化，理清"职成教"协同的管理体制是首要前提，构建多主体共治的治理体系是基本要求。建立"职成教"协同育人质量保障体系则是助力"职成教"协同育人走向高质量发展的必然条件。一般而言，教育领域中的质量保障体系基本架构应由教育系统内部和外部两个维度构成，在内部主要由教育办学主体自主建构与运行，其形式丰富多样；在外部主要由政府部门、社会团体等主导，针对教育教学开展监督、评估、问责和协助等制度化活动。① 因此，为构建"职成教"协同育人质量保障体系，应从内部、外部两个维度探寻适宜的路径及措施。由于在"职成教"所组成的协同体内部层面，已在前述"构建协同的内在机制"下的"构建协同反馈机制"中进行了相应探讨，以下将重点从"职成教"协同系统外部，探寻建构这一质量保障体系的路径及措施。而搭建"职成教"协同培养农村转移劳动力的质量评价机制，是在外部层面搭建一个良好的质量保障体系的关键。② 那么，搭建质量评价机制，重点应放在"职成教"所属的行政部门上，可由教育部门牵头，建立健全农村转移劳动力教育培训质量监管制度和公示制度，搭建政府、行业协会、农村转移劳动力及其从业企业共同参与的教育培训质量评价机制，开展"职成教"教育培训满意度测评工作。③ 具体应重点处理好以

---

① 别敦荣、易梦春、李志义等：《国际高等教育质量保障与评估发展趋势及其启示——基于 11 个国家（地区）高等教育质量保障体系的考察》，《中国高教研究》2018 年第 11 期。

② Mentz P J, Mentz K, "The Quality Issues at Departmental Level at a Recently Merged University," in *South African Journal of Higher Education*, No. 1(2006).

③ 《教育部　中华全国总工会关于印发〈农民工学历与能力提升行动计划——"求学圆梦行动"实施方案〉的通知》，http://www.moe.gov.cn/srcsite/A07/zcs_cxsh/201603/t20160324_235014.html。

下几个问题。

第一，各关涉农村转移劳动力教育培训的行政部门应合力协商，建立健全配套的质量监管制度和公示制度①，对关涉农村转移劳动力教育培训的各类职业教育办学机构、成人教育办学机构的教育培训组织管理及教育教学标准、评估指标等进行明确规定，规范"职成教"（协同）开展农村转移劳动力教育培训时的考评程序，保障教育培训过程的严肃性。第二，建议由教育行政部门牵头，联合其他相关行政部门，组织邀请参与农村转移劳动力教育培训的行业企业相关专家、学者和农村转移劳动力代表对"职成教"办学机构开展的教育培训活动实施质量科学评估，如对"职成教"办学机构所开设的有关项目、教育教学课程进行评审，通过评审的，准予其列入"职成教"办学机构相应项目或课程名册（录），并通过综合议定对后续相应项目、同类教育教学课程建设或审批给予优惠、补贴或方便，而质量差或满意度差的，责其限期整改甚至取消相应资格。第三，为方便农村转移劳动力参加相应的教育培训项目，相关管理与考评部门特别是组织教育培训的"职成教"办学机构应提供专门的咨询服务，主要就广大农村转移劳动力的教育培训的学习地点、学习方式、课程内容等情况或问题提供相应的指导与解答。② 第四，应建立目标责任制，进一步加强政府对农村转移劳动力"职成教"工作的监管——可将这项工作纳入各级政府的政绩考核中，细化目标任务、政策落实、教育培训服务、满意度等指标，提高权重并层层分解，由上而下督促落实。对在农村转移劳动力教育培训工作中取得突出成绩的"职成教"办学机构、企业团体或个人，应按

---

① 吴雪萍：《构建职业教育质量保障体系的国际经验及其启示》，《教育发展研究》2014 年第 7 期。
② 邓文勇：《职业教育与新型城镇化的联动逻辑及实现路径》，《中国职业技术教育》2019 年第 27 期。

照国家相关规定进行表彰奖励。而不履行农村转移劳动力教育培训职责,尤其是引起不良社会影响的,对相关管理与责任主体进行问责。

另外,还应注意做好内外部质量保障体系之间的有机衔接。在外部评估、社会问责等压力之下,"职成教"在协同培养培训农村转移劳动力的过程中,其内部质量保障机制必然需要对外部质量保障活动做出有效回应①,如"职成教"协同系统内部共同开展的相应评估一般是参照或为了应对外部相关机构与组织的评审。同时,"职成教"协同系统内部针对农村转移劳动力教育培训的质量保障机制的构建与运行情况往往也是外部质量评估中的重要内容与指标。因此,从这层意义而言,无论是外部层面的质量保障还是内部层面的质量保障,都不是完全独立的部分,而应是彼此衔接共生、不可分割的一个统一体。在这方面,欧洲主要国家的高等教育质量保障体系的做法给我们提供了很好的例子或启示——分别针对其内外部层面的质量保障以及相应的评估机构等制订一贯性的标准和准则。② 为此,我们在构建以服务农村转移劳动力城镇化建设与发展为目标导向的"职成教"协同育人的质量保障体系时,也应针对内外部的实际情况,制订一贯性的标准和规范。

第四节 本章小结

本章内容为本书的策略建议部分。在对前述相应问题进行明确与深入

① Rosa M J, Teixeira P, "Policy Reforms, Trojan Horses, and Imaginary Friends: The Role of External Stakeholders in Internal Quality Assurance Systems," in *Higher Education Policy*, No. 27 (2014).

② *Standards and Guidelines for Quality Assurance in the European Higher Education Area*, https://ehea. into/media. ehea. info/file/ESG/00/2/WSG_2015_616002. pdf.

论证的基础上，依循协同共生理论的三维分析框架，提供在以农村转移劳动力为核心主体的新型城镇化进程中解决"职成教"协同发展所面临的问题的方法。具体而言，根据第四章对相应问题的理论探讨与实证分析，提出了通过明确"职成教"的角色与定位，培育合格的协同单元；推进"职成教"间的互通对接，建构适切的协同关系；营建"软硬性"保障环境，创建良好的协同环境等方法。"三管齐下"，为在以农村转移劳动力城镇化为目标背景的新型城镇化建设与发展进程中推进"职成教"互利共赢并走向深层次协同发展提供有效路径和必要保证。

第六章　总结与展望

第一节　总　结

　　城镇化是现代化的必由之路,推进城镇化建设与发展是一个长期而艰巨的历史过程。中国用近四十年的时间,在大约一代人成长与发展的时间当中,从一个以农业为主的国家跨越发展为以非农生产为主①的国家。传统乡村特征的文明和现代城镇特征的文明在过去快速发展的城镇化进程中形成了强烈碰撞,传统土地城镇化等缺乏人本关怀,单向度的城镇化模式及其发展所带来的问题尖锐地显现,稍有不慎就有可能陷入中等收入陷阱,继而影响国家的现代化进程。而"以人为本,将人的城镇化作为核心"的新型城镇化发展战略的提出是对西方城市化和我国传统城镇化的扬弃,是一条高质量、可持续发展之路。当前,在推进城镇化高质量发展的新时期,农村转移劳动力是关涉新型城镇化建设与发展的核心主体,提升其素质,使其有能力在城镇实现稳定就业、融入城镇发展,是推进"以人为本,将人的城镇化作为核心"的新型城镇化高质量发展的重要体现和必要保证。职业教育、成人教育作为关涉近 3 亿农村转移劳动力素质与能力提升、城镇化人力资本积累的两种重要教育类型,不但能为农村转移劳动力原有的人力资本转化拓展渠道,也可

---

① 城镇化率超过 50% 是判断是否以非农生产为主的一个重要标志。

以为习得新的人力资本创造条件并提供可能性。通过"职成教"协同共力,不断提升农村转移劳动力的人力资本价值,有利于农村转移劳动力实现在城镇稳定就业、融入城镇发展。因此,本书的主题"契机与愿景:新型城镇化进程中'职成教'协同发展"迎合了我国当前新型城镇化建设与发展的战略诉求。借助新型城镇化的战略机遇,"职成教"选择协同共力,既能助力职业教育发展,也能为改观成人教育生存际遇并重振成人教育带来希望,有利于推进"职成教"合作共赢、共同发展。通过理论和实证分析,本书形成了以下主要结论。

第一,使农村转移劳动力有能力在城镇稳定就业、融入城镇发展是推进以人的城镇化为核心的新型城镇化高质量发展的必然要求。通过第三章的分析可以看出,使近3亿数量级的农村转移劳动力有能力在城镇稳定就业、融入城镇发展,是农村转移劳动力城镇化的两大重点目标任务——推进农村转移劳动力在城镇稳定就业是新型城镇化建设与发展的基础、是优先环节,而促进农村转移劳动力融入城镇发展是新型城镇化建设与发展的根本价值追求。两大重点目标任务是辩证统一的整体,不可偏废,推进新型城镇化更需要"双轮"驱动、并重发展。外国的城镇化发展历史也告诉我们,倘若我国的城镇化在未来每一个百分点的提升中不能让农村转移劳动力的就业能力和市民素养(即现代性素养)做出积极改变与提升,我们的城镇化将很难达到以人的城镇化为核心的发展目标与要求,也就不能称为高质量的城镇化。如此发展,当我国的城镇化率达到一定比例(如80%以上),不仅可能会形成大量的城镇人口负荷,带来很大的社会问题,而且会造成城镇社会冲突频发、理性智能水平滞后以及社会质量创新贡献不足的情况,使国家难以走向高劳动生产率的城镇社会,现代化进程就会受到影响。

第二,"强技""提素"是实现农村转移劳动力在城镇稳定就业、融入城镇发展,继而推进新型城镇化高质量发展的关键办法。尽管保持宏观经济稳定是实现就业稳定的必要条件,政策红利是保障就业稳定的主要推力,但当前,我国正处在新旧动能转换、产业转型升级的关键期,如果职业技能较低、现代性素养整体偏弱的农村转移劳动力难以适应产业发展、企业转型升级之后对劳动力的新要求,其就会陷入结构性失业的境地,就很难在城镇稳定就业,也会给社会的稳定带来很大影响。就融入发展而言,让广大农村转移劳动力具备与城镇生产生活方式相匹配的现代性素养,让其真正融入城镇并得到不断发展,是坚持以人为本、注重人本关怀的新型城镇化建设与发展的根本价值追求。而研究发现,当前农村转移劳动力之所以难以融入城镇发展,根本还在于其现代性素养不足。因此,只有"强技""提素",也就是让农村转移劳动力具备在城镇稳定就业的技能、融入城镇发展所需的现代性素养,才能使其真正在城镇"稳得住、留得下",最终实现城镇化高质量发展的目标。

第三,"职成教"协同是推进以农村转移劳动力为核心主体的新型城镇化建设与发展的重要举措和必要保证。通过前述分析可知,农村转移劳动力城镇化所需的"稳定就业能力"和"融入发展素养"具有紧密的联系,但侧重点、所包含的内容不同。前者侧重的是城镇化所需的职业、就业技能的培养;后者侧重的是城镇化所需的市民(现代性)素养的培养。这势必会对教育提出新的要求,也需要目标导向或价值功能不同的教育形式进行合作,协同推进。"职成教"作为与农村转移劳动力在城镇稳定就业的能力和市民素养提升关系最为密切的两种教育,在推进新型城镇化建设与发展进程中具有重要的作用和使命。"职成教"是教育系统中两种最为相近却又具有不同本质内涵的教育子系统,二者在内涵外延及实践特性方面,存在彼此区别、不可等同的逻辑分殊——总体而言，职业教育偏重（或更多关注）的应是"职业"，注重职前的、职业技能的培养；而成人教育偏重的应是"成人"，注重职后的，尤其是非功利性质的如市民或现代性素养的教育与培训。二者也具有彼此牵涉、相互依存的逻辑耦连——在逻辑关系上，职业性内容是"职成教"历史发展的逻辑交织，职后教育域是"职成教"实践范畴的逻辑交叠，教育性使命是"职成教"追求的本真价值选择。二者的本质所指、特征差异决定了二者在推进新型城镇化进程当中的侧重点、功能或能力不同，因而二者在新型城镇化建设实践中的关系也是互为补充、互相衔接、相得益彰的。而"职成教"作为开发智力、培养人才的两种虽有差异又互为补充，虽内容交叠又互相衔接的教育途径，是推进新型城镇化建设与发展的可靠保证，在实践中也应是相互依存、相互补充、密切关联的整体。所以，"职成教"协同（形成协同体）是推进以农村转移劳动力为核心主体的新型城镇化建设与发展的重要举措和必要保证。

第四，新型城镇化与"职成教"之间存在着复杂的双向交互（联动）关系——新型城镇化为"职成教"提供存在与发展的空间，"职成教"是新型城镇化建设与发展的重要支撑和动力，二者互为条件、支持与保障。一方面，新型城镇化为"职成教"提供存在与发展的空间。首先，随着"以人为本，将人的城镇化作为核心"的新型城镇化建设的不断深化与发展，其核心主体农村转移劳动力的稳定就业能力、融入发展素养提升，对"职成教"产生旺盛需求，为"职成教"发展提供了广阔的生存与发展空间。其次，新型城镇化建设的推进与深化，能为"职成教"持续发展提供强有力的物力保障与财力支持。再次，农村转移劳动力城镇化的需求不同，这就要求"职成教"积极调整与应对，加强协同，以提供恰切的教育扶助和支持，这也为"职成教"协同发展创造了良好条件。另一方面，"职成教"是新型城镇化建设与发展的重要支撑和动力。依据新型城镇化的目标任务要求,通过"职成教"协同将农村转移劳动力培养转化为相匹配的人力资本,使其成为真正的产业工人和市民,同时以终身教育与学习的形式实现人力资本的持续升值,有利于农村转移劳动力知识技能、现代性素养的增长与提升,能促进其在城镇"稳得住、留得下",实现更有质量的就业、更加充分的融入。正是"职成教"这种持续的人力资本投入为推进新型城镇化建设与发展提供了重要的人才动力。从不同维度分析,新型城镇化系统与"职成教"整体系统之间的关系可呈现出互动共生、主体交互、层次耦合三类关系逻辑。

第五,协同单元异化、协同关系失范和协同环境困扰,制约"职成教"在新型城镇化进程中协同联动并形成深层次协同发展生态。通过调查并结合相关的文献研究进行综合分析发现,围绕新型城镇化这一"职成教"共同聚焦的作用目标,在实然推进"职成教"协同发展的过程中,还面临协同单元异化、协同关系失范、协同环境困扰等生态之殇。在协同单元层面,作为协同单元的"职成教"存在角色的迷失与错位问题,影响"职成教"成为合格的协同单元,也就是说影响"职成教"协同发展的这一内部性、前提性、基础性条件未形成有效准备;在协同关系层面,作为协同单元的"职成教",相互之间(即内部)存在协同欠缺与不足的问题,制约"职成教"在协同实践过程中形成良好的协同关系,这一影响"职成教"协同发展的关键性问题尚待着力解决;在协同环境层面,也存在协同环境困扰——"职成教"协同保障环境缺失的问题,这一必不可少的外生调控机制欠缺,尚难以支撑"职成教"形成深层次的协同发展生态。

第六,培育合格的协同单元、建构适切的协同关系和创建良好的协同环境,是推进新型城镇化进程中"职成教"协同发展的有效途径和必要保证。依循协同共生理论的观点,并根据新型城镇化进程中"职成教"协同发展所面临的问题,"职成教"在服务以农村转移劳动力为核心主体的新型城镇化建设与发展的背景下,应形成协同体,培育合格的协同单元——明确"职成教"的角色与定位;建构适切的协同关系——推进"职成教"间的互通对接;创建良好的协同环境——营建"软硬"兼具的协同发展保障环境。"三管齐下",是"职成教"在新型城镇化建设与发展背景下实现互利共赢并走向深层次协同发展的有效路径与措施。如此,我国未来的城镇化建设与发展才可望让每一个城镇化率百分点的提升真正体现"以人为本,将人的城镇化作为核心"的城镇化发展之道;也可望通过深挖新型城镇化核心主体——近3亿农村转移劳动力的广阔潜力,激发其活力,使其直接贡献于中国社会乃至整个民族的智能、创造力的提升,真正使我国的城镇化质量逐步走向高水平。

第二节　展　望

本书以"契机与愿景：新型城镇化进程中'职成教'协同发展"为主题,围绕新型城镇化核心主体农村转移劳动力的城镇化发展这一目标背景与要求,尝试从协同的视角进行分析,为在"职成教"协同服务与实践中实现二者协同发展提供理论支持。具体而言,本书在对协同发展的基础——"职成教"的逻辑分殊与耦连、"职成教"共同聚焦的作用目标——进行分析和把握的基础上,依据协同共生理论的三维分析框架,对新型城镇化进程中"职成教"协同发展的现状与问题进行了理论与实证分析,最后就新型城镇化进程中"职成教"协同发展的路径及措施进行了探讨。但是,在协同推进以农村转移劳动力为核心主体的新型城镇化建设与发展过程中,由于"职成教"组成的协同系统是一个复杂的系统,两种教育及其发展本身都包含丰富的内容,也受多重因素的影响和制约,且它们之间的协同更存在着复杂的、动态的交互作用;因此,若想对新型城镇化进程中"职成教"协同发展的相关问题进行深入研究,需要多学科、多领域的知识以及较强的研究能力。本书虽然力求进行系统性、深入性的探讨,但由于笔者的知识水平与能力有限,必然存在一些不足与缺陷,需要在后续的研究工作中做进一步的讨论与深化。本书研究的不足和有待进一步深入研究的问题主要体现在以下两个方面。

第一,本书在协同理论基础上,结合共生理论的观点和分析模式,探索创建了协同共生理论的三维分析框架,并将这一理论分析模型应用于问题的分析和策略的建构,具有一定的理论创新性,同时也为分析协同与协同发展的相关问题提供了一种新路径。但是与任何理论的探索与发展一样,在走向成熟之前,还需要更广泛的应用与大量的研究推进。因此,对于协同共生理论,笔者将在后续的研究当中进一步探索应用、丰富完善。

第二,本书立足新型城镇化的核心主体农村转移劳动力的城镇化这一目标背景及要求,主要尝试从协同的视角对关涉这一目标任务建设的职业教育与成人教育为何要进行协同、在协同实践中面临什么问题、如何推进协同并实现协同发展等进行了初步探索与研究。但通过研究笔者深知,解决这些问题并非易事,更不在一朝一夕,还需要长期、持续和更为广泛深入的研究。在研究范围与内容上,本书更多关注的是从职业教育、成人教育两类教育系统的整体层面,探讨如何围绕这一目标背景及要求进行协同并实现协同发展,而对于"职成教"两类教育系统中更为复杂细致的具体要素层面,如两类教育系统中更为微观的专业、层次、课程、教学等方面,在协同服务农村转移劳动力城镇化过程中会面临什么问题,又应如何采取更为具体细致的措施进行协同，这些都是需要后续研究去继续拓展和深化的。实质上，就此主题进行研究不仅需要从整体上进行把握，也需要从更为微观和具体的层面，另辟视角进一步分析——我们需要细致探讨在这一目标背景下，"职成教"系统更为具体的要素或部分之间是如何精确协同的，特别是"职成教"在协同服务农村转移劳动力城镇化过程中的适应场景、内容开发及更为具体的需求构成等，这些同样对"职成教"协同推进农村转移劳动力城镇化具有非常重要的作用与意义。因此，围绕"契机与愿景：新型城镇化进程中'职成教'协同发展"这一问题的更深入、细致的研究，是一个任重而道远的重要课题，笔者将在后续的研究中继续关注和拓展深化。

参考文献

中文部分

著作类

［1］白永红.中国职业教育［M］.北京：人民出版社,2011.

［2］贝克尔.人力资本理论［M］.郭虹,译.北京：中信出版社,2007.

［3］伯茨.西方教育文化史［M］.王凤玉,译.济南：山东教育出版社,2013.

［4］曹海军.国外城市治理理论研究［M］.天津：天津人民出版社,2017.

［5］陈池波,等.财政支农资金整合问题研究［M］.武汉：武汉大学出版社,2015.

［6］陈劲.协同创新［M］.杭州：浙江大学出版社,2012.

［7］陈磊.大学生职业发展教育［M］.重庆：重庆大学出版社,2018.

［8］陈维维.技术生存视域中的学习力［M］.北京：教育科学出版社,2010.

［9］陈向明.质的研究方法与社会科学研究［M］.北京：教育科学出版社,2000.

［10］陈昭玖.产业转型背景下农民工就业问题研究［M］.北京：中国农业出版社,2013.

[11] 褚宏启,赵茜.城镇化进程中的教育变革[M].北京：教育科学出版社,2016.

[12] 辞海编辑委员会.辞海：1999年版[M].上海：上海辞书出版社,1999.

[13] 达肯沃尔德,梅里安.成人教育：实践的基础[M].刘宪之,译.北京：教育科学出版社,1986.

[14] 丁兆庆."四化同步"发展背景下农村劳动力转移问题研究[M].北京：中国农业出版社,2014.

[15] 杜威.民主主义与教育[M].王承绪,译.北京：人民教育出版社,2001.

[16] 杜以德,柳士彬,等.成人教育基本理论问题研究[M].北京：高等教育出版社,2008.

[17] 冯建军.教育基本理论研究20年：1990—2010[M].福州：福建教育出版社,2012.

[18] 高文兵,等.跨学科协同教育研究：多学科大学人文社会科学的育人功能[M].北京：高等教育出版社,2015.

[19] 高志敏.成人教育学科体系论[M].上海：上海教育出版社,2017.

[20] 关世雄.成人教育的理论与实践[M].北京：北京出版社,1986.

[21] 国家发展改革委社会发展司,上海市教育科学研究院.中国职业教育发展战略及制度创新研究[M].北京：中国计划出版社,2015.

[22] 国家发展和改革委员会.国家新型城镇化报告2015[M].北京：中国计划出版社,2016.

[23] 国家教育委员会成人教育司.成人教育政策法规[M].北京：中国

人事出版社,1996.

[24] 国家人口和计划生育委员会流动人口服务管理司.中国流动人口发展报告:2011[M].北京:中国人口出版社,2011.

[25] 国家职业分类大典修订工作委员会.中华人民共和国职业分类大典:2015版[M].北京:中国劳动社会保障出版社,2015.

[26] 韩斌,孟宪平.以人为本的理论与实践问题研究[M].北京:中共中央党校出版社,2007.

[27] 韩嘉骏.社会统计学[M].北京:电子工业出版社,1988.

[28] 和震,刘云波,魏明,等.中国教育改革开放40年:职业教育卷[M].北京:北京师范大学出版社,2019.

[29] 赫尔曼·哈肯.协同学:大自然构成的奥秘[M].凌复华,译.上海:上海译文出版社,2005.

[30] 胡德海.教育学原理[M].兰州:甘肃教育出版社,1999.

[31] 胡书芝.从农民到市民[M].北京:社会科学文献出版社,2014.

[32] 胡永泰.跨越中等收入陷阱:展望中国经济增长的持续性[M].上海:上海人民出版社,2012.

[33] 黄富顺.比较成人教育[M].台北:五南图书出版公司,1988.

[34] 黄富顺.成人心理与学习[M].台北:师大书苑出版有限公司,1989.

[35] 黄尧.经济转型期我国职业教育宏观政策研究[M].北京:外语教学与研究出版社,2012.

[36] 黄尧.职业教育可持续发展战略研究[M].北京:高等教育出版社,2011.

[37] 黄尧.职业教育学:原理与应用[M].北京:高等教育出版

社,2009.

[38] 简新华.产业经济学[M].武汉：武汉大学出版社,2001.

[39] 金瑶梅.当代社会主义思想的中西比较[M].上海：同济大学出版社,2015.

[40] 劳凯声.变革社会中的教育权与受教育权：教育法学基本问题研究[M].北京：教育科学出版社,2003.

[41] 李强.职业教育学[M].北京：北京师范大学出版社,2010.

[42] 李向东,卢双盈.职业教育学新编[M].北京：高等教育出版社,2005.

[43] 李艳军.科技创新与环京津区域产业结构优化[M].北京：中国经济出版社,2013.

[44] 李仲生.人口经济学：第3版[M].北京：清华大学出版社,2013.

[45] 厉以宁,艾丰,石军.中国新型城镇化概论[M].北京：中国工人出版社,2014.

[46] 联合国教科文组织国际教育发展委员会.学会生存：教育世界的今天和明天[M].华东师范大学比较教育研究所,译.北京：教育科学出版社,1996.

[47] 林崇德,姜璐,王德胜.中国成人教育百科全书：心理·教育卷[M].海口：南海出版公司,1994.

[48] 刘春生,徐长发.职业教育学[M].北京：教育科学出版社,2002.

[49] 吕炜.中国公共政策发展报告2015[M].沈阳：东北财经大学出版社,2015.

[50] 吕一中,等.我国职业教育办学体系及管理体制研究[M].北京：

中国经济出版社,2014.

［51］马克思,恩格斯.马克思恩格斯选集:第3卷[M].中共中央马克思恩格斯列宁斯大林著作编译局,编译.北京:人民出版社,1995.

［52］马克思.1844年经济学哲学手稿[M].中共中央马克思恩格斯列宁斯大林著作编译局,编译.北京:人民出版社,2000.

［53］马克思.资本论:第1卷[M].中共中央马克思恩格斯列宁斯大林著作编译局,编译.北京:人民出版社,1975.

［54］欧阳河,等.职业教育基本问题研究[M].北京:教育科学出版社,2006.

［55］帕克,伯吉斯,麦肯齐.城市社会学:芝加哥学派城市研究文集[M].宋俊岭,吴建华,王登斌,译.北京:华夏出版社,1987.

［56］全国教育科学规划领导小组办公室.全国教育科学"十五"规划学科发展报告[M].北京:教育科学出版社,2008.

［57］冉昌光.枝叶情:哲学·文化·教育论[M].成都:四川大学出版社,2017.

［58］冉昊.中国农村劳动力转移与农民工市民化[M].北京:经济科学出版社,2017.

［59］饶银华.毛泽东思想和中国特色社会主义理论体系概要[M].北京:中央文献出版社,2012.

［60］任平,孙文云.现代教育学概论:第3版[M].广州:暨南大学出版社,2018.

［61］单中惠.西方教育思想史[M].太原:山西人民出版社,1996.

［62］沈小碚.职业教育导论[M].重庆:西南师范大学出版社,2017.

[63] 圣吉.第五项修炼：学习型组织的艺术与实务[M].郭进隆,译.上海：上海三联书店,1994.

[64] 石伟平.比较职业技术教育[M].上海：华东师范大学出版社,2001.

[65] 石伟平,等.中国教育改革40年：职业教育[M].北京：科学出版社,2018.

[66] 舒尔茨.人力资本投资：教育和研究的作用[M].蒋斌,张蘅,译.北京：商务印书馆,1990.

[67] 滕星.人类学视野中的教育研究[M].北京：民族出版社,2011.

[68] 田秀萍.职业教育资源论[M].北京：光明日报出版社,2010.

[69] 王北生,姬忠林.成人教育概论[M].开封：河南大学出版社,1999.

[70] 王良春,冯旭芳,等.基地+联盟：技术技能人才协同式培育的实践探索[M].杭州：浙江大学出版社,2017.

[71] 王亚红.中国农村劳动力转移进程中的半市民化问题研究[M].北京：科学出版社,2018.

[72] 王章辉,黄柯可.欧美农村劳动力的转移与城市化[M].北京：社会科学文献出版社,1999.

[73] 魏卫.职业规划与素质培养教程[M].北京：清华大学出版社,2008.

[74] 乌兰.中国城市化进程中统筹城乡就业问题研究[M].北京：中国经济出版社,2015.

[75] 邬宪伟.选择的教育：职业教育的一个新视角：第2版[M].上海：上海教育出版社,2017.

［76］吴式颖,任钟印.外国教育思想通史:第七卷［M］.长沙:湖南教育出版社,2002.

［77］夏埃,威里斯.成人发展与老龄化［M］.乐国安,韩威,周静,等译.上海:华东师范大学出版社,2003.

［78］夏海鹰.成人学习心理研究［M］.北京:人民出版社,2014.

［79］向洪,邓洪平.邓小平思想研究大辞典［M］.成都:四川人民出版社,1995.

［80］谢建社.农民工社会工作的理论与实践:来自粤穗社工服务经验［M］.北京:中国社会出版社,2015.

［81］徐国庆.从分等到分类:职业教育改革发展之路［M］.上海:华东师范大学出版社,2018.

［82］徐国庆.职业教育课程、教学与教师［M］.上海:上海教育出版社,2016.

［83］许学强,朱剑如.现代城市地理学［M］.北京:中国建筑工业出版社,1988.

［84］雅斯贝尔斯.什么是教育［M］.邹进,译.北京:生活·读书·新知三联书店,1991.

［85］阎毅,贺鹏飞,李爱华,等.信息科学技术导论［M］.西安:西安电子科技大学出版社,2014.

［86］叶澜.基因［M］.桂林:广西师范大学出版社,2009.

［87］叶向东,等.人类未来的希望:蓝色教育［M］.北京:中国经济出版社,2005.

［88］叶忠海,等.成人教育学通论［M］.上海:上海科技教育出版

社,1997.

　[89]　叶忠海.现代成人教育学原理[M].北京：中国人民大学出版社,2015.

　[90]　俞启定,和震.中国职业教育发展史[M].北京：高等教育出版社,2012.

　[91]　袁贵仁.中国教育[M].北京：北京师范大学出版社,2013.

　[92]　翟海魂,柳靖.规律与镜鉴：发达国家职业教育问题史[M].北京：北京大学出版社,2019.

　[93]　张斌贤.现代国家教育管理体制[M].上海：上海教育出版社,1996.

　[94]　张琳琳.我国农村转移劳动力的教育与培训[M].大连：大连理工大学出版社,2017.

　[95]　张鹏顺.区域创新与职业创新研究[M].合肥：合肥工业大学出版社,2012.

　[96]　张树军.十八大以来全面深化改革纪事：2012—2017[M].石家庄：河北人民出版社,2017.

　[97]　张学英.乡城移民建构可持续生计的新视野：基于职业教育社会学的思考[M].北京：光明日报出版社,2015.

　[98]　张岩松,等.新时期高职院校创新发展研究[M].沈阳：东北财经大学出版社,2017.

　[99]　张占斌,丁德章,黄锟.城镇化进程中农民工市民化研究[M].石家庄：河北人民出版社,2013.

　[100]　赵蒙成,等.教育支持：农民工城市融入的培训研究[M].苏州：

苏州大学出版社,2012.

[101] 郑爱翔.新型城镇化进程中农村转移劳动力职业教育研究[M].厦门:厦门大学出版社,2017.

[102] 郑淮,马林,李海燕.成人教育基础理论[M].广州:中山大学出版社,2015.

[103] 郑轩.国家战略:"十三五"国家发展与规划目标[M].北京:东方出版社,2016.

[104]《中国教育年鉴》编辑部.中国教育年鉴2018[M].北京:人民教育出版社,2019.

[105] 中国社会科学院语言研究所辞典编辑室.现代汉语词典:第5版[M].北京:商务印书馆,2005.

[106] 周明星,等.职业教育学通论[M].天津:天津人民出版社,2002.

[107] 周蕴石.终生教育[M].哈尔滨:黑龙江教育出版社,1989.

期刊类

[1] 别敦荣,易梦春,李志义,等.国际高等教育质量保障与评估发展趋势及其启示:基于11个国家(地区)高等教育质量保障体系的考察[J].中国高教研究,2018(11):35-44.

[2] 财经网.中国拟强制提取职工培训经费[J].职业技术教育,2009(24):19.

[3] 蔡兴.教育发展对新型城镇化水平影响的实证研究[J].教育与经济,2019(1):35-45.

[4] 车向清.把握成人学习特点走出成人教育教学"普教化"影照[J].职教通讯,2011(3):44-47.

[5] 陈丽,徐亚倩.改革开放40年我国继续教育理论研究的脉络分析[J].现代远程教育研究,2019(6)：3-13.

[6] 陈明欣.成人教育传播特异性解读：兼论继续教育概念无法取代成人教育[J].职教论坛,2017(21)：48-53+60.

[7] 陈明星,叶超,陆大道,等.中国特色新型城镇化理论内涵的认知与建构[J].地理学报,2019(4)：633-647.

[8] 陈鹏.成人教育与职业教育关系及未来走向评析[J].教育学术月刊,2010(5)：90-93+100.

[9] 陈乾奕.新媒体环境下的信息传播探析[J].新媒体研究,2018(8)：15-17+49.

[10] 陈文科.转型中国城镇化实践四题[J].江汉论坛,2013(9)：5-12.

[11] 陈祥健.新型城镇化：三个范畴的哲学思辨[J].福建论坛(人文社会科学版),2014(2)：27-30.

[12] 陈星,张学敏.世界一流大学与城市的共生关系及启示[J].教育发展研究,2018(Z1)：1-8.

[13] 陈岩,王春勇.新型城镇化视角下区域成人教育公共服务供给模式研究：以北京市房山区为例[J].成人教育,2018(7)：80-83.

[14] 陈钊,冯净冰.应该在哪里接受职业教育：来自教育回报空间差异的证据[J].世界经济,2015(8)：132-149.

[15] 陈昭玖,胡雯.人力资本、地缘特征与农民工市民化意愿：基于结构方程模型的实证分析[J].农业技术经济,2016(1)：37-47.

[16] 陈正,曾青云.现代成人教育学的本质探究[J].成人教育,2017

（11）：1－5.

[17] 褚宏启.城镇化进程中的教育变革：新型城镇化需要什么样的教育改革[J].教育研究,2015(11)：4－13.

[18] 褚宏启,贾继娥.新型城镇化与教育体系重构[J].中国人民大学教育学刊,2015(4)：70－82.

[19] 褚宏启.教育治理：以共治求善治[J].教育研究,2014(10)：4－11.

[20] 褚宏启.新型城镇化与教育行政职能转变：城镇化进程中的教育行政改革[J].教育学报,2015(6)：32－41.

[21] 崔铭香.论成人教育与职业教育的和谐发展[J].河北大学成人教育学院学报,2007(4)：8－9.

[22] 邓文勇,车向清.当前我国成人教育的价值取向及其未来走向[J].河北大学成人教育学院学报,2010(1)：10－12.

[23] 邓文勇,陈醒.终身教育视域下职业教育"立交桥"的架构及推进路径[J].职教通讯,2019(11)：1－7.

[24] 邓文勇,霍玉文.农民工结构性失业与教育救济：实然困惑与应然选择[J].河北师范大学学报(教育科学版),2018(2)：80－86.

[25] 邓文勇.论成人教育学科文化的价值及其发展取向[J].职教通讯,2016(28)：38－41+49.

[26] 邓文勇.人口产业结构变动趋势下新生代农民工教育培训应对[J].现代教育管理,2018(7)：84－88.

[27] 邓文勇.社区成人教育与社区发展的互动及其实现[J].职教论坛,2010(4)：25－29.

[28] 邓文勇.新生代农民工培训意愿及其实现策略探究[J].职教通讯,

2014(4)：45－49.

[29] 邓文勇.职业教育与新型城镇化的联动逻辑及实现路径[J].中国职业技术教育,2019(27)：69－75.

[30] 邓文勇.职业教育制度模式的历史嬗变及启示：基于技术生存的视角[J].职教通讯,2018(9)：24－28.

[31] 丁静.新生代农民工职业技能提升研究[J].河南社会科学,2016(8)：119－122.

[32] 范先佐.城镇化背景下县域义务教育发展问题与策略：基于4个省(自治区)部分县市的调研[J].华中师范大学学报(人文社会科学版),2014(4)：139－146.

[33] 方创琳.中国新型城镇化高质量发展的规律性与重点方向[J].地理研究,2019(1)：13－22.

[34] 方辉振,黄科.新型城镇化的核心要求是实现人的城镇化[J].中共天津市委党校学报,2013(4)：63－68.

[35] 冯广京,蒋仁开,张冰松,等.新型城镇化建设需要进一步完善土地调控政策："我国城镇化中土地宏观调控方向研讨会"综述[J].中国土地科学,2013(7)：93－96.

[36] 冯翔.教育信息化2.0背景下的教育资源治理：理念与路径[J].中国远程教育,2019(12)：12－23+92.

[37] 高宏伟,张艺术.城镇化理论溯源与我国新型城镇化的本质[J].当代经济研究,2015(5)：61－66.

[38] 高志敏."成人教育"概念辨析[J].陕西师范大学继续教育学报,2000(1)：5－10.

[39] 高志敏,朱敏,傅蕾,等.中国学习型社会与终身教育体系建设:"知"与"行"的重温与再探[J].开放教育研究,2017(4):50-64.

[40] 葛敏,缪建东.基于学科任务视角的成人教育学科发展困境及对策[J].成人教育,2019(6):1-6.

[41] 宫敏燕.文化视角下农民工市民化问题探析[J].继续教育研究,2017(7):31-33.

[42] 辜胜阻,刘磊,李睿.新型城镇化下的职业教育转型思考[J].中国人口科学,2015(5):2-9+126.

[43] 关晶.现代职业教育体系的"现代性"辨析[J].中国高教研究,2014(11):25-28.

[44] 郭蔷,周后红.职业教育与成人教育的关系及发展趋势[J].教育与职业,2017(3):55-58.

[45] 郭芹,商兴民.农民工半城镇化问题的多维审视[J].西北农林科技大学学报(社会科学版),2018(3):22-30.

[46] 郭庆.社会融合对农民工就业质量的影响研究[J].调研世界,2017(7):22-27.

[47] 郭占锋,李琳.索罗金关于城乡社会学的研究及其对中国的启示[J].中国农业大学学报(社会科学版),2018(4):53-60.

[48] 国家发展和改革委员会美国、巴西城镇化考察团.美国、巴西城市化和小城镇发展的经验及启示[J].中国农村经济,2004(1):70-75.

[49] 郝俊杰.现代职业教育体系下的教师职能定位[J].无锡职业技术学院学报,2016(2):5-8.

[50] 何爱霞,刘雅婷.城镇化进程中农民工从结构到实质融入的教育培

训问题[J].现代远程教育研究,2017(1)：79-87.

[51] 何晓星.教育中的权力-知识分析：深度访谈的中国经验[J].北京大学教育评论,2014(2)：88-110+191.

[52] 和温.成人教育的职业化特色[J].辽宁商务职业学院学报,2001(2)：43-44.

[53] 和震,李晨.破解新生代农民工高培训意愿与低培训率的困局：从人力资本特征与企业培训角度分析[J].教育研究,2013(2)：105-110.

[54] 和震,谢珍珍.就业不是职业教育的终点：职业教育的经济决定论驳析[J].中国高教研究,2018(10)：42-48.

[55] 赫曦滢.新生代农民工城市融入：实证分析与城镇化道路选择[J].吉林工商学院学报,2013(6)：67-72.

[56] 胡斌红,杨俊青.农民工为何"偏爱"大城市?：基于城市规模与农民工就业质量的研究[J].学习与实践,2019(6)：24-34.

[57] 黄陈.新型城镇化背景下成人教育促进农业转移劳动力再就业[J].成人教育,2017(4)：60-62.

[58] 黄崴,薛洪波.改革开放40年来职业教育推进县域经济和城镇化发展的研究[J].复旦教育论坛,2019(1)：83-92.

[59] 霍明,陈昌盛,李婷.不同经济水平国家(地区)城镇化进程中教育发展的经验探索[J].外国教育研究,2016(6)：3-16.

[60] 贾继娥,褚宏启.新型城镇化的核心与教育目标的重构：兼谈教育如何促进人的城镇化[J].教育发展研究,2016(19)：1-7.

[61] 江波,蒋凤瑛,杨劲松,等.国际视野下的我国高校继续教育的改革和发展[J].国家教育行政学院学报,2015(9)：11-16.

［62］江立华.城市性与农民工的城市适应［J］.社会科学研究,2003
（5）：92－96.

［63］江彦.成人高等教育必须向职业技术教育发展［J］.高等教育研究,
1986（4）：106+78.

［64］姜大源.跨界、整合和重构：职业教育作为类型教育的三大特征：
学习《国家职业教育改革实施方案》的体会［J］.中国职业技术教育,2019
（7）：9－12.

［65］蒋俊东.协同论对现代管理的启示［J］.科技管理研究,2004（1）：
151－152.

［66］接栋正.以人口有序流动促进城镇化健康发展："新型城镇化与人
口有序流动"论坛综述［J］.人口与经济,2017（1）：124－126.

［67］金红磊.政府职能的让渡与拓展：基于公共物品的提供［J］.经济
体制改革,2005（4）：37－40.

［68］景普秋.城镇化概念解析与实践误区［J］.学海,2014（5）：164－168.

［69］巨金香,孙文杰.青岛市新型城镇化进程中成人教育推动农业转移
人口城市融入研究［J］.青岛职业技术学院学报,2020（2）：1－5.

［70］阚大学,吕连菊.职业教育对中国城镇化水平影响的实证研究［J］.
中国人口科学,2014（1）：66－75+127.

［71］孔令来.职业教育与成人教育有效衔接策略研究［J］.天津职业院
校联合学报,2018（6）：96－99.

［72］雷培梁.城镇化与教育发展的辩证关系探讨［J］.广西社会科学,
2017（2）：207－211.

［73］黎元生,胡熠.流域系统协同共生发展机制构建：以长江流域为例

[J].中国特色社会主义研究,2019(5)：76－82.

[74] 李长安.新型城镇化要摆脱土地制度掣肘[J].经济研究信息,2013(4)：6－9.

[75] 李东泉,方浩.社会资本视角下社区治理促进社会融合的实证研究：以成都市肖家河街道为例[J].重庆社会科学,2019(7)：65－74.

[76] 李刚,赵茜.城镇化进程中教育发展方式的转变：让教育成为人的城镇化的不竭动力[J].中国人民大学教育学刊,2015(3)：105－119.

[77] 李继延,刘政.双证书制：成人教育与职业教育的完美体现[J].北京成人教育,1995(8)：14－16.

[78] 李金.成人教育与职业教育关系研究的回顾与展望[J].成人教育,2015(12)：26－29.

[79] 李军国.美国城镇化发展的经验与启示[J].中国发展观察,2015(12)：86－90.

[80] 李柯柯,查吉德.多元主体共治视域下高职院校校企合作机制研究[J].高等职业教育探索,2018(3)：11－17.

[81] 李强,陈宇琳,刘精明.中国城镇化"推进模式"研究[J].中国社会科学,2012(7)：82－100+204－205.

[82] 李青,魏义方,何彦仪.农业转移人口市民化对迁入地财政的影响：基于江苏省"十三五"新型城镇化背景的评估[J].宏观经济研究,2020(1)：152－163.

[83] 李圣军.城镇化模式的国际比较及其对应发展阶段[J].改革,2013(3)：81－90.

[84] 李涛,邬志辉.中国城镇化与教育发展[J].教育发展研究,2019

（21）：1-10.

[85] 李小静.新中国成立70年来我国城镇化发展的模式变迁：问题分析与出路探索[J].重庆社会科学,2019(8)：16-26.

[86] 李兴洲,陈宁,彭海蕾.论学习型社会建设中成人教育的社会治理功能[J].中国远程教育,2019(6)：8-12+92.

[87] 李兴洲,卢海红.继续教育的国际经验[J].北京师范大学学报(社会科学版),2010(1)：21-28.

[88] 李兴洲,徐德娜,耿响.成人教育的概念再探[J].河北师范大学学报(教育科学版),2015(2)：40-44.

[89] 李奕.京津冀继续教育协同发展的机遇、挑战及对策：2016年京津冀成人继续教育协同发展研讨会综述[J].开放学习研究,2016(4)：4-9.

[90] 李政.价值转向与制度变革：2030中国职业教育发展软环境研究[J].现代教育管理,2017(5)：15-20.

[91] 梁文泉,陆铭.城市人力资本的分化：探索不同技能劳动者的互补和空间集聚[J].经济社会体制比较,2015(3)：185-197.

[92] 梁柱.新型城镇化视野下职业教育发展研究[J].教育与职业,2015(6)：8-10.

[93] 蔺雷.解开"协而不同"的三把钥匙[J].清华管理评论,2015(3)：39-45.

[94] 刘传江.城乡统筹发展视角下的农民工市民化[J].人口研究,2005(4)：48-51.

[95] 刘达,韦吉飞,李晓阳.人力资本异质性、代际差异与农民工市民化[J].西南大学学报(社会科学版),2018(2)：58-68+192.

［96］刘奉越,孙文杰.新型城镇化视域下成人教育的功能及其实现［J］.职教论坛,2015(12)：43-47.

［97］刘浩,于淑俐.农业转移人口市民化问题研究综述［J］.山东工商学院学报,2016(6)：113-119.

［98］刘晖,汤晓蒙.试论各级各类教育融入终身教育体系的时序［J］.教育研究,2013(9)：89-94+127.

［99］刘慧.供给侧改革视域下新生代农民工市民化继续教育研究［J］.广州广播电视大学学报,2017(4)：11-16+108.

［100］刘景华.欧洲农村城镇化经验对我国的启示［J］.经济社会史评论,2019(2)：26-38+127.

［101］刘亮,高汉,章元.流动人口心理健康及影响因素：基于社区融合视角［J］.复旦学报(社会科学版),2018(4)：158-166.

［102］刘沐阳.新媒介影响下的校园媒体［J］.新闻传播,2011(5)：112-113.

［103］刘晓,石伟平.职业教育集团化办学治理：逻辑、理论与路径［J］.中国高教研究,2016(2)：101-105.

［104］刘新钰,王世斌,潘海生.技术系统演进视域中对职业教育本质特征的再探讨［J］.中国职业技术教育,2017(24)：16-21+54.

［105］刘志兵,李洪辰.新型城镇化背景下农业转移人口的职业教育培训［J］.江苏农业科学,2015(12)：530-533.

［106］卢勇,王岚,张旭翔,等.高职院校与企业大学的共生协同：基于高职二级管理视角［J］.江苏高教,2015(4)：142-145.

［107］陆铭.教育、城市与大国发展：中国跨越中等收入陷阱的区域战

略[J].学术月刊,2016(1):75-86.

[108] 陆素菊,寺田盛纪.在经济性与教育性之间:职业教育的基本定位与未来走向——陆素菊与寺田盛纪关于职业教育发展中日比较的对话[J].华东师范大学学报(教育科学版),2019(2):151-156.

[109] 吕春燕,邵华.地方政府在农民工培训中的责任[J].辽宁行政学院学报,2010(4):11-12.

[110] 吕光洙.美国教师教育与多元文化的共生关系分析[J].比较教育研究,2018(2):76-82.

[111] 马建富.新型城镇化进程中的农村职业教育发展[J].教育发展研究,2013(11):32-36.

[112] 马建富.新型城镇化进程中农民工人力资本提升的职业教育培训路径[J].教育发展研究,2014(9):7-14.

[113] 马庆斌.推进城镇化健康发展的几点建议[J].中国经贸导刊,2013(16):38-39.

[114] 马永红,陈丹.企业参与校企合作教育动力机制研究:基于经济利益与社会责任视角[J].高教探索,2018(3):5-13.

[115] 马勇.问题与路径:供给侧改革视域下的高校继续教育转型发展[J].继续教育研究,2017(5):4-7.

[116] 苗素莲,祝春.政府在校企合作中的作用探析:基于协同论的视角[J].全球教育展望,2013(9):123-128.

[117] 缪建东.论中国成人教育的科学发展[J].中国成人教育,2011(1):15-18.

[118] 睦依凡.观念更新:大学人才培养改革设计的价值引领[J].中国

高等教育,2009(12)：6－9.

　　[119] 倪鹏飞.新型城镇化的基本模式、具体路径与推进对策[J].江海学刊,2013(1)：87－94.

　　[120] 聂伟,风笑天.城镇化：概念、目标、挑战与路径[J].学术界,2014(9)：82－92+308.

　　[121] 宁靓."本性回归"视角下我国成人高等教育内涵式发展探析[J].中国成人教育,2018(5)：19－21.

　　[122] 区晶莹,俞守华,高雅婧.农民工技能培训效果分析：以广州市番禺区为例[J].职业技术教育,2014(25)：63－66.

　　[123] 彭青.推进以县城为重要载体新型城镇化的对策探讨[J].理论探讨,2023(2)：161－168.

　　[124] 钱伯华.江苏城镇化的今昔辉煌与未来再创[J].唯实,2019(5)：52－55.

　　[125] 钱继兵.职业教育与成人教育的差异及融合趋势[J].继续教育研究,2017(12)：54－56.

　　[126] 谯仕松.关于提高城镇化率的分析[J].经济视野,2014(8)：2－3.

　　[127] 秦玉友.教育如何为人的城镇化提供支撑[J].探索与争鸣,2015(9)：82－86+2.

　　[128] 青连斌.2030年新型城镇化建设的目标实现了吗[J].人民论坛,2017(14)：28－30.

　　[129] 仇保兴.科学规划,认真践行新型城镇化战略[J].规划师,2010(8)：20－27.

　　[130] 任远.人的城镇化：新型城镇化的本质研究[J].复旦学报(社会

科学版),2014(4):134-139.

[131] 任远,邬民乐.城市流动人口的社会融合:文献述评[J].人口研究,2006(3):87-94.

[132] 石伟平.经济转型期中国职业教育的历史使命[J].中国职业技术教育,2014(21):13-17.

[133] 石智雷.迁移劳动力的能力发展与融入城市的多维分析[J].中国人口、资源与环境,2013(1):89-96.

[134] 石智雷,吴为玲,张勇.市场能否改善进城农民工的收入状况:市场化、人力资本与农民工收入[J].华中科技大学学报(社会科学版),2018(5):40-49.

[135] 宋连胜,金月华.论新型城镇化的本质内涵[J].山东社会科学,2016(4):47-51.

[136] 宋正富.职业教育是推进新型城镇化的巨大引擎[J].重庆高教研究,2013(3):37-40.

[137] 苏琪.回顾与前瞻:近三十年国外成人教育研究:基于《成人教育季刊》的统计研究[J].成人教育,2017(12):1-5.

[138] 宿静茹,韩倩.基于新型城镇化的成人教育发展 SWOT 分析[J].教育与职业,2016(6):11-15.

[139] 孙江涛.美国继续教育发展的成功经验及其对我国的启示[J].成人教育,2017(3):86-90.

[140] 孙立新,乐传永.嬗变与思考:成人教育理论研究 70 年[J].教育研究,2019(5):123-132.

[141] 孙立行.中国特色的"新型城镇化"道路辨析[J].区域经济评论,

2014(1)：22－28.

[142] 孙小芙.教育集团化运作的探讨[J].上海教育科研,2005(12)：
40－42.

[143] 孙粤文.断裂、整合、再造：高等职业教育层次高移发展建构[J].
职业技术教育,2015(25)：8－12.

[144] 谭诗赞.流动迁移家庭城市融入中的制度排斥与家庭策略[J].华
南农业大学学报(社会科学版),2017(2)：110－119.

[145] 檀传宝.教育是人类价值生命的中介：论价值与教育中的价值问
题[J].教育研究,2000(3)：14－20.

[146] 唐爱民.成人教育及其邻近范畴的逻辑关系摭论[J].教育研究,
2007(10)：77－82.

[147] 唐可,秦凤艳.我国农民工职业培训的政策支持与实施效能[J].
现代远程教育研究,2010(2)：58－62.

[148] 唐燕儿,王利梅.科学规划普通高校成人教育的发展方向[J].中
国高等教育,2015(6)：50－52.

[149] 唐智彬,石伟平.新型城镇化背景下的职业教育发展：特征、问题
与对策[J].中国职业技术教育,2015(30)：49－52.

[150] 陶孟祝,高志敏.国际成人教育发展趋势透析[J].河北师范大学
学报(教育科学版),2019(1)：90－98.

[151] 王春艳.美国城市化的历史、特征及启示[J].城市问题,2007
(6)：92－98.

[152] 王瑾.成人教育与职业教育辨析[J].成人教育,2009(7)：48－49.

[153] 王娟娟,陈广亮.现代化经济体系构建视域下的新型城镇化建设：

习近平关于新型城镇化建设重要论述的重大创新探微[J].治理现代化研究,2018(5):10-17.

[154] 王丽锟.我国城镇化进程中成人教育面临的机会与挑战[J].中国成人教育,2018(11):30-32.

[155] 王淑梅.网络文化对当代青年人文素养的渗透与影响[J].兰州学刊,2012(8):99-102.

[156] 王婷,缪小林,赵一心.中国城镇化:数量是否推动质量?[J].宏观质量研究,2018(1):15-30.

[157] 王小刚,王建平.走新型城镇化道路:我党社会主义建设理论的重大创新和发展[J].社会科学研究,2011(5):40-42.

[158] 王小艳.基于新型城镇化的职业教育发展研究[J].教育与职业,2014(21):5-7.

[159] 王雪琴,武毅英.从"人的城镇化"视域看职业教育路径选择[J].现代教育管理,2015(3):98-102.

[160] 魏燕.职业教育服务以县城为重要载体的新型城镇化建设:发展模式及分类治理路径[J].职教论坛,2022(1Z):21-28.

[161] 魏饴.城头山遗址对我国新型城镇化的启示[J].城市发展研究,2010(2):163-165.

[162] 文丰安.基于共同富裕的新型城镇化之路:重要性、障碍及实现路径[J].山东大学学报(哲学社会科学版),2022(6):1-10.

[163] 文丰安.新型城镇化建设中的问题与实现路径[J].北京社会科学,2022(6):101-107.

[164] 文娟,李政涛.从"教育城市"到"城市教育学":兼论当代城市化

过程中的教育问题与中国经验[J].首都师范大学学报(社会科学版),2013
(4)：130-137.

[165] 吴绮雯.改革开放我国就业发展经验及展望[J].江西社会科学,
2018(10)：92-100.

[166] 吴雪萍.构建职业教育质量保障体系的国际经验及其启示[J].教
育发展研究,2014(7)：49-54.

[167] 吴雪萍,郝人缘.中国职业教育的转型：从数量扩张到质量提升
[J].中国高教研究,2017(3)：92-96.

[168] 吴志强,杨秀,刘伟.智力城镇化还是体力城镇化：对中国城镇化
的战略思考[J].城市规划学刊,2015(1)：15-23.

[169] 吴遵民.改革开放40年中国终身教育的历史回顾与展望[J].复
旦教育论坛,2018(6)：12-19.

[170] 吴遵民.新时代背景下继续教育发展的新路径与新思考[J].终身
教育研究,2019(1)：3-10.

[171] 吴遵民.中国成人教育会终结吗？——新时期我国成人教育面临
的重大危机与挑战[J].开放教育研究,2013(4)：20-25.

[172] 伍茜溪.公共产品有效供给的经济学探索：基于新型城镇化背景
下利益关系的视角[J].北方经贸,2017(3)：32-33.

[173] 肖小勇,黄静,郭慧颖.教育能够提高农民工就业质量吗？——基
于CHIP外来务工住户调查数据的实证分析[J].华中农业大学学报(社会科
学版),2019(2)：135-143+169.

[174] 谢军占,麻小莉.移民同化视角下农业转移人口城市融入研究
[J].山西农业大学学报(社会科学版),2017(2)：1-7.

［175］谢棋君,林志聪,严仕彬.新生代农民工发展的双解项研究:基于融入城市与回归乡村并进的省思[J].西安电子科技大学学报(社会科学版),2018(3):41-46.

［176］徐国庆,伏梦瑶.“1+X”是智能化时代职业教育人才培养模式的重要创新[J].教育发展研究,2019(7):21-26.

［177］徐宏伟,庞学光.职业教育本体探析:对职业教育存在“合法性”的哲学论证[J].全球教育展望,2015(6):96-103.

［178］阎国华,邹放鸣.大学与社会的共轭:人才培养与社会需求间的适度关系研究[J].东北大学学报(社会科学版),2013(2):200-204.

［179］杨海华,俞冰.新型城镇化进程中的职业教育需求与供给侧改革路径探讨:基于苏州样本[J].职教论坛,2017(21):28-33.

［180］杨佩卿.新发展理念下新型城镇化发展水平评价:以西部地区为例[J].当代经济科学.2019(3):92-102.

［181］杨颖东,郝志军.灵性教育的价值追求与实践方式[J].教育研究,2016(12):22-29+42.

［182］杨智,孔祥平.成人教育与继续教育关系的重新审视[J].继续教育研究,2017(3):54-57.

［183］姚奇富.高职院校与县域发展的共生模式研究[J].教育发展研究,2016(Z1):120-124.

［184］叶鹏飞.流动人口的城市社会融入研究:基于“中国城镇化与劳动移民研究”的数据分析[J].城市学刊,2015(3):6-16.

［185］叶晓东,杜金岷.新型城镇化与经济增长:基于技术进步角度的分析[J].科技管理研究,2015(5):185-189.

[186] 叶芸. 成人教育应向职业教育和社区教育发展[J]. 南方论刊, 2010(10)：104-106.

[187] 叶忠海. 成人教育和职业教育关系研究[J]. 教育研究, 1996(2)：20-25+41.

[188] 叶忠海, 张永, 马丽华, 等. 新型城镇化与社区教育发展研究[J]. 开放教育研究, 2014(4)：100-110.

[189] 俞启定, 和震. 职业教育本质论[J]. 中国职业技术教育, 2009(27)：5-10.

[190] 俞启定. 论制约我国职业教育发展的主要矛盾[J]. 国家教育行政学院学报, 2017(8)：77-83.

[191] 俞启定. 新中国成立以来职业教育定位及规模发展演进的回顾[J]. 浙江师范大学学报(社会科学版), 2019(5)：12-21.

[192] 曾晋莹, 李锡元. 农民工培训由谁买单[J]. 农村经济与科技, 2008(8)：42-44.

[193] 张鸿雁. 中国新型城镇化理论与实践创新[J]. 社会学研究, 2013(3)：1-14.

[194] 张继久. 新型城镇化的内涵与特征再认识[J]. 社会科学动态, 2018(2)：89-93.

[195] 张建政, 武艳艳, 翟玉建. 继续教育视角下农民工城镇融入的困境与对策[J]. 安徽农业科学, 2012(7)：4446-4447+4462.

[196] 张军霞, 陈鹏. 新型城镇化进程中农民工职业培训的政策供给与制度变革[J]. 职教论坛, 2017(7)：24-30.

[197] 张祺午, 荣国丞. 职业教育服务新型城镇化发展的策略分析：以

吉林省为样本[J].职业技术教育,2013(34):21-25.

［198］张守勤,夏菲.成人教育与职业教育一体化研究[J].中国成人教育,2015(14):21-22.

［199］张秀利,祝志勇.城镇化推进与居民消费关系的实证:伪城镇化及其破解[J].财经理论与实践,2015(6):97-101.

［200］张永,朱敏.新时代成人教育学发展的契机、主题与趋向[J].南京社会科学,2019(12):150-156.

［201］赵蒙成.社会资本对新生代农民工就业质量影响的调查研究:SZ市新生代农民工的案例研究[J].人口与发展,2016(2):48-55.

［202］赵敏,蔺海沣.校本教研共同体建构:从"共存"走向"共生"[J].教育研究,2016(12):112-119.

［203］赵喜文,李娟,王丽,等.论成人教育与职业教育的异同及重要启示:兼谈成人教育姓"职"还是姓"成"[J].继续教育,2006(2):24-26.

［204］郑金洲.城市化进程中的教育病理现象[J].教育发展研究,2006(4):12-19.

［205］郅庭瑾,尚伟伟.新型城镇化背景下义务教育基本公共服务均等的现实困境与政策构想[J].华东师范大学学报(教育科学版),2015(2):17-24.

［206］周桂瑾,王鑫芳,俞林.新型城镇化进程中职业教育服务新生代农民工职业转换路径研究[J].成人教育,2018(2):58-62.

［207］周景彤.世界城市化的启示[J].中国金融,2011(5):62-64.

［208］周文清.现代职业教育"四位一体"人才培养"立交桥"的建构与运行[J].职业技术教育,2018(16):29-34.

［209］朱德全,吴虑,朱成晨.职业教育精准扶贫的逻辑框架:基于农民

工城镇化的视角[J].西南大学学报(社会科学版),2018(1)：70-76.

[210] 朱德全,徐小容.协同共治与携手共赢：职业教育质量治理的生成逻辑与推进机制[J].西南大学学报(社会科学版),2016(4)：74-83+190.

[211] 朱德全,徐小容.职业教育与区域经济的联动逻辑和立体路径[J].教育研究,2014(7)：45-53+68.

[212] 朱力.论农民工阶层的城市适应[J].江海学刊,2002(6)：82-88+206.

[213] 朱鹏华,刘学侠.新型城镇化：基础、问题与路径[J].中共中央党校学报,2017(1)：114-122.

[214] 朱鹏华,刘学侠.以人为核心的新型城镇化：2035年发展目标与实践方略[J].改革,2023(2)：47-61.

[215] 朱新卓.教育的本体性功能：提升人的灵性[J].教育研究,2008(9)：23-27+86.

[216] 邹军,姚秀利,侯冰婕."双新"背景下我国城市群空间协同发展研究：以长三角城市群为例[J].城市规划,2015(4)：9-14+26.

学位论文类

[1] 邓文勇.新生代农民工就业难的原因及对策探究[D].曲阜：曲阜师范大学,2011.

[2] 康镇麟.当前我国社会舆论与社会公德协同发展研究[D].长沙：湖南师范大学,2015.

[3] 雷培梁.人的城镇化进程中的教育发展问题研究：以福建省为例[D].福州：福建师范大学,2016.

[4] 唐锡海.职业教育技术性研究[D].天津：天津大学,2014.

［5］ 吴江.重庆新型城镇化推进路径研究［D］.重庆：西南大学,2010.

［6］ 徐小容.以"共治"求"善治"：职业教育教学质量治理的公共理性逻辑［D］.重庆：西南大学,2016.

［7］ 杨海燕.城市化进程中职业教育发展研究［D］.北京：北京师范大学,2006.

［8］ 张宇.新型城镇化进程中失地农民教育补偿研究［D］.天津：天津大学,2015.

［9］ 钟家雨.旅游业与城镇化协同发展研究［D］.长沙：中南大学,2014.

报纸类

［1］ 蔡昉.如何让新型城镇化走得更远［N］.学习时报,2018－04－27(01).

［2］ 丁守海.概念辨析：城市化、城镇化与新型城镇化［N］.中国社会科学报,2014－05－30(A06).

［3］ 胡欣红.职业教育应注重职业内涵［N］.光明日报,2019－02－27(16).

［4］ 就业优先：政策推进有序,红利释放可期［N］.光明日报,2019－05－28(7).

［5］ 刘浩然.不同国家的法定成人年龄［N］.环球时报,2016－12－29(5).

［6］ 盘和林."稳就业"提前达标彰显中国经济韧性［N］.光明日报,2019－12－04(02).

［7］ 人力资源和社会保障部党组理论学习中心组.把就业这个最大的民生抓紧抓好：改革开放40年来我国就业工作取得的成就和经验［N］.人民日

报,2018 - 08 - 07(7).

　　[8] 杨进.不忘初心,踏实推进职教发展[N].光明日报,2016 - 12 - 27(14).

　　[9] 杨佩卿.新型城镇化的内涵与发展路径[N].光明日报,2015 - 08 - 19(15).

　　[10] 翟帆.高职扩招为职教向类型教育转型提速[N].中国教育报,2019 - 11 - 12(09).

　　[11] 张春铭.教育:城镇化发展的绿色引擎[N].中国教育报,2013 - 03 - 10(03).

　　[12] 赵婀娜,刘岱.曾天山:推进城镇化,教育要优先[N].人民日报,2012 - 12 - 19(06).

　　[13] 郑湘国.推动外来务工者"市民化"[N].工人日报,2013 - 02 - 17(02).

外文部分

著作类

　　[1] De Bary A. Die Erscheinung Der Symbios[M]. Berlin：De Gruyter, 1879.

　　[2] Drucker P F. Technology, Management and Society[M]. New York：Harper & Row, 1970.

　　[3] Douglas A E. Symbiotic Interactions[M]. Oxford：Oxford University Press, 1994.

　　[4] Gillette J M. Vocational Education[M]. Charlestion：BiblioBazaar, 2008.

［5］ Hillier Y. Reflective Teaching in Further and Adult Education［M］. London：Continuum Books，2005.

［6］ Jessop B. Governance and Metagoverance：On Reflexivity，Requisite Variety，and Requisite Irony［M］//Henrik Bang，ed.，Governance as Social and Political Communication，Manchester：Manchester University Press，2002.

［7］ Kooiman J，Van Vliet M. Governance and Public Management［M］//K. Eliassen and J. Kooiman（Eds），Managing Public Organisations：lessons from contemporary European Experience，London：Sage，1993.

［8］ Northam R M. Urban Geography［M］. New York：John Wiley & Sons，1979.

［9］ OECD. The Well-being of Nations：The Role of Human and Social Capital［M］. Paris：OECD Publishing，2001.

［10］ Rashtriya T. Vocational Education［M］. New Delhi：APH Publishing，2007.

［11］ Snedden D. The Problem of Vocational Education［M］. New York：Houghton Mifflin，1910.

［12］ UNESCO Institute for Statistics. International. Standard Classification of Education：ISCED 2011［M］. Montreal：UNESCO Institute for statistics，2012.

［13］ Wackernagel M，Rees W. Our Ecological Footprint：Reducing Human Impact on the Earth［M］. Philadelphia：New Society Publishers，1996.

期刊类

［1］ Acker D，Gasperini L. Education for Rural People：What Have We Learned？［J］. Journal of International Agricultural and Extension Education，

2008(1)：25-34.

[2] Benavot A. The Rise and Decline of Vocational Education[J]. Sociology of Education, 1983(2)：63-76.

[3] Benhabib J, Spiegel M. The Role of Human Capital in Economic Development Evidence from Aggregate Cross-country Data[J]. Journal of Monetary Economics, 1994(2)：143-173.

[4] Bertinell L, Black D. Urbanization and Growth[J]. Journal of Urban Economics, 2004(1)：80－96.

[5] Black D, Henderson V. A Theory of Urban Growth[J]. Journal of Political Economy, 1999(2)：252-284.

[6] Buhl M, Andreasen L B. Learning Potentials and Educational Challenges of Massive Open Online Courses (MOOCs) in Lifelong Learning[J]. International Review of Education, 2018(64)：151-160.

[7] Chan K W. Fundamentals of China's Urbanization and Policy[J]. The China Review, 2010(1)：63-93.

[8] Chen M X, Liu W D, Lu D D, et al. Progress of China's New-type Urbanization Construction Since 2014：A Preliminary Assessment[J]. Cities, 2018(78)：180-193.

[9] Dillenberger D, Lleras J S, Sadowski P. A Theory of Subjective Learning [J]. Journal of Economic Theory, 2014(1)：287-312.

[10] Duranton G, Puga D. From Sectoral to Functional Urban Specialisation [J]. Journal of Urban Economics, 2005(2)：343-370.

[11] Eeckhout J, Pinheiro R, Schmidheiny K. Spatial Sorting[J]. Journal

of Political Economy, 2014(3): 554-620.

[12] European Parliament and Council. Recommendation of the European Parliament and of the Council of 18 June 2009 on the Establishment of a European Quality Assurance Reference Framework for Vocational Education and Training[J]. Official Journal of the European Union, 2009(7): 11-18.

[13] Evanc C. Making Sense of Assessment Feedback in Higher Education [J]. Review of Educational Research, 2013(1): 70-120.

[14] Fasso W, Knight B A, Knight C. Development of Individual Agency within a Collaborative, Creative Learning Community [J]. Encyclopedia of Information Science & Technology, Third Edition, 2015(2): 3-13.

[15] Friedmann J. The World City Hypothesis [J]. Development and Change, 1986(1): 69-83.

[16] Henderson V. The Urbanization Process and Economic Growth: The So-what Question[J]. Journal of Economic Growth, 2003(1): 47-71.

[17] Hoenig K, Pollak R, Schulz B, et al. Social Capital, Participation in Adult Education, and Labor Market Success: Constructing a New Instrument[J]. Methodological Issues of Longitudinal Surveys, 2016(2): 291-312.

[18] Kenessey Z. The Primary, Secondary, Tertiary and Quaternary Sectors of the Economy[J]. Review of Income and Wealth, 1987(4): 359-385.

[19] Laszlo K C, Laszlo A. Fostering a Sustainable Learning Society Through Knowledge-based Development [J]. Systems Research and Behavioral Science, 2007(5): 493-503.

[20] Lipton M. Why Poor People Stay Poor: Urban Bias in World

Development［J］. American Anthropologist，2010（3）：100-102.

［21］ Lu M，Wan G. Urbanization and Urban Systems in the People's Republic of China：Research Findings and Policy Recommendations［J］. Journal of Economic Surveys，2014（4）：671-685.

［22］ Marais M A. The Allocation of Resources to Education in South Africa ［J］. South African Journal of Economics，1984（1）：75-89.

［23］ Maubant P，Roger L，Lejeune M，et al. History and Perspectives of Adult Education and Professional Teacher Education：Between complicity，distance，and recognition［J］. McGill Journal of Education，2011（1）：133-156.

［24］ McVicar D，Polidano C. Course Choice and Achievement Effects of A System-wide Vocational Education and Training Voucher Scheme for Young People ［J］. Educational Evaluation and Policy Analysis，2018（4）：507-530.

［25］ Mentz P J，Mentz K. The Quality Issues at Departmental Level at a Recently Merged University［J］. South African Journal of Higher Education，2006 （1）：103-119.

［26］ Paterson R. Adult Education and the Individual［J］. International Journal of Lifelong Education，1987（2）：111-123.

［27］ Poelhekke P. Urban Growth and Uninsured Rural Risk：Booming Towns in Bust Times［J］. Journal of Development Economics，2011（2）：461-475.

［28］ Raynauld J，Martel C，Villiot-leclercq E，et al. Towards an Integrated Management System for Education and Training Processes［J］. International Journal of Technologies in Higher Education，2009（3）：56-62.

［29］ Rentzos L，Mavrikios D，Chryssolouris G. A Two-way Knowledge

Interaction in Manufacturing Education: The Teaching Factory [J]. Procedia CIRP, 2015(2): 31-35.

[30] Rosa M J, Teixeira P. Policy Reforms, Trojan Horses, and Imaginary Friends: The Role of External Stakeholders in Internal Quality Assurance Systems [J]. Higher Education Policy, 2014(27): 219-237.

[31] Shabu T. The Relationship between Urbanization and Economic Development in Developing Countries [J]. International Journal of Economic Development Research and Investment, 2010(2): 30-36.

[32] Stoker G. Governance as Theory: Five Propositions[J]. International Social Science Journal, 1998(155): 17-28.

[33] Thorpe A, Prendiville A, Salinas L, et al. Anatomy of Local Government/design Education Collaboration [J]. The Design Journal, 2017 (sup1): S4734-S4737.

[34] Wirth L. Urbanism as a Way of Life [J]. American Journal of Sociology, 1938(44): 1-24.

[35] Yakubu S, Sowunmi G. School Plant Planning: A Prerequisite for the Attainment of Educational Goals and Objectives [J]. Journal of Education and Practice, 2017(18): 59-65.

[36] Yeoh B S. Global/globalizing Cities[J]. Progress in Human Geography, 1999(4): 607-616.

附　录

附录 A "非教育行政机构管理人员"访谈卷

（本访谈采用无记名形式，内容仅供科学研究参考使用，将严格保密）

一、访谈对象①

主要为政府中城镇规划与建设、拆迁与扶贫、督查督导等相关部门的管理人员。

二、访谈目的

1. 了解新型城镇化建设与发展的基本现状；

2. 了解当前城镇建设与发展的重心及问题；

3. 了解农村转移劳动力城镇化的推进情况。

三、访谈提纲

1. 贵市的城镇化建设现在是什么情况？

2. 贵市的城镇建设规划是怎样的？城镇建设工作是怎么推进的？

3. 贵市当前城镇化建设的重心是什么？建设情况是怎样的？

4. 农村转移劳动力是新型城镇化建设与发展的重要主体，那么您对这一主体的城镇化是怎样理解的？推进情况如何？

5. 对于辖区内的农村转移劳动力（包括因拆迁而安置在城区的农村劳动力），政府是否曾组织开展或提供相应的教育培训项目？（如果有）情况怎

---

① 所有附录（包括附录 A、B、C、D）中的"访谈对象"信息等描述已在第一章"访谈研究法"中做了较为详细的介绍与说明。

么样？

6. 您认为当前农村转移劳动力城镇化面临的主要问题或障碍是什么？能谈谈您有什么建议吗？

7. 自由交流。

附录 B "教育行政机构管理人员"访谈卷

（本访谈采用无记名形式，内容仅供科学研究参考使用，将严格保密）

一、访谈对象

主要为政府中"职成教"工作的相关负责人或农村转移劳动力教育培训的相关管理人员，如来自教育、人社等部门的管理人员。

二、访谈目的

1. 了解"职成教"的发展和管理体制机制情况；

2. 了解农村转移劳动力教育培训组织与实施情况。

三、访谈提纲

1. 贵市（或贵处）的"职成教"工作主要由哪些（个）部门负责与管理？其架构、职责是怎样的？

2. 贵市（或贵处）的农村转移劳动力（又称农民工）教育培训开展得怎么样？都有哪些部门在开展这项工作（主要由哪个部门负责）？一般交由哪些教育（培训）机构来具体承担、实施？

3. 政府对农村转移劳动力教育培训的投入力度如何，具体投入情况是怎样的？是否有其他渠道支持？

4. 政府是否曾规划或组织开展针对农村转移劳动力群体的市民素养教育项目？（若有）是怎样开展的？又由哪些机构具体承担、实施？

5. 是否曾对所开展的农村转移劳动力教育培训项目进行质量监测与评

估？（若有）监测与评估的办法与措施是怎样的？

6. 您认为当前农村转移劳动力教育培训面临的主要问题有哪些？您对这项工作的开展有什么建议吗？

7. 您对职业教育、成人教育是怎么理解的（区别和联系）？

8. 您对"职成教"这两种教育在农村转移劳动力教育培训工作中进行协同合作怎么看（现状、前景怎么样）？若"职成教"在这项工作中进行协同合作，您认为目前需要解决一些什么问题？

9. 自由交流。

附录 C "'职成教'机构管理人员"访谈卷

（本访谈采用无记名形式，内容仅供科学研究参考使用，将严格保密）

一、访谈对象

主要为职业学校、成人学校及社会教育培训机构负责人或相关管理人员。

二、访谈目的

1. 了解"职成教"机构开展农村转移劳动力教育培训的基本情况；

2. 了解"职成教"在农村转移劳动力教育培训中合作的意愿及利益诉求；

3. 了解"职成教"在农村转移劳动力教育培训中协同合作面临的问题与障碍。

三、访谈提纲

1. 贵校的办学或工作重心是学历教育还是非学历教育（培训）？

2. 贵校的农村转移劳动力教育培训现在开展（发展）得怎么样？是否愿意承担农村转移劳动力教育培训项目，为什么？

3. 贵校是否开展了农村转移劳动力素质提升方面的教育培训项目？您觉得当前开展和实施农村转移劳动力教育培训存在什么困难？

4. 贵校在开展相应的农村转移劳动力教育培训时，是否会对其质量进行把控或自评？（如果有）具体是怎么做的？

5. 贵校是否在城镇社区组织开展过教育培训？（若有）主要对象是哪些人（群体）？教育培训内容是什么？

6. 贵校的信息化建设情况如何？是否向农村转移劳动力等社会人员开放或免费提供教育培训资源？

7. 您对职业教育与成人教育是怎么理解的？二者是否有区别？（如果有）您觉得二者的区别和联系是什么（目标定位、职责范围等是什么）？

8. 您对贵校与职业教育或成人教育办学机构在农村转移劳动力培养培训中进行协同合作怎么看（现状与前景如何、各自应负责做好什么工作、如何协调协作等）？您觉得"职成教"协同推进农村转移劳动力教育培训工作面临什么问题？

9. 自由交流。

附录 D "农村转移劳动力"访谈卷

（本访谈采用无记名访谈形式,内容仅供科学研究参考使用,将严格保密）

一、访谈对象

主要为在广东(珠三角)、江苏、浙江、北京、湖南、吉林、广西等地区就业、生活的农村转移劳动力。

二、访谈目的

1. 了解农村转移劳动力城镇化的诉求、现状及问题;

2. 了解农村转移劳动力参加教育培训的意愿及其需求。

三、访谈提纲

1. 您在城镇找工作容易吗?（如果觉得容易）优势是什么?（若认为不容易）影响您找到"好工作"的主要原因是什么?

2. 您觉得您是城里人吗,为什么?您愿意融入当地人中吗?您参加过所在城镇社区的文化、公益活动吗?

3. 您在工作之余(闲暇时间),一般是怎样打发时间或怎样安排的,为什么?您认为在城镇生活面临的最大压力是什么?

4. 您的收入是如何安排的,是寄回老家或用于自己的日常生活开支还是其他?

5. 您知道职业教育、成人教育吗?对职业教育或成人教育的理解是怎样的？

6. 您愿意或希望参加教育培训吗，为什么？

7. 您参加过教育培训吗？（如果参加过）您是通过什么渠道或方式进入（知道）此种教育培训项目的？您工作的企业（公司）举办的教育培训多吗？

8. 您对参加过的教育培训的整体评价是怎样的（效果如何，有哪些需要改进的）？若在教育培训中适当融入一些素养提升的内容或课程（如个人素养提升、城市生活知识等），您觉得怎么样？

9. 若就近（如在居住的社区里）提供教育培训，您愿意参加吗，为什么？

10. 您喜欢通过网络进行学习吗？如果喜欢，您更喜欢哪种方式（或形式）呢，比如电脑、手机或其他方式？

11. 自由交流。

图书在版编目（CIP）数据

契机与愿景：新型城镇化进程中"职成教"协同发展／
邓文勇著. -- 桂林：广西师范大学出版社，2025.1.
（大道书系／孙杰远主编）. -- ISBN 978-7-5598-7611-9

Ⅰ. G719.2；G729.2

中国国家版本馆 CIP 数据核字第 2024CY8626 号

契机与愿景：新型城镇化进程中"职成教"协同发展
QIJI YU YUANJING：XINXING CHENGZHENHUA JINCHENG
ZHONG "ZHI-CHENGJIAO" XIETONG FAZHAN

出 品 人：刘广汉
责任编辑：刘孝霞　　吕解颐
装帧设计：李婷婷
广西师范大学出版社出版发行

（广西桂林市五里店路 9 号　　邮政编码：541004）
（网址：http://www.bbtpress.com）

出版人：黄轩庄
全国新华书店经销
销售热线：021-65200318　　021-31260822-898
山东临沂新华印刷物流集团有限责任公司印刷
（临沂高新技术产业开发区新华路 1 号 邮政编码：276017）
开本：690 mm×960 mm　　　1/16
印张：21.5　　　　　　字数：253 千
2025 年 1 月第 1 版　　　2025 年 1 月第 1 次印刷
定价：78.00 元

如发现印装质量问题，影响阅读，请与出版社发行部门联系调换。